文選綜合學

雙文集之一

游 志 誠 著

文史哲學集成

文史哲出版社印行

國家圖書館出版品預行編目資料

文選綜合學 / 游志誠著 -- 初版 -- 臺北市：
文史哲，民 99.04
　頁；　　公分（文史哲學集成；580）
參考書目：頁
ISBN 978-957-549-892-4 (平裝)

1.文選 2.文選學 3.文學評論

820　　　　　　　　　　　　99004711

文史哲學集成 580

文 選 綜 合 學

著　　　者：游　　　　志　　　　誠
出 版 者：文 史 哲 出 版 社
　　　　　http://www.lapen.com.tw
　　　　　e-mail：lapen@ms74.hinet.net
登記證字號：行政院新聞局版臺業字五三三七號
發 行 人：彭　　　　正　　　　雄
發 行 所：文 史 哲 出 版 社
印 刷 者：文 史 哲 出 版 社
　　　　臺北市羅斯福路一段七十二巷四號
　　　　郵政劃撥帳號：一六一八○一七五
　　　　電話886-2-23511028・傳真886-2-23965656

實價新臺幣四八○元

中華民國九十九年（2010）四月初版

文選綜合學

——雙文集之一

目　錄

序

　　1992 年夏末，我應邀參加在長春召開的文選學國際學術研討會，得幸與臺灣學者游志誠先生相識。游先生當時風華正茂，熱情奔放，又極善言詞，給人印象深刻。記得會上曾就《文選》文體分類問題展開討論，游先生發言力倡 39 類說，他侃侃而談，說到動情處，竟脫口將 39 類名目依次背誦而出，對於游先生的博聞強記，聽者無不感到驚訝和欽佩。

　　此後的第二年，游志誠夫婦參訪鄭州，有緣前來我校進行學術交流，我們互相間便有了更多的接觸和瞭解。

　　此時，我校古籍整理研究所始建未久，基礎薄弱，條件不足，作為主攻方向的文選學研究雖確立了幾個項目，還來不及上手，而且又要承擔籌辦下屆文選學研討會的重任，其間的困難是可想而知的。好在我們採取開門辦所的方針，以推動文選學研究為目的，力爭與海內外學者廣泛協作，而事實上當時已經得到了幾位大陸學者的支持。游先生也表示，為發揚選學，當盡一己棉薄之力，願與我們通力合作，幫助把專題搞上去，把會議籌備好。古籍所同仁深為游先生這種豪爽直率、藹然仁者的風範而感動。

　　事實證明游先生是踐行了他的承諾的。在鄭期間，他慷慨贈送了一套陳八郎五臣注《文選》，此後，又陸續提供多種個人收

藏的《文選》版本和影本，這就極大地豐富了古籍所的庫藏，為研習《文選》提供了便利。而95年由我古籍所主辦的文選學國際學術討論會之所以圓滿成功，也與游先生多方支持密切相關。至於合作的項目，游先生與古籍所徐正英教授合著的《昭明文選斠讀》，以及由我古籍所主編、游先生參編的《中外學者文選學論集》、《中外學者文選學論著索引》等，亦相繼問世，並在學術界產生了一定的影響。凡此種種，足以見出游先生為人熱忱又講誠信，從而也加深了我們之間的友誼。

遺憾的是不數年後，古籍整理研究所突然被掛靠部門負責人宣佈撤銷，研究工作因而陷入停頓；而在游先生方面也彷彿雲散雨絕，幾近十年間失去了溝通聯繫，還不知他境況如何。直至去年因參加揚州學術會議大家才得以再度相逢，我見他體貌依舊，言談如昔，深感寬慰。後來又聽說他仍在從事文選學研究，且完成了新著《文選綜合學》，更使人高興。

游志誠先生興趣廣泛，早年曾以詩學嶄露頭角，後來于《周易》學、漢魏六朝文學等方面又多有涉足，而在文選學研究上則用力尤勤。文選學按照清人的說法，大致可區分為"徵實"、"課虛"兩大類別，游先生研究《文選》可說是能將兩者兼容並包，不偏廢一端，他之命名新著為《文選學》，其用意或許就在於此吧。

比較而言，游先生在"徵實"研究上的成績最為突出。他熟諳版本之學，舉凡宋以前的諸種《文選》本子，其中不少為清儒所未及見，都廣事搜羅，幾乎盡入其囊中。所以，他在校勘文本，辨識正誤時，常常能斟酌源流，提出超越前賢的新見。他對於明清以還的俗本，也盡可能加以利用，如這次他見到《文選》

俗本與“哀策文”析分為“哀文”、“策文”，又參照郭紹虞所主六朝文體分類說，便認定《文選》實分 40 類，從而修正了他先前的主張。當然，這還有待于更多更為有力的證據來加以坐實。版本研究是文選學中一項十分重要的基礎工程，《文選綜合學》的著力點也正在於此，由於游先生見多識廣，用心深細，加以具有較敏銳的判斷力，故而在這方面獲得了可觀的成果。

《文選綜合學》一書，還對自清初至民國期間多位選學大家的研究業績進行梳理和評述，既充分肯定各家的成就，也敢於指出其不足。總體來看，游先生的評論應該說還是比較持平公允的。游先生又能從歷史發展的視角去關照每一時期的選學家，指出隨著時代的演變，他們在研究上各自呈現不同的特色，這對於文選學發展史研究有著一定的參考價值。至於“課虛”方面，由於游先生本人就是詩人，在探究作者立意用心和詞章技巧上自是行家裏手，就用不著我在這裡饒舌了。

游志誠先生非常謙虛，日前特意寄來大作《文選綜合學》打印稿，並向我索序。我雖虛長游先生幾歲，在學問上卻自愧不如，所以遲遲不敢應命動筆。但游先生雅意殷勤，叮嚀再三，囑咐我務必接受此任，其誠意確實令人感動。恭敬不如從命，於是草成此文，一來通過憶舊，以感念游先生往日的情誼，二來祝願游先生的大著早日出版，同時希望他繼續為增進海峽兩岸學者的合作，促成文選學事業的繁榮，作出更大更多的貢獻。區區之意，盡在於斯矣。

俞紹初

2010.2.28

敍　論
文選綜合學新說

一、文選綜合學

（一）王伯厚

　　南宋詞人兼目錄學家王應麟（1226-1296），字伯厚，又號厚齋。平生著述繁富：《三字經》、《玉海》、《困學紀聞》即其最著名者。厚齋雖不以選學名家聞，然《玉海》、《困學紀聞》二書，以類書體例，採摭群言，備見史料。其中有若干條關係文選之學，至為重要。宜乎盡舉之，以論述大義。茲檢二例如下：

　　例一：厚云集古錄跋謂樂毅論，與《文選》所載，時時不同。文章正宗，謂崔實政論列於選，今考《文選》無此二篇，皆筆誤也。此條王氏所記《樂毅論》，夏侯孝若（湛）作，今見《文選》各本未載，《續文選》《文選補遺》亦未收。明人胡震亨《晉文歸》專收兩晉名篇未入《文選》者，亦不錄此文。《文苑英華》仿《文選》體例，亦闕。明人張溥《漢魏六朝百三家集》收夏侯湛詩文，亦不及此篇。清人嚴可均輯全晉文，號稱最

詳，卷六十八夏侯湛亦不錄此文。然則夏侯氏不做此篇乎？

　　案西晉王室，賈謐當道，文士多有附之者，二十四友即是也。潘岳為首，夏侯湛與岳友善，時人謂之連璧。今《文選》有潘岳作《夏侯常侍誄》，盛稱其才"執戟疲揚，長沙投賈"。然此文亦不云夏侯氏作此。今存《樂毅論》文有二本。《困學紀聞》七箋本程易田嘗據《史記·樂毅列傳》裴駰集解引與王右軍書小字本對校，謂：王優裴劣。

　　例二：王伯厚云李善精于《文選》，為注解，因以講授，謂之文選學，少陵有詩云續兒誦《文選》，又訓其子熟精《文選》理。蓋選學自成一家，江南進士試天弄和風詩，以爾雅天有二，問之主司，其精如此，故曰《文選》爛，秀才半。熙豐之後，士以穿鑿談經，而選學廢矣！

　　此條記文，向來多為清季選學諸家徵引，以實兩宋選學盛行之據。然文末謂熙豐之後，選學廢矣！學者多忽略此一史實。抑有進者，何以廢選學，蓋緣穿鑿談經。經義本有師法，傳箋注疏，依違其說。有疏不破主之規範。今竟以穿鑿為說，附會佛老，經義遂亡。此南宋以後學風如此。故《四庫全書總目總目提要》評宋代經學其弊也"悍"。好一個"悍"字之形容。經學學風影響及于選學"宋以前以博學徵聞為之選學遂漸沒落"。元明二代，"評點派"之選學因此而興起。由王伯厚此條記文，實可略窺選學發展門徑之一二。此條記下七箋本有何焯云："《文選》不足名學，不如熟精詩正義也。荊公本不陋，末流之失耳。"所云末流甚是，然謂《文選》不足名學，殆非事實，特有別意耳，乃就文選學"徵實"一派之沒落而言。故清儒選學號曰復興，多從訓詁考證一路發展。

（二）文選體類當四十

王伯厚《玉海》徵引書目之博，有些書目今已不傳。目錄學書目尤其可寶。例所引《中興書目》數百條，已經近人趙世煒輯錄之，編成《宋中興館閣書目》。今就此條所載《中興書目》載錄之《文選》版本，蕭選原編確為三十卷，李善注始析為六十卷。而尤要者，《文選》體類有：賦、詩、騷、七、詔、冊、令、教、表、書、啟、牋、記、檄、難、問、議論、序、頌、贊、銘、誄、碑、志、行狀等云云。雖只二十五類，似未備錄。然“難”體亦在分類之目，與檄不同類。此正證宋人已知“檄”“難”不同體，當分。倘據此而參以它本《文選》所見目錄，則《文選》類當分三十九類。

其實，《文選》體類實不止三十九。明清所見《文選》俗本有於“哀策文”析分“哀文”“策文”二體者。曩昔郭紹虞《中國文學批評史》述六朝文體分類說，已採用之。謂《文選》分目當有：賦、詩、騷、七、詔、冊、令、教、文、表、上書、啟、彈事、箋、奏記、書、移、對問、設論、辭、序、頌、贊、符命、史論、史述贊、論、連珠、箴、銘、哀文、哀策、碑文、墓志、行狀、吊文、祭文。據此，郭先生之分類當有三十九。郭氏已較清季選學家所見更細矣！惜乎未參之王應麟《玉海》所載中興書目之《文選》版本資料，致不分檄難為一類。今若信王伯厚所見，則《文選》之分體實應當有四十類。而不是舊說之三十七、三十八，與吾所創之三十九。

（三）文選寫本

　　文選學之有寫本，當始自敦煌寫本，已備載於各家敘錄。可不贅。然今觀念宜稍改。寫本當不止此。歷代書家所書帖，書出《文選》者，亦寫本之屬。明人宋克書《文選》公讌詩即其例。書文如下：

> 永日行游戲，歡樂猶未央。遺思在玄夜，相與復翱翔。輦（車）飛素蓋，從者盈洛傍。月出照園中，珍木郁蒼蒼。清川過石渠，流波爲魚防。芙蓉散其葉（華），蘺茗溢金塘。靈鳥宿（木）裔，仁歡游飛梁。華館倚流波，谽達來風涼。生（平）未始聞，歌之安能詳。投翰長嘆息，綺麗不可忘。（〈劉楨公讌詩東吳宋克書〉）

此書格式立軸，裱裝，有隔水，留天地，無額。題款下鈐兩章，一曰“宋克私印”，一曰“仲溫父”。軸高三尺四寸八分，廣一尺七分。宋牋本。舊藏御書，有乾隆、嘉慶御璽。又有西清藏印、石渠寶笈、三希堂等收藏章。可知此寫本宮廷中物，今《秘殿珠林》已著錄。

　　此本宋克所寫《文選》劉楨公讌詩，持以校今本《文選》多有異文。宋克明人，其時《文選》刻本有毛氏汲古閣盛行，又有袁褧合善與五臣之本，稍前，茶陵陳仁子之本亦已先刻。可知宋克臨書之際，必有所據。今見此寫本“輦車飛素蓋”句脫車字，“芙蓉散其華”句衍葉字。顧書法之例，重文多以點代之，今據“珍木郁蒼蒼”句單書蒼字，下加一點，即其例。若然，輦車句脫車字，必涉輦字從車旁，遂省筆不書，如“蒼蒼”例。然則宋克書軸所據《文選》何本？今見此軸“輦車飛素蓋”作車，“生平未始聞”作平，知宋克所據爲善注本。此二句五臣注本作“輦車”“生年”。然尤殊異者，“靈鳥宿木裔”句，善與五臣俱作

"水裔"，惟宋克此軸書作"木裔"。若非誤書，必宋克彼時所見《文選》有別本，只不知何本爾？乃信敦煌出土寫本者，尚多有可參之別種寫本。

又宋克此軸"芙蓉散其華"衍葉字，疑亦所見本不同，有作"芙蓉散其葉"或"芙蓉散其華"兩本，宋克乃並書之，以存兩可。然不論作何？以今存可見《文選》各刻本，皆不得為據以校。

《文選》寫本今存別有陸柬之書陸機《文賦》。《秘殿珠林》《石渠寶笈》已著錄，日本二玄社書法集刊收入此本，據臺北故宮博物院藏，已刊行之《故宮法書》第四輯。書者陸柬之，兩唐書有傳。書家謂陸氏書仿其舅氏褚遂良，然自出機杼，上摹二王。晚年遂有出藍之譽。今觀陸氏此帖，信然。筆筆不脫右軍心法，且稍變之，論者形容其書勢有蒼松掩蓋，節節勁健之狀。此帖墨本，乃今存《文選》選賦之最早寫本，珍貴自不待喻。若持以校現存《文選》各刻本，異文勝義，多有足堪玩味者。二玄社印本後記已校出七條，故宮影本則更多至九十三條。惜乎二本所據參校本只有通行本《文賦》與明正德刊本陸氏本集、張溥《百三名家集》等，亦未引《文選》善本以校。

（四）明清俗本之價值

《文選》版本，寫本鈔本固為至善。然刻本自五代孟蜀母昭裔刻之，降至兩宋所刻之宋本，以迄明清公私家所刻各本，皆刻本大盛之時。研考《文選》，實以刻本最便近取。然選家每言及刻本，宗祧宋刻。而忽略明清刻本之價值。清人章學誠甚至以明清所刻為"俗本"呼之。

　　明清俗本《文選》果真無價值？是又不然。明清俗本以今最常見者乃于光華所刻集成本。是本總結張鳳翼、孫月峰等明人評點約注，以迄何義門批語，堪稱有清中葉以前最善之俗本。自此俗本考之，厥有一端，可資文選體類學參證。

　　此本前有目錄，後附有文體辨說。其目錄列有 "難" 體，知明清俗本視難體為一類，殆為明清選家之共識。又目錄于 "令" 體後次 "策問"，與宋刻本稱 "文" 者，名亦不同。此可見明清學者于文體之新識。而最可注意者，此于光華集評本有 "體辨集說"。簡述各體定義。所列文體不儘與目錄同。曩昔日人斯波六郎氏編《文選索引》據此集說以為《文選》分體，未注意集說與目錄有異。集說脫 "史述贊"，哀文不分哀文與哀策文。前者或因史論史評史贊類同，故于光華於類目下有小注云： "辨史則與贊評齊行耳"，可知于氏未必不知史贊史論之分。然哀文不另分哀策文，則又令人難喻。蓋明清學者已二分之，故而郭紹虞《中國文學批評史》列其目，所據即明清俗本。今反而未見于光華集評本有二分之目，頗與事實不符。此可供文選學者深思之。

（五）文選北宋刊本整合議

　　《文選》之有刊刻，雖自五代孟蜀毋昭裔始，然已不可見。欲溯其源，則北宋刊本始見其目。吾人不免要問，到底今存北宋刊本《文選》存書為何？曩者劉光興自謂家藏北宋天聖明道間刻本，且嘗求證於版本專家傅增湘。觀其所列存目有：西都賦、東都賦、離騷文。每葉十行，行十七八字，注雙行，行二十五字，黑線口。中題李善注《文選》第一，下記葉數。

　　近年北宋刊《文選》論述者多有之。臺北中央圖書館藏北宋

刊本，一殘存十一卷，一殘存二卷，乃善注單行本。其卷數篇題
及存文存注如下：

卷一，西都賦，（白文）貨別隧分至桑麻鋪棻。

（注文）說文曰街四通也至史記曰韓聞秦之好。

卷一，東都賦，（白文）效五牲禮神祇至函谷之可關而不知
王。

（注文）左氏傳太叔曰至毛萇曰多威儀也。

卷二，西京賦，（白文）陳寶鳴雞在焉至卷末。

（注文）長安西美陽縣界山至卷末。

卷三，東京賦，（白文）安處先生於是似不能言至賦政任役
常畏人力。

（注文）有間謂有頃之間也至殄盡也。

卷四，南都賦，（白文）其竹則鐘籠篜至文末。

（注文）山有鵁至文末。

卷四，三都賦序，（白文）篇首至大氏舉為憲章。

（注文）篇首至墨子曰雖有詆訐之。

卷四，蜀都賦，（白文）吾子亦曾聞蜀都之事至篇末。

（注文）唐虞商周河洛是居至篇末。

卷五，吳都賦，（白文）全篇存。

（注文）全篇存。

卷六，魏都賦，（白文）篇首至雔校籀篇章。

（注文）篇首至說文曰偉大也。

卷八，上林賦，（白文）獮胡縠蜺至追怪物出宇宙。

（注文）司馬彪曰山海經曰至張揖曰怪物奇。

卷八，羽賦，（白文）其唐鳳凰巢其樹至篇末。

（注文）善曰禮記曰至篇末。

卷九，長揚賦，（白文）篇首至蓋聞聖主之養。

（注文）篇首至詩序曰下以風其上。

卷十，西征賦，（白文）延辭竟邅逃也奔至應刃落俎。

（注文）言其制也至已見子虛賦。

卷十一，景福殿賦，（白文）見姜后之解珮至貴賤之所。

（注文）位諸侯並侵之至民安其業。

卷十六，閒居賦。（白文）以歌事遂情焉至茲禮容之壯觀。

（注文）韓詩序曰勞者歌其事至又曰沈沈隱隱。

此本舊藏北平圖書館，故而今見臺北故宮博物《北平圖書館書目》有其書，其目與卷數頁次篇題如所記。後歸中央圖書館藏。可以確知，第二種北宋刊《文選》即此本。較之劉文興所藏本，此本缺《離騷》。《西都賦》《東都賦》並見。然劉文興校記已云殘葉，而臺北中圖藏本亦非全璧。茲據劉文興校記，所校之白文注文皆未見臺北中圖藏本。是則中圖所缺葉即劉文興所藏葉。

近聞北京北圖亦有北宋刊本。存二十一卷，亦屬善注單行之本。所存卷數如下：卷十七、卷十八、卷十九、卷三十、卷三十一、卷三十六、卷三十七、卷三十八、卷四十六、卷四十七、卷四十九至卷五十八、卷六十。共十四冊，有勞健跋，據云周叔弢捐贈。此為今世可知北宋刊《文選》之第三種。

茲合以上三種北宋刊《文選》殘卷觀之，彼所缺者正我所全。因據之推測，此三本實即同一本而散出者。意當時應為一接近六十卷之北宋刻本，後散出之葉，分留各地。遂致此闕彼詳。然則今世所存之北宋刊本《文選》實際只有一種。選學界若能將

此原為同一書而分散之葉集合為一本，則北宋刊本《文選》雖非全貌，亦可見其半璧矣！茲試校北宋本數例如下：

　　例一班固《東都賦》外接百蠻，北宋刊本獨作此，與《漢書》本傳合。各本如奎章閣本、明州本、贛州本、廣都本、叢刊本、茶陵本、袁本、尤本、陳八郎本、汲古閣本等接字均誤作綏。胡克家《考異》闕校。知北宋刊本乃蕭統《文選》原貌，各本皆誤。惜乎今存敦煌寫《本選》各卷闕《東都賦》，無由得校。然則，此北宋刊本獨作之例，殆為可證。

　　例二張衡《西京賦》“海若游於玄者，鯨魚失流而蹉跎”善注三代舊事曰五字，北宋本並各本皆如此。惟尤本代作輔。胡克家《考異》云“此當三輔三代重有，三輔三代舊事屢引，尤校添而又脫三代耳。”，據胡校，此注惟尤本獨作，北宋刊本與各本同。倘必以北宋刊為是，則尤本獨作，誤也。是又不然。北宋刊雖為今見最早刻本，然多有與尤本不同處。或尤本是，或北宋刊本是，其例不一。今幸而有敦煌本為校，正作“三輔三代舊事曰”七字，與胡克家校合。知尤本當如此。以寫本校刻本，則此例以尤優於北宋刊本。考之目錄，《三輔舊事》有其書，《唐書·經籍志》地理類：“三輔舊事三卷”，又起居注類：“三輔舊事一卷”，此後如《初學記》《藝文類聚》諸書所引或作舊事，或作故事。胡校云善注屢引是書，一見《文選·西京賦》注引，一見《文選·陶徵士誄》注引，皆作“三輔三代舊事”，知三代二字衍，善注必以“三輔舊事”或“三輔故事”為據，斷無“三代舊事”引書之注。惜乎尤本獨作三輔，北宋刊本不同，尤本不誤，亦以賴寫卷為證耳。

（六）昭明太子遺文

　　《文選》一書並其學術而曰"文選學"，向無新舊之分。近歲學者欲引新說新材料以攻舊說者，遂憑空而生"新文選學"之詞。詳其為法，雖自號為新，亦不過舊酒裝新瓶。其中所爭一事，謂《文選》一書實際編者為劉孝綽。此論固按說有據，然而今世學界于昭明太子其人其思想並其著作較少措意，前人雖略盡筆墨，如謝康等《昭明太子和他的文選》一書所收各家解即是，但究而論之，獨未細搜且及全面。吾人要問：太子其文其詩並其思想若何？今倘能略知太子詩文並其思想趨向，則太子選文標準，去取所依，或可稍解。惜乎今存可見太子文集皆非全璧。

　　晚明張溥輯百三名家集，《昭明太子集》列其目，降至民國嚴輯增補之。可謂詳備，然獨闕之。讀簡文帝序與劉孝綽序可知漏遺甚多。近人周貞亮首編《梁昭明太子蕭統年譜》，引述本集不出前書。今人穆克宏《蕭統年譜》與俞紹初《昭明太子蕭統年譜稿》二文增修不少，引述本集亦倍於前譜。然於蕭統其人其書並其思想獨待補述。近讀陳垣《道家金石略》乙書據《藝文類聚》卷七八及《圖書集成》道觀部藝文收昭明太子一篇，題曰《虞山招治碑》。又據《茅山志》卷二一收昭明太子文一篇，題曰《華舊隱居墓銘碑》。此二文向之學者未見，近世選家罕有稱引。至於細校詳考，有待來茲。案虞山在今常熟東南，有子游墓。山之巔建有讀書臺，志云即太子讀書處。臺上有亭，並見明刻太子立像，又有乾隆年間重修碑亭記。據此而觀，明清選家真以為此太子讀書之地也。則出土此碑文，為昭明太子作，不無可能。至於華舊隱居者，華舊逸士陶宏景，世謂山中宰相，張溥輯

收《陶隱居集》。本傳稱其"國家每有吉凶徵討大事，無不前以咨詢，月中常有數信，時人謂山中宰相"。梁武帝早與之游，恩禮不絕，冠蓋相望。顧達摩亡於元魏少室山之少林寺，武帝聞之賜寶奠祭，命太子祭文。已收入太子本集。則華舊居士歿，未必不厚如前例。則《茅山志》所錄此碑銘為昭明太子作，不無可能。

（七）文選學綜合研究法

　　以上分從徵實與課虛二法之相關選學者論述之，略可概括版本、校勘、輯佚、與及《文選》評點。文選學欲通而貫之，庶幾圓解，尚有待學界戮力以求。各法須兼顧，缺一不可，執偏亦難。故而試擬"文選綜合學"一詞以包括之。但最終以文學讀解，心靈感會，達致知性與感性之生命文學為其終極關懷。此文選綜合學最終之鵠的也。試以江淹《別賦》論之。題曰別賦，乃專述別離一事。然賦體之寫作技巧既求之鋪采摛文，體物寫志，則別之一事必細擬以至細。今考《別賦》全文讀之，有榮別、壯士別、從軍別、絕國別、夫婦別、游仙別、淫別等等。觀此諸別，似同實稍異。蓋有只是暫離之別，有永別之別。倘再較論之，全賦似有分。為此，惟賴評點讀解之法細味之。故清儒何義門評點云："別字兼有行子居人，以下或看重行子，或看重居人，或兼有居行在內，無不入情。"此論最是最精。然此中深意，若無版本校勘之助，如何索解？考之今傳《文選》各種善本，如奎章閣本、贛州本、叢刊本、明州本、廣都本、尤本、胡刻本等，俱無線索。今見陳八郎本五臣注於"別雖一緒，事乃萬族"句之雖字，作離字。此為孤證獨作，信之耶？非之耶？若并

參評點讀解之法，自文意求之，作"離"字為佳。然或囿於孤證，且又鄙薄五臣注本，遂勉強牽合原文不改，棄離字而從雖字，不亦謬哉？《文選》全書若此例者尚多，今以文選綜合學求之，此處雖據孤證，但不得不從之，亦即綜合參讀之結果。文選學若不分新舊，可試以文選綜合之學如上示例，幸有識者教正之。

附註

1　王伯厚之生平家世考證，有陳仕華《王伯厚及其玉海藝文部研究》，甚詳。又王更生《王應麟和辛處信文心雕龍注關係之探測》乙文，于《困學紀聞》乙書之體例并王氏生平有所考證。此文收入王更生《文心雕龍新論》一書，頁 179-200。

2　引自《翁注困學紀錄》卷十七，新編頁 875。（京都：中文出版社，1982）。下引七箋，即七家注，亦同見此書。

3　《樂毅論》今傳有王右軍書小楷。淳化閣帖已刻入，然真偽尚待考定。

4　引自同註 2 引書，頁 870。案：世傳何焯評《文選》多種。四庫有《義門讀書記》，何評悉見于此。然今見《困學紀聞》七箋本何焯評語，多不見于今本讀書記，甚可注意。

5　宋代目錄學如中興書目，能分出"難"體為一類，當有所本。蓋不惟六朝文人已流行作"難"體，且有至三難四難者。唐人承六朝之緒，尚專有作難體者。今見韓文集，有吳縣滂喜齊藏宋本《昌黎先生集》，門人李漢編，其卷十一錄韓愈文，即有"原""難""對""雜說"諸體，難亦其目。可見愈之門人李漢已自覺愈之"難"文，為專屬一類之文。

6　郭紹虞之說見《中國文學批評史》，頁 68。郭氏之分體共三十九類，但未析分"檄""難"，故而少了"難"之體，而多了"哀策"一類，因此，郭先生比清季選學家的三十七類說又進前一步。

7　我在 1993 年 4 月 17 日於臺灣成功大學召開的"第二屆魏晉南北朝文學與思想學術研討會"發表〈論文選之難體〉乙文，提出《文選》分體三十九類之說。該文收入《魏晉南北朝文學與思想學術研討會論文集》第二輯，頁 259-289。

8　除了俄藏敦煌卷文另有敘錄之外《文選》郭煌寫本大抵備於王重民編，黃永武新編之《郭煌古籍敘錄新編》。

9　斯波六郎氏轉錄于光華"辨體集說"，譯文見李慶譯《文選索引》第三冊（上海：上海古籍出版社，1997 年），頁 27。

10　見劉文興《北宋本李善注文選校記》。此文有校文數十條，此文收入陳新雄、于大成主編《昭明文選論文集》，頁 197-200，（臺北：木鐸出版，1976）。此文當為今最早引述北宋刊本《文選》者，惜只三篇，核之北圖與臺灣中圖所藏北宋本《文選》多有不同。

11　此本勞健跋文與實際情況略有出入，今見傅剛《文選版本敘錄》乙文有新說法，頗值參考，文載《國學研究》第五卷，頁 173-236。傅文所記此本尚有卷十五《思玄賦》殘葉，卷十六《嘆逝賦》殘葉。誠案：此二卷臺北中圖亦有之，然不同殘文。

12　敦煌此卷編號伯 2528 號。收入黃永武編《敦煌寶藏》，又王重民《敦煌古籍敘錄》已著錄。今據黃永武《敦煌古籍敘錄所錄》頁 36 所附原卷校之。（臺北：新文豐出版公司，1986 年）。

論廣都本文選

一、序論：何以曰《六家文選》？

今世尚存有廣都本《文選》否？

答案是有。現藏臺北故宮博物院。

廣都本文選昔日標名《六家文選》。與《六臣注文選》有別。凡標名六家者，實即向者所稱五家（五臣注）益李善一家合曰六家。故而《六家文選》即五臣注為詳之本。與《六臣注文選》以李善注為詳之本不同。何以見得？

在未合注以前，不論五臣注或善注，皆直稱《文選》。今據陳八郎本五臣注作《文選》，北宋刊國子監本善注作《文選》，二證可信。又北宋秀州刊本亦作《文選》，此本即今藏韓國漢城大學奎章閣本《文選》之祖本。善注與五臣注并詳，未刪削。五臣注在前，善注后。由此可知《文選》之名，乃合注本未出前之通稱。初始合并亦沿用《文選》之名。及至南宋，盛行合刊五臣注與善注，商賈為示區別，遂以《六家文選》、《六臣注文選》大略別之。凡稱"六家"者，例以五臣注為詳，居前。此即廣都本文選何以獨稱《六家文選》之緣由。

《六家文選》六十卷首見於《崇文總目》卷五云："《文

選》六十卷，梁太子統編。原釋：唐李善因五臣而自為注。」[1] 原釋之誤，黃伯思《東觀餘論》已辨之。黃氏云：「李善注在五臣前，此云因五臣而自為注，非是。」[2] 詳審原釋何以有此誤？乃有見于此本五臣注居前，善注在後，且前詳後略，遂誤以為如此。

　　案：《崇文總目》別有《文選》三十卷。原釋：呂延濟注，今見天一閣鈔本仍之。至晁公武《郡齊讀書志》改題《五臣注文選》三十卷，標名"唐呂延祚集注"。呂氏云：

> 右唐呂延祚集注，延祚以李善止引經史，不釋述作意義，集呂延濟、劉良、張銑、呂向、李周翰五人注，延祚不與焉，復爲三十卷，開元六年延祚上之，名曰五臣注。[3]

晁志所言甚是，呂延祚實未有注，呂居纂集上表之功，六臣實即五臣，故《文選》未合並善注之前，不當有六臣注之名。然則《六臣注文選》之名昉自陳振孫《直齊書錄解題》。陳氏謂："後人並與李善原注合為一書，名六臣注。"云云[4]。案此本之合並與《崇文總目》著錄六十卷本之合並不同。此本以善注為詳，居前，五臣注略，居後，故陳氏有"並與李善原注"之語，謂原注先於後注。[5]

　　此後書賈為示合並本之不同，乃有《六家本文選》之目，仍作六十卷。此廣都本何以首標《六家文選》之用意。

二、《六家文選》之敘錄

　　然而廣都本《文選》何人見其真本？宋元以下雖有著錄，但觀其所記體例，頗多不符。明季盛行袁褧刻本，謂仿刻廣都本。

於是，廣都本之名始播，而袁本與廣都本之別，遂成明清以降選學家研搜討求之課題。甚者，每以袁本誤為廣都本。案首辨二本之源流者，當推《四庫全書》所收《文選》六十卷本，題要云：

> 其書本與善注別行，故唐志各著錄黃伯思《東觀餘論》，尚譏《崇文總目》誤以五臣注本置李善注本之前，至陳振孫《書錄解題》始有《六臣文選》之目。蓋南宋以來，始與善注合刻取便參證。元明至今，遂輾轉相沿並為一集附驥以傳，蓋亦幸矣。然其疏通文意，亦間有可采，唐人著述傳世已稀，固不必竟廢之也。田氏刊本頗有刪改，猶明人竄亂古書之習，此本為明袁褧所刊，朱彝尊跋謂：從宋崇寧五年，廣都裴氏本翻雕，讀字、闕筆尚仍其舊，頗足亂真，惟不題鏤板訖工年月以是為別耳。錢曾《讀書敏求記》稱所藏宋本五臣注作三十卷，為不失蕭統之舊，其說與延祚表合。今未見此本，然田氏本及萬曆戊寅徐成位所刻亦均作三十卷，蓋或合或分，各隨刊者之意，但不改舊文即為善本，正不必定以卷數多寡定其工拙矣。[6]

據提要所云，知廣都本始刻於北宋徽宗崇寧五年（一一○六），袁本所據即此本。提要又云田汝成徐成位所刻本三十卷，與袁本六十卷，卷數分合不等，或刊或合，各隨刊者之意。

　　案：據提要云云，頗誤實情。今見四庫所收袁本，善注居前，五臣在後，可知此非《六家本文選》，而是《六臣注文選》。故提要引徐成位作三十卷以比較之。蓋明季萬曆年間徐成位據田汝成刻本而校刊之本，即六臣注本，非《六家本文選》。此不可不辨。由此可確信四庫所收六臣注非翻刻廣都本之袁本。然則廣都本與袁本究竟真貌為何？案今存明人刊標名《六家文

選》與《六臣注文選》各本存佚現況如下：

（一）六家文選

　　1.六家文選六十卷　梁蕭統編　唐李善等六臣注　明嘉靖己酉（二十八年）吳郡袁氏嘉趣堂覆宋廣都裴氏本二十四冊

　　2.六家文選六十卷　梁蕭統編　唐李善等六臣注　明嘉靖己酉（二十八年）吳郡袁氏嘉趣堂覆宋廣都裴氏本六十冊

　　3.六家文選六十卷　梁蕭統編　唐李善等六臣注　明嘉靖己酉（二十八年）吳郡袁氏嘉趣堂覆宋廣都裴氏本三十二冊

　　4.六家文選六十卷　梁蕭統編　唐李善等六臣注　明嘉靖己酉（二十八年）吳郡袁氏嘉趣堂覆宋廣都裴氏本三十一冊

　　5.六家文選六十卷　梁蕭統編　唐李善等六臣注　明嘉靖己酉（二十八年）吳郡袁氏嘉趣堂覆宋廣都裴氏本六十冊

　　6.六家文選六十卷　梁蕭統編　唐李善等六臣注　明嘉靖己酉（二十八年）吳郡袁氏嘉趣堂覆宋廣都裴氏本六十冊

　　7.六家文選六十卷　梁蕭統編　唐李善等六臣注　明嘉靖己酉（二十八年）吳郡袁氏嘉趣堂覆宋廣都裴氏本六十冊沈贈

　　8.六家文選六十卷　梁蕭統編　唐李善等六臣注　明末覆刊嘉靖己酉（二十八年）吳郡袁氏嘉趣堂覆宋廣都裴氏本三十一冊

　　9.六家文選六十卷　梁蕭統編　唐李善等六臣注　明末覆刊嘉靖己酉（二十八年）吳郡袁氏嘉趣堂覆宋廣都裴氏本二十冊

　　10.六家文選六十卷　梁蕭統編　唐李善等六臣注　明末覆刊嘉靖己酉（二十八年）吳郡袁氏嘉趣堂覆宋廣都裴氏本二十冊

　　11.六家文選五十六卷　梁蕭統編　唐李善等六臣注　明嘉靖己酉（二十八年）吳郡袁氏嘉趣堂覆宋廣都裴氏本二十九冊缺卷

五十一一五十四

　　12.六家文選六十卷六十冊　梁蕭統編　唐李善等六臣注　明萬曆間龍猇丁覯重刊本

　　13.六家文選六十卷三十冊　梁蕭統編　唐李善等六臣注　明萬曆間龍猇丁覯重刊本

　　14.六家文選六十卷二十冊　梁蕭統編　唐李善等六臣注　明萬曆間龍猇丁覯重刊本

　　15.六家文選六十卷六十一冊　梁蕭統編　唐李善等六臣注　明萬曆間龍猇丁覯重刊本　近人沈曾植手書題記

（二）六臣注文選

　　1.六臣注文選六十卷　梁蕭統編　唐李善等六臣注　明萬曆二年崔孔昕新都刊本六十一冊

　　2.六臣注文選六十卷　梁蕭統編　唐李善等六臣注　明萬曆二年崔孔昕新都刊六年徐成位修訂本三十冊

　　3.六臣注文選六十卷　梁蕭統編　唐李善等六臣注　明萬曆二年崔孔昕新都刊六年徐成位修訂本三十冊

　　4.六臣注文選六十卷　梁蕭統編　唐李善等六臣注　明萬曆二年崔孔昕新都刊六年徐成立修訂本六十一冊

　　另外，還有標名《文選》六十卷者如下：

　　1.文選六十卷　梁蕭統編　唐李善注　明覆弘治元年唐藩刊本十六冊　明崇禎六年陳衍及近人楊守敬各手書題記

　　2.文選六十卷　梁蕭統編　唐李善注　明嘉靖癸未（二年）金臺汪諒覆刻元張伯顏本二冊

　　3.文選存五十九卷　梁蕭統編　唐李善注　明嘉靖二年金臺

汪諒覆刻元張伯顏本五十九冊缺卷四十二

　　4.文選六十卷　梁蕭統編　唐李善注　清康熙丙寅（二十五年）上元錢士謐覆刊明末虞山毛氏汲古閣本二十四冊

　　5.文選六十卷　梁蕭統編　唐李善注　清康熙丙寅（二十五年）上元錢士謐覆刊明末虞山毛氏汲古閣本十冊

　　以上三類明刊《文選》，惟《六家文選》五臣注在前，如宋刊之體例。《四庫提要》既自謂所收本為袁本，則不當標名《六臣注文選》。至於徐成位修訂本以善注為詳，居前。自與袁本不同系統。由是可知明刊《六家文選》，今可見者只有袁裦與丁觀二家。以二家皆仿刻自廣都本，是今世唯賴以考見廣都本原貌之明刊本。[7]然丁觀本每為選家忽略。遂以為只有袁本仿刻廣都本，實則丁觀本保留更多廣都本之真貌。且丁本六十卷末有一重要木記“紹興乙亥萬卷堂刊”八字。袁本無。然而施廷庸《故宮圖書記》（一九二四）曾謂葉德輝考訂昭仁殿藏《六家文選》誤袁本為宋刊，舉此木記為證，謂袁本卷末“吳郡袁氏善本新雕”已換挖“紹興乙亥萬卷堂鑴”云云。實則此二本不同也。施廷庸及葉德輝所見之本即丁觀本，與廣都本同藏於昭仁殿。今廣都本非宋刻全本，乃配補袁本者。然昭仁殿所藏另有袁本與丁觀本。換挖之說不可信。此必丁觀本所仿刻之祖本刻於紹興乙亥，與袁本所祖之崇寧五年刊本不同源也。然則若以丁觀本此木記為可信，則宋刊《六家文選》當不止廣都本一種，當另有“萬卷堂”刊本。惜未見著錄，僅能由丁觀本推測之。[8]

三、廣都本敍錄

今存廣都本乃昭仁殿舊藏本無誤,唯非全佚,其所缺者,用袁褧刻本補配之。昔者故宮著錄此本,誤題開慶咸淳年間刻,今已改正為紹熙慶元間刊本。蓋臺北故宮藏此本缺昭明原序。《天祿琳琅書目後編》記云此序有"命工鏤於宋開慶辛酉季夏至咸淳甲戌仲春工畢"云云,故宮此本未見。故而當非《後編》所見本。[9]曩昔余親睹此本,嘗敍錄之如下:

此即南宋開慶咸淳年間廣都裴宅刊本,定為蜀本無疑。裴氏刻書,宋本者凡裴道、裴中、裴榮,未詳是本確出何手。惟據朱彝尊《曝書亭集》卷五二云:

> 六家注文選六十卷,宋崇寧五年鏤版,至政和元年畢工,墨光如漆,紙質堅致,全書完好,序尾識云,見在廣都縣北縣裴宅印賣,蓋宋時蜀箋若是也。……是書裴氏褧曾仿宋本雕刻以行,故傳世特多。

可知裴氏刻《文選》,自北宋已有之。則是本由此出,固可信之。但《四庫全書》所收袁本,蓋仿刻裴本,當與此本不同,要之,凡明代流行之袁本悉自此本出。

是本每半葉十一行,行二十字,小字雙行,行二十六字。首為李善上國子監文選注表,表後有准勑文,未節字,與今本袁本不同。次揭呂延祚上五臣集注文選表,惟表題脫五臣二字,亦不同袁本。進表後揭高力士勑文,字大而厚,書風即顏魯公筆法。次列目錄。左右雙欄,白口,雙魚尾,板心下偶有刻工名,然皆漫漶不可辨。

　　是本於目錄與諸本稍異者,若賦大題下不分甲乙丙丁戊如明州本之例,頗與韓國奎章閣本同。又序目缺移、難兩類,京都亦分上中下。其尤別異者,咏史下不次百一游仙,而置咏懷,順序與各本異,由此可推考北宋刊六臣注本之序目前後或與今見各本不同。今查袁本卷六十末有跋語,謂"皇明嘉靖己酉春正月十六日,吳郡汝南袁生褧,題於嘉趣堂"云云,而此本無,然別有識語云:河東裴氏考訂諸大家善本命工鋟於宋開慶辛酉季夏至咸淳甲戌仲春工畢。知此本亦非崇寧本,遂為南宋末刊本,而別稱"廣都本"。

　　是本為今存六臣合注本之最詳者,可持以考五臣注之原貌,並驗證尤袤刻善注單行本必自六臣合注本剔出者。是本五臣注在前,善注在後,與明州本同。今存六臣合注而以五臣為詳之宋刊者,惟此本與明州本。二本又皆五臣注盡錄,而善注刪略,適與贛州本叢刊本不同,是以至可寶也。倘再持與五臣單注之陳八郎本合校,則五臣注原貌不難復現,今藏臺北故宮博物院圖書館。[10]

　　今者,重檢廣都本,三複讀之,又見此本之獨異各本者,頗可資選家一參。爰再草此文。

　　廣都本《文選》五臣注在前,善注在後。據歷代序錄,書名原題作《六家文選》,今存廣都本卻作《六臣注文選》。

　　此本首刊李善上《文選》注表,國子監准勑文,次五臣進集注文選表,次目錄。大題《六家文選目錄》。目錄前有小字書記"嶺南李天麟君揣父手記"。

　　此本目錄所見,殆可議者有二:其一"論"分一二三四五,此乃善注之分。非五臣注,今據陳八郎本知當作上中下。又日本古抄本室町本亦同。可知五臣注本論體分卷細目與善注不同。廣

都本既以五臣注為主，當從之。今反是，可知廣都本《文選》兼採兩注之例。

　　案：《文選》各本目錄分卷，凡三者，例作上中下之數。越三者，始以紀數。此善注五臣注無異。唯此"論"體，唯陳八郎本分上中下，餘各本皆作一二三四五之序目。此甚可注意者。疑昭明原選當只作上中下之分。陳八郎本較近於昭明《文選》原貌。廣都本此例不遵五臣注，未審何故？

　　廣都本目錄另一可議者，即"詩騷"不分。第三十二卷次格列"詩"，再次格列"騷上"，第三十三卷同。次格列"詩"，再次格列"騷下"。

　　案：廣都本次格分詩騷，其以為騷體即詩之一體，不當分之旨甚明。若然，今存《文選》各本唯廣都本獨作此例。此甚可注意者。於六朝文體學當可助一說。

　　《文選》廣都本今存卷一至卷十七，卷二十七至卷二十八，卷五一至卷五七。餘各卷以袁本配補。

　　卷二十八收鮑明遠樂府八首全。今據日本集注本、敦煌本、韓國奎章閣藏秀州本，陳八郎本，贛州本，明州本，叢刊本，尤本、茶陵本等諸本合校，以探廣都本《文選》之真貌，冀有以釐清宋本《文選》之源流，及善注五臣注之分合、侵奪、冒偽、刪並等實情。

四、廣都本斠證

（一）東武吟

1.（題注）故托遠以言之，東武太山下小山名：托字太字，廣都本與各本同。唯陳八郎本誤作記大。案：此可證廣都本已經校刊。

2.召幕到河源：廣都本出校善本作占字，明州本、奎章閣本同出校字。陳八郎本即作召。郭煌本、集注本作占。知二本所據《文選》正文為善注本。

3.（召幕）注召幕謂投幕也：此條注，廣都本並各本皆脫"劉良曰"三字。遂誤劉良注為銑注。唯集注本有此三字。雖孤證，但從而可推知今見所謂五臣注者，已非真貌。即陳八郎本亦不例外。

4.（追虜窮塞垣）注"塞垣，長城也"：廣都本同各本，此條銑注。唯集注本塞上有"呂延濟曰"四字。此例同前。

5.倚杖牧雞豚：牧字下廣都本出校云善本作收。明州本、奎章閣本同出校。陳八郎本即作牧。集注本脫此字，未審作何？衡諸集注本乃據善注而抄者，固當作收，惜乎脫之，無以為憑。敦煌本亦抄自善注，卻作收字。頗不合例。

6.今似檻中猿：似字各本同。唯陳八郎本誤作。案：陳八郎本多誤字，此其又一例。

7.不愧田子魂句注"言願得同晉主"二十七字：廣都本與各本同系呂延濟注，惟集注本言上有呂向曰三字。知此條注分濟曰與向曰。惜乎孤證。

（二）出自薊北門行

1.嚴秋筋竿勁：筋字，廣都本同各本。諸本惟陳八郎本作筯，集注本正文仍作筋，注引《音決》"筋音斤"，知《音決》同陳

八郎本。陸善經唐人，較宋人更近昭明原選，陳八郎本既同《音決》，可證陳八郎本當早於今存宋刻各本。

2.虜陣精且彊彊字廣都本出校云善本作強字。明州本、奎章閣本同出校。陳八郎本即作彊。知五臣注作彊善注作強。敦煌本、集注本皆作強，可知此兩寫本抄自善注。然敦煌本或抄五臣注正文如前揭“牧”字（案：善注當作收），或抄善注正文，如前例強字，體例不一。未可因敦煌本雖為早出寫本，信以為證某當作某。

3.天子按劍怒：按字廣都本同各本。惟敦煌本作案。敦煌本正俗字不分，此又一例。

4.馬步縮如猬：步字下廣都本出校云善本作毛字。奎章閣本、明州本同出校，陳八郎即作步。知步毛二字即兩注之異。敦煌本、集注本皆從善注作毛。

5.（馬步）句注“向曰言天寒也”：廣都本同各本皆作向注，惟集注本引作呂延濟曰。凡集注所引五臣注，系名每不同於今本，此又一例。

6.（身死為國殤）句注“良曰殤非命也”：廣都本同各本皆作良曰，惟集注本引作“張銑曰”，此集注引五臣注系名不同各本又一例。

（三）結客少年場行

1.題注：廣都本無“五言”二字。敦煌本、集注本皆無。陳八郎本有五言二字，明州本、奎章閣本、贛州本皆有。此廣都本獨同寫本之例。

2.“驄馬金絡頭，錦帶佩吳鈎”句注“翰曰”十一字：廣都

本並各本皆作“翰曰”，惟集注本作“呂向曰”，此集注引五臣系名不同各本又一例。

3.“追兵”句注濟曰十五字，廣都本並各本皆作“濟曰”，惟集注本改作“李周翰曰”，此又獨作之例。

（四）東門行

1.題注：廣都本題下缺“五言”二字，陳八郎本有，明州本、贛州本、奎章閣本皆有。此廣都本獨異於各刻本之又一例。敦煌本、集注本亦缺五言二字。

2.題注良曰二十一字：廣都本並各本皆作“良曰”，惟集注本改作“向曰”，此集注本獨作之例。

3.賓客復還訣：廣都本訣下出校云“善曰訣與決同”，各合注本同有。據此知“訣”“決”二字，乃兩注之別。集注本缺校、敦煌本亦缺。此集注本獨異各刻本之例。

4.行子夜中飯：廣都本飯字出校云“善本作飲字”，陳八郎本即作飯。可知五臣注如此。諸本唯奎彰閣本同有出校。明州本、贛州本皆闕校。“飯”“飲”二字，遂無以判定是否即兩注之異。尤本仍作飯，敦煌本、集注本亦作飯。此廣都本獨有之校字，唯賴奎章閣本旁證之。案：飯字協韻為是。

5.行子心腸斷：廣都本並各本皆不斷句、下連“食梅”二句。唯集注本異於各本，句斷於此，並有“李善曰見風吹落葉更傷悲也。陸善經曰言行者勤勞也”二十二字。此集注本獨見之注，各本缺。集注本所據為何？選家當注意之。蓋集注本引李善曰十二字，尤本亦缺，可推知今存各本善注皆未必全。然而亦可反問，集注本獨有之善注，或五臣注之混入也。“腸”字，廣都本並各

本同。唯集注本作"傷"。

6.食梅常苦酸："食梅"二字，廣都本並各本皆同。[11]

（五）苦熱行

1.題注：廣都本題下無"五言"二字。陳八郎本有。贛州本、奎章閣本、明州本同有。此廣都本不同各本之例。

2.日月有恒昏：恒字廣都本缺筆，陳八郎本、尤本、明州本、贛州本亦缺。刻本唯奎章閣本不缺。集注本、敦煌本亦不缺筆。敦煌本唐寫，可不缺。集注本若斷為唐寫，亦可不缺。奎章閣本獨異各刻本，當注意之。

3.雨露未常晞：常字廣都本並各本同。敦煌本、集注本皆作"嘗"。案：敦煌寫本每多同普通書之例。且集注本何以作"嘗"，蓋亦沿寫本之例。

4.丹蛇踰百尺：蛇字廣都本並各本如此。刻本唯陳八郎本作"虵"。集注本、敦煌本亦作虵。案：虵乃蛇之異體字。寫本例書俗體，此即一例。陳八郎本亦多俗字。或據寫本而來。然則陳八郎本可因此例斷為更早於各本之證乎？《藝文類聚》、《樂府詩集》、《鮑照集》等並同廣都本。《龍龕手鑒新編》：虵，虫也。又姓，又弋支反。蛇，丘地名，又音也。亦人姓。[12]據此知虵蛇正俗字之別。

5.吹蠱病行暉：廣都本病字出校云"善本作痛字"。明州本、奎章閣本，同有出校。陳八郎本即作病。贛州本則出校云"五臣作病"，叢刊本沿之，尤本即作痛。此兩注正文之異，故有互校。敦煌本、集注本從五臣注本作病。

6.瘴氣盡熏體：瘴字廣都本出校云"善本作郁"此同第5條

之例，瘴郭乃兩注之異。然敦煌本集注本於此反從善注本作郭。
案：寫本所從正文，或從善注，或從五臣注，並無定准。

7.渡瀘寧具腓：腓字廣都本出校云"善本作肥"，此同第5
第6之例，腓肥二字乃兩注之異。今陳八郎本即作腓，然而尤本
仍作"腓"未改正。此尤本未盡校善本之例，幸得廣都本之出校
得證。集注本、敦煌本從五臣注本作腓。

8.生軀蹈死地，蹈字廣都本並各本俱同。《樂府詩集》、
《太平御覽》、《鮑照集》皆作蹈。惟敦煌本、集注本作陷。集
注本今案云："五家，陸善經本陷為蹈也。"[13]可知集注本所據
另本有作蹈，今自廣都本可證之。

9.優波賞亦微：微字廣都本並各本如此。惟集注本誤作
"征"，蓋涉善注引後漢書"交址女子征側"而誤。

10.戈舩榮既薄：舩字廣都本並各本如此，尤本改作"船"。
叢刊本同尤本。此二字當後出可證。舩船正俗字之別。陳八郎本
獨作"舡"。案：《龍龕手鑑》收"䑶""舡"二字，舡即䑶。
《龍龕手鑑新編》云："舡，舩貌，又俗音舩。"[14]船舩正俗字
之別。然而諸本惟陳八郎本獨作舡。

11.爵輕君尚惜：爵字廣都本出校云"善本作財字"，奎章閣
本、明州本同出校。贛州本亦同出校。叢刊本出校"五臣作
爵"。尤本即作財。案：財爵二字即兩注之異。然而陳八郎本竟
不沿廣都本，而獨作"君輕"二字。反與敦煌本、集注本同。陳
八郎本與寫本同出一源，不從刻本之出校語，可證陳八郎本時代
較近於寫卷。

（六）白頭吟

1.題注：廣都本題下缺“五言”二字。集注本、敦煌本亦缺。陳八郎本有五言二字，奎章閣本、明州本同有。

2.世議逐衰興，廣都本並各本如此。《樂府詩集》作“世路逐衰興”，今據此本可證路字當誤。又《玉臺新咏》作“世義逐衰興”，義之誤，當以此本訂之。

3.“毫髮一為瑕，丘山不可勝”句注良曰二十八字，廣都本並各本均作良曰，惟集注本作“呂向曰”。此集注本獨見之例。集注本此句注於呂向曰之末有“陸善經曰謂薄俗也矣”九字。今觀陸注亦屬“文意疏釋”，頗與五臣注同。可知李善“釋事忘義”之注例，不惟五臣反之。

4.點白信蒼蠅：點字下廣都本出校云“善本作玷字”，奎章閣本、明州本同出校。贛州本、叢刊本適反，出校云“善本作點”。案：此即善注與五臣注出校異文之標准例。據陳八郎本即作“點”，尤本即作“玷”。今幸有廣都本之校語以印證。此廣都本之最大價值。集注本、敦煌本均從五臣注本作“點”。

5.鳧鵠遠成美：敦煌本自此句以下缺。

（七）放歌行

1.題注；廣都本題下缺“五言”二字。集注本同缺、尤本亦缺。陳八郎本、奎章閣本、明州本、贛州本、叢刊本同有。案：此昭明原選當有者。尤本缺，不合。

2.習苦不言排：廣都本排字下出校云“善本作非字”。贛州本、叢刊本適反。案：此亦兩注異文之標准例。又案：廣都本並各本於此句下不系注。惟集注本、尤本於此句斷，並系注。但二本之注文不同。集注本引《楚辭曰》以下二十八字，尤本同有。

但集注本別引 "說文曰蓳，根如薺，食之甘" 十字。此十字未詳是善注，或集注本增注？集注本所引注類此者尚伙，此選家最當注意者。

五、結論

一、據廣都本知五臣注不誤脫者，陳八郎多有誤脫。可推知廣都本乃經校刊之本，其為後出無疑，至少不當早於陳八郎本。然則今世所能見之五臣注真貌，亦唯恃陳八郎本一種耳。

二、集注本所抄五臣注，注文詳於各本。惜乎多為孤證。若集注本可信其有據。則今見各本五臣注實非全貌，已將五人各注混一矣！

三、廣都本已經校刊，唯陳八郎本能存五臣原貌。此論可據集注本以資旁證。凡集注本所引《音決》與各本異者，唯陳八郎本多與之同。

四、敦煌寫本雖可信為唐人抄，但所抄文選正文，或抄自善注本，或抄自五臣注本，其例不一。學者當辨之。今由廣都本與各本之對勘，益信此論之不假。

五、集注本引五臣注文，系名獨不同於今見各刻宋本。尤其與廣都本、陳八郎本異。若集注本之孤證可信，則今存五臣注之各注系名恐非原貌，凡研讀五臣注而據引者當細辨之。

六、廣都本所出異同校語，有各六臣合注本缺，而獨與奎章閣本同者。因而推知二本之時代當早於各本。

七、以廣都本並各本校集注本，有各本皆無，集注本獨有之善注。其真偽如何？當為選家宜考之新課題。集注本之重要處亦

在此。

　　八、宋刻缺筆之例，廣都本並各本同。唯奎章閣本獨異各本不缺。如"恒"字。

　　九、廣都本所見異字校語，可作善注五臣注異文之標準例。如〈白頭吟〉有"點白信蒼蠅"之點字。

　　十、廣都本所見善注，與集注本引，詳略互見。集注本獨有之善注何據？此選家最當注意者。

附註：

1　引自王堯臣等編次《崇文總目》卷五，此用人人文庫特五九八錢東垣集釋本（臺北；臺灣商務印書館，1978），頁 325。

2　參黃伯思《東觀餘論》下卷（北京：中華書局影本，1988），頁 69。

3　引自晁公武《郡齊讀書志》卷四下，用人人文庫特五四八影本（臺北：臺灣商務印書館，1978）。

4　引自陳振孫《直齊書錄解題》卷十五。用人人文庫特五八三排印本（臺北：臺灣商務印書館，1978），頁 414。

5　此云原注，當是李善之初注。據晁公武《郡齊讀書志》卷四下云："初為輯注，博引經史，釋而忘其義，書成上進問其子邕，邕無言。善曰非邪，爾當正之，於是邕更加以義釋，解精於五臣，今釋事加義者兩存焉。"晁志云云，知李善注本有出於李邕義釋者。然此本必晚於原注。

6　引自《四庫全書》集部《文選》提要。用商務印書館《影印文淵閣四庫全書》本，集部第四九一冊，總頁 1330 之 2。

7　日人斯波六郎《文選諸本研究》著錄丁覯本。有神宮文庫藏本，二

十卷。此本與六十一冊本者稍不同。（將藏臺北中央圖書館）二本
同有者卷五十六後題之次有"戊申孟夏十三日李清雕"一行。但臺
北中圖藏本六十卷末有"紹興乙亥萬卷堂鐫"木記。神宮藏本缺。
（參斯波六郎《文選索引》）書前所附《文選諸本研究》，李慶
（譯）（上海：上海古籍出版社，1997），頁 656。案：此木記即
袁褧仿刻本所挖改。

8　據《天祿琳琅書目》卷十載袁本之版式如下：
前《蕭統序》，次《李善上文選注表》並《國子監奉刊文選詔
旨》，次《呂延祚進五臣集注文選表》，後明袁褧《識語》，……
《序》後標此集精加校正，絕無舛誤云云（標記下文略）。又五十
二卷末葉，標母昭裔貧時云云（下文略），此二條宋槧中本有之，
系存其舊，其六十卷末葉，有"吳郡袁氏善本新雕"隸書木記，則
袁褧所自標也。褧《識語》云，余家藏書百年，見購鬻宋刻本《昭
明文選》（中略），殆數十種，家有此本，甚稱精善，而注釋本以
六家為優，因命工翻雕，匡郭字體，未少改易，始於嘉靖甲午，成
於己酉，計十六載云云，其四十四卷末葉，標丁未六月初八日李宗
信雕，五十六卷末葉，標戊申孟夏十三日李清雕。
案：此載記五十六卷末葉"戊申孟夏十三日李清雕"，同見於丁覲
本，餘四十四卷、五十二卷、六十卷之標識丁覲本缺。疑《天祿琳
琅書目》已誤袁本丁本為一本矣！丁本有"嘉慶御覽之寶""天祿
繼鑒"二印記。

9　傅剛懷疑故宮藏廣都本，非崇寧五年本。乃因"開慶辛酉"木記不
當。（參傅剛《文選版本研究》，頁88，北京：北京大學出版社，
2000年）案：此據吳哲夫之提要識語而誤，故宮登錄此本已改正為
紹熙慶元間刊本

10　引自游志誠《昭明文選學術論考》（臺北：學生書局，1996），頁 521。

11　敦煌本此卷屬法藏 P.2554，亦有"食梅"二字。頃見羅國威《敦煌本昭明文選研究》云："常字上缺文。"（該書頁 175）案：當不缺，未詳羅校何據？

12　引自潘重規編《龍龕手鑒新編》（北京：中華書局，1988 頁 79，頁 79。

13　引自《唐鈔文選集注匯存》（上海：上海古籍出版社，2000 年），頁 1394。

14　同 12 引書，頁 173。

文選古注新論

自昭明太子綜集《文選》一書成，凡注音、釋義、校讎、訓詁之作，不旋踵而繼作，今人通謂之"文選學"。其實，究考其成名之始末，所謂文選學當有"選注"與"選學"之別。

首揭選注與選學之兩目，或自清人徐攀鳳《選注規李》與《選學糾何》二書始。《選注規李》專精校讎，斧正李善注之得失，悉以"注"為研究對象，可曰選注派之文選學。徐攀鳳，字桐巢，華亭人，諸生，著有《選注規李》與《選學糾何》。治學以經書為歸，尤邃心於《易》，由易學以通他經，著有《六經識餘》、《讀易微言》、《尚書傳義》等。[1] 徐氏治選學，本其經傳訓詁之法，以通集部，率用小學工夫。其所謂"選注"，蓋據李善之釋事而更定之，並兼考五臣注亂善各例，一面攻善注，一面力欲還原李善注本貌，故曰"選注規李"。徐氏此書序云：

> 李崇賢《文選注》六十卷，元本散軼久矣。猶賴前之君子，編輯成書，眆眎廬山眞面。則今所傳顯慶本爲汲古閣毛氏所刊者是也。幼耽讎校，老而忘疲，簡畢所存，積久盈卷，命曰《規李》。其於少陵熟精之語，初未有得，竊滋媿云。[2]

據此序，可知徐攀鳳所據善注本為汲古閣本《文選》，然因未見更早之本，故誤以毛氏刻本為顯慶善注原本。此清儒校《文選》

之共病，不煩多語。今當注意者，徐氏《選注規李》已微微透顯其“選學”之意涵。何則？徐氏此序自謂幼耽校勘，老而忘倦，積稿盈卷，纂集成書，自愧有負杜甫《示兒》詩“熟精《文選》理，休覓綵衣輕”云云之誠。著“理”字，即“文選理學”乙詞之所出，清人孫志祖《文選理學權輿》當仿此意而作。然則，“文選理”一概念，自不同於“選注”。徐攀鳳《選學糾何》專駁何焯之選評，於是，由選注而選學之中間轉折，當即“選評”，而以康熙年間之選學大家何焯為嚆矢。此後，無論贊何或糾何，皆依違於選注而更進一境，乃有所謂“選學”之概念出矣！徐攀鳳《選學糾何》序云：

> 讀書之法，必先貫穿一家而後馳騁乎百家。義門何先生之讀《選》也，率以李崇賢注為宗，評本嘉惠後學越百年矣。予既樂味其精美，不揣固陋，另作《糾何》一卷，遙質諸先生焉。[3]

徐氏此序揭露文選學研究法首在因一家而治百家，故而擇精一家，以何焯之學為攻錯。若問何焯之選學為何？則非選注可規限也。何焯一生治學，兼綜四部，尤精《文選》校勘，得康熙“學問好，校書精”之御評。惟今所見何焯之選學，悉以“評點”為主，實未有《文選》專書專注單行。故而徐氏謂“評本嘉惠後學”，即此何焯評點之《文選》本。由選注到選學，其中必經“選評”之路，此即徐攀鳳何以命名己作曰“選學”之理由。蓋經由選注與選評之方法，始可進乎“選學”。選注與選學的分界點，即以何焯之選評居關鍵地位。直到晚近黃季剛始就此二詞之概念，再加釐清。黃氏云：

> 余仲林云，義門當士大夫尚韓愈文章，不尚文選學，而獨

加賞好，博考眾本，以汲古爲善，晚年評定，多所折衷，士論服其該洽。以今觀之，清世爲文選之學，精核簡要，未有超於義門者也，而評文則未爲精解。

義門論文，不脫起承轉合照應點伏之見，蓋緣研探八股過深，遂所見無非牛耳。

義門論文，亦有精語，而有三蔽未袪，一曰時代高下之見，二曰俗文門法之見，三曰體裁矇溷之見，惜也精研數十年，而所得廑此也。

何評校文，自有《讀書記》，校注廑見余孫胡梁稱引，葉刻未刻其校注之文，所謂何評，殆錄《讀書記》耳。

葉樹藩本補注不盡可信，惟何義門評語關於考訂者特有可取爾。

汪韓門、余仲林、孫頤谷、胡果泉、朱蘭坡、梁茝林、張仲雅、薛子韻、胡枕泉諸家書於文義有關者，並已參校。

其�摭拾瑣屑，支蔓牽綴之辭，以於文之工拙無與，只可謂之選注，不可謂之選學，亦不遑備錄也。[4]

黃季此序置於評點《文選》之首，以示讀《文選》之前導，並揭示文選學研究法之大要，故今本由黃焯過錄整理之本，亦置於書首，顏曰《文選平點敘言》。此予可謂總結傳統"舊文選學"之內容與方法，緣徐攀鳳因治一家選學而治百家之啟示，黃季剛繼其說亦專攻何罩評點。此段序言歷數清季選學各家，犖犖大者，不下十餘人，最終特別突出何焯選學之成就，譽之爲"未有超於義門者"。此論甚是，然非漫語謬稱。故而黃季剛隨引三例，總托何焯治選學之方法，一曰論文，二曰校注，三曰考訂。今觀此三例之選學，已大非選注一法可範限，黃季剛提出一新詞曰"選

學”，將何焯用此三例之評點，自清儒諸家“摭拾瑣屑，支蔓牽綴”之選注，嚴分而區別。黃季剛再次申言選注只是針對選文“文義”做有關之注解，無關乎“文之工拙”。由此可知，黃季剛所謂的“選學”，乃兼合文義與文章評賞，合一爐而冶之之選學。雖然此段序言對何焯的“義門論文”之法，並不默許，且大加批判之，謂何焯評文不脫八股時文起承轉合之道。姑不論黃季剛此處理解何焯的《文選》評文是否真相如此，至少黃季剛特別表彰何焯的《文選》評點已兼施評文、論文之法，何焯的《文選》評點體例包舉有三，品第何焯的選學成就當清儒之冠，在在表示黃季剛的獨家創見。至此，由選注到選學，中間經由《文選》評點大家如何焯的方法示範，再到黃季剛《文選黃氏學》的評文方法總結，所謂《文選》“選注”不等於“選學”的知識，駸駸然形成矣！自無須待辨，乃知選注當有“古注”與“今注”之別。

然則何謂古注？古注之注解方法為何？古注與善注之異同又如何？古注今存現貌如何判定？以及古注與文選學之具體關涉，古注涉及《文選》版本學、注釋學之層面如何？善注與五臣注所受古注之影響承受若何？凡此種種問題，皆有待選學家同道多方質正，探源溯本，以見《文選》古注學之一斑。今試舉《文選》揚雄《羽獵賦》之古注為例，並參之其他篇二十三例古注現存之貌，略探其一二。

《羽獵賦》有句“三軍芒然，窮尢閼與，但觀夫犵禽之紲蹄，犀兕之抵觸，熊羆之挐攫，虎豹之凌遽”，奎章閣本五臣注：

> 濟曰：窮尢，倦怠貌，閼與，舒緩貌，言芒然懈倦，容態

舒緩，但觀群獸超越奔急而已。孟康曰：尤，行也，關，止也，言三軍之盛，窮關禽獸，使不得逸漏也。善曰：孟康之意，言窮其行止，皆無逸漏。如淳曰：尤者，懈怠也，晉灼曰：關與，容貌也，如晉之意，言三軍芒然懈倦，容貌關與而舒緩也。今依如晉之說也。尤，音傝，關，於庶切，與，音豫，紲與趾同，超踰也。文子曰：兕牛之動以抵觸也，韋昭曰：挈獲，惶遽也。

奎章閣本《文選》李善注：

善曰：說文曰：凌，越也。遽，窘也。[5]

案：此注即五臣注、善注並古注一並相混之顯例。不惟善注與古注混，古注亦混入五臣注，五臣注則又混入善注。案廣都本俱同奎章閣本，惟"善曰孟康之意"云云一節注，善曰上空一字格，此明州本視此節注當屬善注文，已出校奎本之混古注。今之疑問，在奎章閣本五臣注有孟康、如淳、晉灼三家古注，均見於顏師古注《漢書》引，奎本置此三家注於五臣，廣都本、明州本校正之，僅留孟康注二十四字仍繫五臣注，移如淳、晉灼二家屬之善注。然則，所謂《文選》古注究屬混入善注，抑或混入五臣注？殆非梁章鉅之臆測所可定奪。易言之，《文選》古注未必皆善注保留，五臣注亦可能引述之。此中究竟，不惟關係善注真貌，更且關係古注真相，尤關係《文選》宋本刊刻之源流考辨，不可不慎校謹訂也。清人梁章鉅《文選旁證》尤注意《文選》古注與今注相混，並謂《文選》原書體例或已亂矣！梁氏云：

又按李用舊注，皆題本名。而補注則別稱"善曰"，如《子虛》、《上林》用郭璞注，《思元（玄）賦》用舊注，《魯靈光殿賦》用張載注，《射雉賦》用徐爰注，

《詠懷詩》用顏延年、沈約注，《楚辭》用王逸注皆是。
乃於揚雄《羽獵賦》用顏師古注之類，竟漏本各。於班固
《幽通賦》用曹大家注之類，則散標句下。《三都賦》明
云劉逵注《蜀都》、《吳都》，張載注《魏都》，乃三賦
俱題"劉淵林"字，豈後來排纂，已非原書，故體例互殊
耶！[6]

梁氏此段話，括舉《文選》今注、舊注、補注之體例，甚得其
要，可謂繼何焯、汪師韓以下，綜述《文選》之選注最精到之
論。此處梁氏之"舊注"即現存李善注《文選》保留之"舊
注"，吾人且暫名之曰古注。案李善注本《文選》嘗自揭保留舊
注條例，若張衡《西京賦》題薛綜注，善注曰："舊注是者，因
而留之，並於篇首題其姓名，其有乖謬，臣乃具釋，並稱臣善以
別之，他皆類此"云云，即《文選》古注之體例。據此體例，可
推考之有三事：其一可考今本《文選》版本之沿革，凡不錄古注
者，必非善注本。然則吾人當質疑者，五臣注不錄古注乎？其二
可較論文選學之"選注"學有今古之分。當據今存二十三篇古
注，如何注釋之法？較論李善補注之是非正誤。蓋據李善補注之
條例，但憑古注之"乖謬"而補正，非強加補釋，蛇足架屋之舉
可比。其三可推考李善注原貌為何？蓋今見各本宋刊《文選》，
率皆六臣合注之本。其單注之本，非剔除五臣注而獨留善注之本
實為罕見。雖然，尤袤刻善注《文選》為單注本，然其注文譌奪
刊落之處徧有，早經胡克家門下顧廣圻《考異》校出之，信知尤
本非善注原貌。然則世人必欲盡求善注原貌，辨正或可多方，今
據善注自訂舊注條例，徧各宋本，考證體例是否落實，由此推知
善注之原貌，必可助解《文選》"選注"之源流。故曰《文選》

古注關乎文選學之研究至深至密矣！

　　案今存《文選》古注，有誤刊漏列，假托篡奪之現象，首由清初康熙朝選學大家何焯揭出之。例如《文選》卷二張衡《西京賦》薛綜注，即今存古注。何焯云：“此注謂出於薛綜，疑其假托。”[7]何焯辨正薛綜生在王肅之後，安得引王肅《易》注以證《西京賦》。雖然，何焯此說未必確，但首先質疑《文選》古注，可謂先見之創。何焯之誤，誤在未能據更早之宋本以校正古注與善注之區別。固然，薛綜卒在王肅之前，不可能引王注。但是，王肅《易》注何以又闌入薛綜？關鍵在李善注條例，必有“善曰”二字以別古注。胡克家《文選考異》有見及此，出校云：“有當‘善曰’二字，各本皆脫。”胡氏所校甚是。考胡校何以能破何焯之說誤，功在知“古注條例”。此即胡克家《文選考異》一書善用“理校法”之一例。故而可知薛綜注引王肅《易》注，當改從善注。於是，由何焯揭發《文選》古注混入善注問題之後，歷代選學家乃多注意及此。孫志祖、張雲璈、梁章鉅、徐攀鳳等清季選家，皆嘗著墨辨正。民國高步瀛《文選李注義疏》頗攻善注，思欲還原善注真貌，高氏據唐永隆敦煌寫本俱缺薛注所引之古今注與反切語，推考今本有者，必後人妄增。高步瀛云：“然可見此注為後人妄增，或傳寫致誤者多矣！”[8]高氏所謂此注，兼包《文選》古注與善注，且指明今本古注與善注互相混入，謊奪誤刊之例必多。案高氏之說誠是。試檢胡克家《文選考異》全書，徧摘《文選》各篇注文亂奪，屢屢出校云“當有善曰”，或曰“某錯入某”云云，胡克家結論曰：“凡善各篇所留舊注，均非全文。”[9]胡氏此語若屬實，則今見《文選》古注之原貌，益加難定矣！

　　又例《羽獵賦》有句"爾迺虎落一嶰以為司馬，圍經百里而為殿門"，奎章閣本五臣注曰：

　　　　良曰：虎落，以竹爲藩落也，三嶰，山也，言圍落此山其經百里也。營之外門曰司馬，內門曰殿門也。晉灼曰：路音落。服虔曰：以竹虎落此山也。應劭曰：外門爲司馬門，殿門在內也。

奎章閣本李善注曰：

　　　　三嶰已見上文。

案：此例所見五臣注已混入晉灼、服虔、應劭三家古注，善注則省文。考奎章閣本之祖本為北宋秀州本，乃今見最早之六臣合注宋刊本，其特色在兩注不作繁省增刪，即使五臣與善注同，亦不省文，兩見同出，今此本惟出校三嶰注，可證善注不引古注。廣都本、明州本同此本。案此三本皆六臣注本系統，而以五臣注列於前，善注列後。適與贛州本倒反。今據贛州本此句下繫善注曰：

　　　　善曰：晉灼曰：路音落。服虔曰：以竹虎落此山也。應劭曰：外門爲司馬門，殿門在內也。郭璞三蒼注曰：三嶰山在聞喜。

贛州本五臣注良曰：

　　　　虎落以竹爲藩路也，三嶰，山也。言圍落此山其經百里也。營之外門曰司馬，內門曰殿門也。

細審贛州本之善注，盡反奎章閣本系統之兩注詳略，復出善注，並省略五臣注。其中最可注意者，即善注"三嶰已見上文"，此本復其注"郭璞三蒼注曰三嶰山在聞喜"十二字，各本皆無，惟此本獨有。其後茶陵本、叢刊本等覆刻本俱同贛州本有此十二

字，可知此三本之六臣合注本為同一系統，雖兩注並存，然必以善注為詳，且經刻者校正，甚或增注複出，凡此作法皆非善注原有體例，亦難以據之以定善注原貌若何。

又此句善注分見於奎章閣本系統與贛州本系統，既已如此分歧淆亂，及至尤袤刻《文選》善注，更大變注文，省文與古注並見，幾已不可辨真相矣！尤本《文選》李善注此句曰：

> 晉灼曰：路音落。落，纍也。服虔曰：以竹虎落此山也。
> 應劭曰：外門為司馬門，殿門在內也。善曰：三峻已見上
> 文。

試觀尤本此注，不惟將三家古注自五臣注刓出，移屬善注之下，更別據顏師古注《漢書》"落，纍也"三字，誤屬晉灼注文。[10]蓋此三字非古注，乃顏師古之補注。此三字惟尤本獨有，信知必尤袤添加。然則尤本非據李善單注本為祖本，乃綜考北宋各本，俱參五臣與善合併本，另參其他史書收錄《文選》之文，斟酌詳略，但出己意，其必經尤袤校正增刪添補而刻，信可知矣！

然則《羽獵賦》此句之古注三家，究竟混入五臣注，抑或李善注？由以上各本宋刊《文選》之比勘，誠難定奪何是？梁章鉅斷言古注必混善注云云，恐屬臆測之語，蓋梁氏未據更多更早之《文選》宋某善本以資輔證耳。

今觀尤袤刻《文選》。所見善引古注與舊注，率多增刪，更有古注與舊注相混之情形例如揚雄《羽獵賦》有句"創淫輪夷，丘累陵聚"，尤本善注云：

> 張晏曰：淫，過也。夷，平也。言獸被創過大，血流與車
> 輪平也。音義曰：創血流平於車輪也。善曰：丘累陵聚，
> 言積獸之多也。

尤本此注，可謂最符善注引舊注之"標準例"。即舊注是者列於前，若有具釋增補，則用"善曰"以別之。表面上粗觀尤本遵善體例如此，其實細究之，尤大錯矣！尤之誤在混張晏古注與顏師古舊注為一例耳。何以言之？今據奎章閣本此句李善注曰："張晏曰：淫，過也。夷，平地。言獸被創過大，與輪平也。音義曰：創血流平於車輪也。善曰：丘累陵聚，言積獸之多也。"奎本善注無尤本"大血流車"四字，讀之文句通順，詞義爽然。今若據尤本有此四字讀之，則不曉其義。試問何以尤本之張晏古注致誤如此？蓋不知有此四字者，乃顏師古補注之語，非善注文。近人高步瀛《文選李注義疏》云："《漢書》顏注有此四字，蓋兼取張晏及音義耳。"[11] 高說最是。證以奎章閣本、廣都本、明州本俱無此四字，可證張晏古注必無此四字，尤表誤援顏注以亂入古注。[12]

　　今由尤本《文選》此例舊注混入古注之"選注"而言，可得一結論：即《文選》善注所保留之舊注，當有"古注"、"舊注"之別，今所以未能盡別，蓋緣《文選》六臣注合併本刊行後，排纂已非原書，體例已亂，難以窺見全貌，凡尤本並各所見之舊注相混皆當作如是觀。其中又以尤本施予舊注之校改者特多，無怪乎胡克家《文選考異》斥指尤本"添改複查"之善注，隨處可見。

　　然則文選學之古注問題，幸經前賢如何焯、汪師韓、梁章鉅、胡克家、高步瀛等選學各家開示先例，益信《文選》古注之真貌，非盡如諸家所考，自茲而後，《文選》古注之研究，當列入重要選學課題，有待方家攻治之。

附註：

1　徐攀鳳《選注規李》與《選學糾何》收入吳省蘭《藝海珠塵》叢書。參見景印原刻《百部叢書集成》，嚴一萍選輯（臺北，藝文印書館，1981年）。

2　徐攀鳳：《選注規李》，百部叢書本，頁1。

3　徐攀鳳：《選學糾何》，百部叢書本，頁1。

4　引自黃季剛《文選平點》（重輯本）敘，（北京，中華書局，2006年）。案：黃季剛自1914年起已手批《文選》數部，門下諸生各有迻錄批語。其後由其女黃念蓉輯印《文選黃氏學》在臺北出版，但未見此篇序。又黃季剛姪黃焯亦輯印《文選平點》，於1985年上海古籍出版社印行，首見此序，置於目錄後，題云"黃焯燿先編次"。結果，到了2006年北京中華書局刊印《黃侃文集》，收入《文選平點》，標曰重輯本，黃侃先生哲嗣黃延祖重新整理校正，此書轉錄黃念蓉輯本序與黃焯輯本序，但竟將此篇《文選平點序》誤植為"公元一九八二年蘄春黃焯序"。案：今審全篇序之口氣，並其款款勸勉後學深明選學體例與校注方法之語，斷非黃季剛之厚學者莫辦，故而此序原屬黃季剛手批《文選》置於書首，開示門生之條例法則，非黃焯作，信可知矣！當訂其誤。

5　本論文校勘揚雄《羽獵賦》，據奎章閣本《文選》為底本，以廣都本為對校本，另外參考北宋監本、敦煌寫本、贛州本、明州本、尤本、陳八郎本、叢刊本等各本宋刊《文選》，又《漢書·揚雄傳》摘錄《羽獵賦》，本論文據百衲本二十五史，與王先謙補注《漢書》為參校。冀能探究《文選》古注與善注相混之真貌。

6　梁章鉅：《文選旁證》卷二，《續修四庫全書》，1581冊，（上海：上海古籍出版社），2002年，頁226上。

7　何焯：《義門讀書記》卷四五（北京，中華書局，1987 年），頁859。

8　高步瀛《文選李注義疏》卷二（北京，中華書局，1985 年），頁246。

9　此語出自《文選・西京賦》"武庫禁兵，設在蘭錡"句下善注，胡克家《考異》之出校語。見《文選》（北京，中華書局影印，1977年），頁 42 下、845 上。案：此校胡克家但以"理校"為是，惜乎無更早之宋本以資旁證，今據奎章閣本、廣都本均無"善曰"二字，其餘各本皆無，乃知今存宋本各本皆無以考見善引古注之體例矣！

10　參見王先謙補注：《漢書》卷二（臺北，洪氏出版社，1975 年），頁 3543。案：百衲本《漢書》晉灼注亦無此三字，可證有此三字確為小顏注。

11　高步瀛：《文選李注義疏》卷八，頁 1943。

12　其實在高說之前，胡克家《考異》已出校此四字非張晏注，並申言此必尤添改複杳。高步瀛說或本於此。

文選古注再論

　　李善注《文選》保留舊注篇目，溯自有清一代，選家早已揭出之，惜乎詳略各異，互有增減。近年於此課題談論者罕聞，偶有涉及，亦多因襲成說，鮮聞細考。例如劉躍進〈班固典引及其舊注平議〉，揭示「舊注」乙詞，按之《文選》篇目，謂舊注今存各篇曰：

> 張衡〈兩京賦〉薛綜注、〈思玄賦〉舊注、〈三都賦〉劉淵林注、司馬相如〈子虛賦〉〈上林賦〉郭璞注、潘岳〈射雉賦〉徐爰注、王文考〈魯靈光殿賦〉張載注、阮籍〈詠懷詩〉顏延年沈約注、〈離騷〉、〈九歌〉、〈九章〉、〈九辯〉、〈招魂〉、〈招隱士〉王逸注、〈毛詩序〉鄭氏箋、〈典引〉蔡邕注、陸機〈演連珠〉劉孝標注等。[1]

細數此目，得十七篇。似未近實。今再檢善注《文選》原書，當有二十一篇。蓋緣脫舊注之名者，集注但繫一人注耳，未計數而致誤。今細錄詳目如下：

> 張衡〈兩京賦〉薛綜注、〈思玄賦〉舊注；
>
> 左思〈三都賦〉劉淵林注
>
> 司馬相如〈子虛賦〉、〈上林賦〉郭璞注；
>
> 潘岳〈射雉賦〉徐爰注；

　　王延壽〈魯靈光殿賦〉張載注；

　　阮籍〈咏懷詩〉顏延年、沈約等注；

　　屈平〈離騷〉、〈九歌〉、〈九章〉、〈卜居〉王逸注；

　　宋玉〈漁父〉、〈九辨〉、〈招魂〉王逸注；

　　劉安〈招隱士〉王逸注；

　　卜子夏〈毛詩序〉鄭氏箋；

　　班固〈典引〉蔡邕注；

　　陸機〈演連珠〉劉孝標注

以上《文選》今存古注與舊注之篇目，當較近於實。唯是《文選》舊注學，不當僅限於《文選》一書，《文選》舊注若欲成為專門之學，不惟自本書以求，更當自它書以求。例如宋人洪興祖《楚辭補注》一書保留《文選》五臣注即是一例。

　　自西漢劉向編定《楚辭》十六卷，劉歆著錄《屈原賦》二十五篇，《楚辭》一書注解者眾，可惜今多佚而不存。晉郭璞《楚辭注》三卷，隋皇甫遵訓《參解楚辭》七卷，劉宋何偃《楚辭刪王逸注》，僅見其目，未詳有書。[2] 故而北宋末洪興祖《楚辭補注》，據王逸章句，兼採眾本，參以己意，堪為今存最早之注本。尤其關涉文選學至深者，即洪注所錄王逸章句，即《文選》善注所存之舊注。今持兩書對校王逸注，互有增損，則所謂《文選》舊注原貌究為何？實難定考。然則洪興祖補注已自言嘗參校《文選》，並兼採善注與五臣注。例如〈招魂〉序，洪興祖補注云：「李善以〈招魂〉為小招，以有大招故也。」此舉大招小招對言，向來注楚辭者罕聞，亦不見於今傳各本《文選》善注，而洪興祖直揭善注，不詳何據？或洪注嘗見別本善注也。又〈招魂〉辭四首句下注，洪興祖云：

征，行也。言歲始來進，春氣奮揚，萬物皆感氣而生，自傷放逐，獨南行也。五臣云：汨，疾也，亦代原爲辭。補曰：汨，甘筆切。《文選》自此至「白芷生」，句末皆有些字，一本至「誘騁先」有些字。[3]

詳審此段注文，既錄王逸舊注，亦引五臣注《文選》以補逸注之闕。復於補曰出校〈招魂〉異文，兼詳版本，皆據《文選》而校，可知洪補注已備參《文選》舊注。洪注有助於《文選》古注舊注之校刊，由此可證。

　　洪興祖《楚辭補注》所存之善注，於王逸「招魂者宋玉之所作也」句下補云：「李善以招魂爲小招，以有大招故也。」[4] 此善注十四字，胡克家《文選考異》無考，歷來文選家亦闕述。案：此十四字當洪興祖彼時所見善注單行本有者，蓋今存各本《文選》皆無。乃知宋人善注單刻必有別本，非盡如今本所見。抑或洪興祖所見之《文選》舊注有此十四字，今已無考，然則此十四字《文選》舊注可助楚辭學之考訂者，甚關要義。何則？

　　其一據李善注云，〈招魂〉爲屈原作，非宋玉，亦非他人作。可補證司馬遷《史記》屈原本傳之說爲可信。其二〈招魂〉與〈大招〉有大小之分，蓋謂二篇所招之法類同，但問所招之物爲何而已？故而善注合此二篇並言之，即自二篇之寫作手法與其寫作題材而並觀之也。合以上二義，較論楚辭學者有關此二篇之論述，善注此十四字實已先發睿見矣！試觀郭沫若考云：

　　〈招魂〉的一首一尾分明說出，所招者是王者之魂，即巫陽下招的一段，所敘述的也完全是王者生活。宮室園囿，車馬僕御，女樂玩好，美衣玉食，那些近於窮奢極侈的情況，決不是自甘「賤貧」的屈原的身份所宜有。故〈招

魂〉作爲宋玉招屈原固然不適當，即如某些學者認爲屈原
自招也是不適當的。關於〈招魂〉的作者，用不著躊躇，
我們應該尊重司馬遷的見解。那是屈原在招楚懷王的魂。
楚懷王晚年被秦國騙去，拘留了三年，可能就是作於那個
時期。[5]

郭氏之解，悉附太史公之說而更求別徑耳，至於舉招魂所招之
物，皆王者常習之物，判非宋玉庶民之身可說者，此之謂內證。
案〈大招〉所招之物亦多類此，且〈招魂〉、〈大招〉謀篇皆有
東南西北四方之招，唯〈大招〉於末端更招之以國家美政，此
〈招魂〉所闕者，據此而推，善注合此二篇而對言大小招，詳其
大小之義或在此。又聞一多云：

案全篇皆云「魂兮歸徠」，惟此及後文作「魂魄歸徠」，
疑魄皆乎之誤。精氣曰魂，形體曰魄。人死魂氣散越，離
魄而去，故祭有招魂復魄，（見《周禮·夏采》先鄭注，
《儀禮·士喪禮》後鄭注。）謂招魂使復歸於魄，非招魄
也。此云「魂魄歸徠」，則並魄亦招之。揆諸事情，庸有
當乎？[6]

聞說引「魂魄歸徠」乙詞之魄字當作乎字，以符《楚辭》魂兮歸
來詞例統一之證。就修辭體例而言，似有其理。倘再輔以「大
小」之分，則〈大招〉魂魄並招，立義至明，不煩改字。〈招
魂〉則全篇悉以魂為招，故善注曰小招，頗符原旨。又陳子展總
結〈招魂〉、〈大招〉二篇之疑，略作辭題曰：

〈招魂〉是因被招者「魂魄放佚，厥命將落，故作〈招
魂〉，欲以復其精神，延其壽命」（王逸《章句》），爲
招生魂而作，了無疑義。〈大招〉首段總提招魂大旨，特

揭「魂魄歸徠」，連魂帶魄的招。次段向四方招魂，三段
結上生下，又說「魂魄歸徠」，連魂帶魄的招。據此可證
被招之人定是遠離家鄉，死在外地，此文無疑爲準備迎接
尸棺、招收亡魂而作。〈招魂〉只說「魂兮歸徠」，〈大
招〉兼說「魂魄歸徠」，是兩者最大不同之點。[7]

陳氏此解，既綜合前人已述者，又輔以此二篇原典之細讀，明揭
〈大招〉者屈原招懷王，故多陳美政，與魂魄並招。至若〈招
魂〉者但屈原自招，一大一小，此二篇之本旨判然可別。然則，
審味陳氏之新證，歸結其要，〈大招〉、〈招魂〉同為屈原自
作，〈大招〉、〈招魂〉有小大之別，類此二要義，洪興祖補注
《楚辭》存錄之《文選》善注十四字，已先言之矣，《文選》舊
注此十四字有助楚辭學之辨疑，甚可寶哉！

　　次考小招一詞，首見於善注，其後降至明代，始又重言之。
此因明清楚辭學者大多反王逸章句說〈招魂〉宋玉作，改遵司馬
遷主屈原作。於是，就〈大招〉與〈招魂〉之比較，推得小招之
詞，遂有其理。明人黃維章以為〈招魂〉、〈大招〉皆屈原作，
清人林雲銘從之。其後蔣驥《楚辭餘論》、晚清張裕釗、吳汝綸
等皆從此說。而明人首揭小招一詞者，見於林兆珂《楚辭述
註》。

　　林兆珂，字鳴父，福建莆林人。著《楚辭述註》，以《楚辭
釋文》目為參，參之王叔師章句、洪慶善補注，乃成一家之言，
書成於萬曆辛亥之秋。嘗自訂凡例八則，其中覈評，類似評點之
解，摘錄明人之解義點評，於〈大招〉第十摘陳深評語於眉端
云：

　　陳深云：夫以原之孤介枯槁，赴淵死且不惜，豈可以鬼怪

懼之，可以荒淫動之耶。若曰即時歸郢，察幽隱，存孤
寡，治田邑，阜人民，禁苛暴，流德澤，舉賢能，退罷
庸，尚三王及君之無羞尚可爲也，以是招之可矣，此則小
招所不及也。[8]

此則批語，分析〈大招〉全篇所述，非觀鬼怪荒淫，皆合屈原之
志，故曰大招，而舉小招一詞以對之。其所謂小招，即〈招魂〉
也。批語大招小招對比而言，有助理解屈志，始悟小招一詞可
通，而《文選》善注有此十四字之證，自明代楚辭著作已言小招
之詞可以逆推其可能矣！

　　由洪興祖《楚辭補注》原書之題目標注，概分「離騷」與
「楚辭」兩目之作法，又關係《文選》體類學一解。即《文選》
自詩賦之體別出騷類，又自《楚辭》之體選「七」類一體，
「騷」與「七」別，不惟非《文選》之誤，恰恰是《文選》反映
魏晉「文集」之實況。故而，《文選》全書之開端，置賦、詩、
騷、七為首四類，一則修正《漢書·藝文志》詩賦類歌詩與賦不
分之弊，二則遵阮孝緒七錄置《楚辭》、別集、總集為新出集部
分類，三則提升屈原騷人之文地位，與《詩經》劃境，且又不違
漢儒編訂《楚辭章句》之原書旨趣。合此三例，《文選》分騷與
七為二體，固有深意焉，非盡如後世所譏評分體細碎之失。何
則？請自《楚辭補注》每卷標題下之目類考之。

　　考今傳《楚辭》一書之目次，有兩版本，其一《楚辭釋文》
本，其二王逸《楚辭章句》本。二本差異，俱載於洪興祖《楚辭
補注》之目錄。洪本據宋刊本而注，乃今存最古之《楚辭》注
本，此書目錄首離騷經，至〈漁父〉第七卷，凡七卷，每卷之首
篇名大題下必標「離騷」兩字。意謂此七卷皆屈原作。故而《文

選》序:「楚人屈原……騷人之文。」云云蓋即謂此。案之今本
《文選》已選騷文悉出自此。信然。

　　然而,甚可注意者,洪本自第八卷〈九辯〉以下,至第十七
卷〈九思〉,每卷篇目下,皆改標「楚辭」。如此作法,似謂洪
補本所據之王逸注《楚辭》實由兩書合併,故而有今見「離騷」
與「楚辭」兩目,凡非屈原作者,皆歸之《楚辭》。此洪興祖補
注本有意為之,由是可知屈原離騷或先有單行,宋玉繼作及漢人
仿作,又別自一集,殆劉向編定,至王逸章句始合二書為一。
《文選》初編之時,有意區分離騷與楚辭,似同而實非一,故取
騷文之餘,又別選「七」體,以替《楚辭》。於是,《文選》編
者之意,七自七,騷自騷,七為一類,代表《楚辭》,非代表
〈離騷〉,分體極精,自有主見。《文選》特立七體,蓋遵王逸
體例,《文選》必立騷類,則效《文心雕龍》〈辨騷〉宗旨。二
類必分之理,自洪興祖《楚辭補注》今存舊目,得以窺其始末,
文選學舊注不惟自本書求之,亦當自它書求之,此文選舊注學之
新課題也。

　　洪興祖《楚辭補注》備錄五臣注《文選》所收《楚辭》篇
章。自〈離騷經〉以下,〈九歌〉四首,〈九章〉一首,〈卜
居〉一首,〈漁父〉一首,宋玉〈九辯〉五首,〈招魂〉一首,
劉安〈招隱士〉一首等。以上《文選》所收楚辭,凡有五臣注
者,為洪興祖備錄之。洪氏此書所採之五臣注當為今存最早之五
臣注。何以見得?據紀昀《四庫全書提要》云:

　　　宋洪興祖撰,興祖字慶善,陸游《渭南集》有興祖手帖
　　　跋,稱為洪成季慶善,未之詳也。丹陽人,政和中登上舍
　　　第,南渡後召試授祕書省正字,歷官提點江東刑獄,知眞

州饒州，後忤秦檜，編管昭州卒。事蹟具《宋史‧儒林傳》。……案陳振孫《書錄解題》列補註楚辭十七卷，考異一卷，稱興祖少時從柳展如得東坡手校十卷，凡諸本異同皆兩出之，後又得洪玉父而下本十四五家參校，遂爲定本，始補王逸章句之未備者，成書又得姚廷輝本作考異附古太釋文之後，又得歐陽永叔，孫莘老，蘇子容本於關子東葉少協校正，以補考異之遺云云。[9]

約舉上述提要之意，略知洪興祖北宋末徽宗政和年間已登第，又洪氏注《楚辭》，先得東坡校，次參諸本十四、五家，又據歐陽永叔等人作考異云云。然則洪氏撰作此書，費時多年，縱跨南北宋兩世，於眾本參校之中，必有《文選》善本，否則不當備載五臣注。今傳《楚辭補注》有五臣注，可資一證。

茲者，自它書以求《文選》古注之法，前文舉洪興祖本《楚辭補注》〈招魂〉有李善古注十四字以明其例，今再舉日本古鈔《文選》集注〈招魂〉題上有「騷四」二字，合而觀之，可考今本《楚辭》篇目宋玉作或屈原作之疑。

何則？今本《楚辭補注》篇目次序，釋文目次與王逸本目次稍異，而〈九辯〉釋文目第二，王逸目第八。據日本古鈔〈招魂〉題上有「騷曰」二字，知不論〈九辯〉屬目第二或第八，皆在今本《楚辭補注》〈招魂〉之前。可推〈九辯〉約在騷三或騷四之間，則〈九辯〉必屬騷體，既為騷體，則〈九辯〉作者必歸屈原也。[10] 蓋屈原原賦二十五篇，計自〈離騷〉止於〈大招〉，總數如符。自曹子建言〈九辯〉屈原作，而王逸章句標宋玉作，千古爭訟，至今不決，今據《文選》古注之考，可助一解，訂為屈作無疑。此猶可再就《文選》目次得一旁證，何則？今本《文

選》宋玉之作三篇，不屬騷類，而歸賦下之次分類，即「情賦」類之三篇，《文選》分自《離騷》（或曰《屈原賦》錄屈作，又自《楚辭》錄「七」體，兩書各採，明示昭明原選並重二集，亦及見二集。至若宋玉歸賦體之次類，蓋視之非騷體屈志，此即《文心雕龍》〈辨騷〉有句「故〈騷經〉、〈九章〉……」一段云云之旨，其所述篇目均在二十五篇之列，推知彥和必訂〈九辯〉為屈原作。又據〈招魂〉李善古注十四字，知〈招魂〉亦必屈作，信知今本《楚辭》凡〈大招〉之前皆屈原作，此二十五篇即《離騷》也。

　　《文選》卷三十三錄劉安〈招隱士〉，今存舊注王逸注，持以校今本王逸注《楚辭》殊有異文。今校之如下：

　　一、劉安題下：此本漢書曰以下四十三字，脫逸曰二字。贛州本、叢刊本、尤本、茶陵本俱脫。奎章閣本、明州本則有逸曰二字。案：此逸曰四十三字是否當屬王逸注文？今據洪興祖《楚辭補注》無此四十三字。惟《文選》合注本何時增補此四十三字逸注？倘據《文選》各本而校，遽難定奪，今幸有洪興祖以資它校，則所謂《文選》刊學，它書為校之例不可少，而洪興祖《楚辭補注》可供《文選》今存古注之考訂，殆可知其貴矣！[11]

　　二、偃蹇連卷兮：各本皆作卷，惟洪興祖本作蜷，出校云「蜷一作卷」。案：此四字不當繫王逸注，蓋王逸但章句耳，例不出校，此四字校語當洪興祖自校。又洪興祖本有補曰音權，不用反切音讀，改用直音，必王逸注之音讀。今見萬氏本闕，尤本亦闕，則善注本所存王逸古注非原貌可知矣！各本如奎章閣本、明州本、贛州本、叢刊本、茶陵本等宋本《文選》皆有直音繫白文下，陳八郎本為單行五臣注亦有直音，益信陳八郎本所據《楚

辭》王逸注本，或較善注本為優。

三、枝相繚：繚字下，此本無音切，洪興祖本同無。惟洪注有補曰：「繚，紐也。居休切」六字。奎章閣本、明州本、贛州本、茶陵本、陳八郎本等繚字下即繫居休反，乃知洪所據即五臣音。由此例推知，善注與五臣注對待《文選》古注之法，前者盡存其舊，不加刪補。後者盡釋音讀，別作串解。五臣注與善注之異，舉《文選》古注之作法，兩家各異，又得一例。

四、山氣巄嵸兮：此本有音切「塕烏孔切」四字，與句字無涉，蓋注文「塕」字之音讀。此必非逸注，疑讀《文選》者之旁注。今據洪興祖本無此四字，可校各本宋本皆誤。蓋有此四字者，自奎章閣本以下至尤刻胡刻等各本善注同有，皆誤。惟陳八郎本無此四字音讀。由是而知，所謂《文選》舊注見存於善注本未必盡存古本原貌。

五、谿谷嶄巖兮：此本繫注「崎嶇閜寫險阻儶也。閜呼雅切，寫于軌切，儶苦華切。」二十字。此注有音切三字，閜、寫、儶等，屬後人注文音切，非王逸自注，故不當刊入，或疑此尤袤誤補，是未必然。今見奎章閣本、明州本、贛州本、叢刊本、茶陵本同有，乃知尤本以前之宋本《文選》固有。然則此何人音？蓋陳八郎本無此三字音，不可屬之五臣注。惟洪興祖本同有此三字音，洪補注云：「「崎嶇閜寫險阻儶也。五臣云嶄巖險峻貌。補曰嶄，鉏咸切。閜，呼雅切。寫，于軌反。儶，苦華反。」[12] 案洪所補音俱同《文選》各本，可旁證《文選》固有。然此必非王逸舊注當有之音。《文選》已誤，幸洪興祖本在，可資旁證，以校正《文選》舊注，恢復〈招隱士〉王逸注之原貌，《文選》古注須賴它書為證，此又一例，洪興祖本多利於《文

選》古注學，是又一證。

　　據〈招隱士〉王逸舊注與傳本王逸注之對校既如上，可得小
結曰：今存《文選》刻本或已混入《文選》寫本之音注，且此音
注必為讀寫本《文選》之旁注，而誤刻者。例〈招隱士〉所見之
「塕」字讀音。其二善注《文選》音，誤採五臣音，而以尤本為
甚。可據洪興祖補注《楚辭》所採音切，大率與今本陳八郎五臣
注、奎章閣本五臣注合，證之。其三向來論五臣注與李善注之異
同，諸家說之已詳，惜乎罕及二家對待《文選》舊注之法。今據
〈招隱士〉蜷字音切，洪興祖本據五臣音，可知善注〈招隱士〉
仍王逸之舊，不音。五臣注則不惟有音切，亦有串解，不盡從王
逸注，五臣注於《文選》古注較多創發文義之功，有助《文選》
音讀，自非善注可比肩也。

　　《文選》舊注學須自它書以求之又一例，即今存日本鈔本
《文選集註》所見之舊注。此日本古鈔，自楊守敬首校之後，盛
傳於現代《文選》學界。[13] 其後攻治之者，若潘師重規、邱棨
鐊、屈守元……等，迭有創獲。石禪師訂為唐鈔，甚可珍視。今
有彙輯本曰《唐鈔文選集注彙存》，甚便翻檢。[14] 今檢此鈔卷亦
鈔有《離騷》、《楚辭》二書之文，如今存刻本之選文。已錄各
篇即：卷六十三〈離騷經〉，卷六十六宋玉〈招魂〉、劉安〈招
隱士〉，卷六十八曹子建〈七啟〉等四篇。其中題〈離騷經〉一
首，下有注文，與今存各刻宋本不同，一涉《文選》古注，二涉
《文選》李善注之佚文，彌可珍視。又於〈招魂〉題上有「騷
四」二字，蓋謂選入之騷文第四篇，然則，此二字有者，代表
《文選》編者視〈招魂〉為屈原作，可無疑義也。且此二字亦可
證〈招魂〉原屬《離騷》一書篇目，非自《楚辭章句》而出，再

者，〈招隱士〉一首題上沒有騷幾之標數，顯見古鈔集注視二篇不同類。由唐鈔《文選》此卷所見如此，乃可解千年以來〈招魂〉作者之謎，復又輔證李善大招小招十四字（前文已述）之可信，唐鈔《文選集註》有助《文選》舊注學，此最為顯例。[15]

不惟如此，此本古鈔集注卷六十三〈離騷經〉一首題下注文，並王逸注題下注文，頗與今本《文選》殊異，細檢此注，審味其義，可資《文選》舊注學之新識，不可謂不大。今全錄注文，持以校勘今存《文選》宋本各本，可得而述者六事如下。先錄古鈔集注曰：

> 自時溷濁而嫉賢號，以後為下卷十四。李善曰：序曰：離騷經者，屈原之所作也。屈原與楚同姓，仕於懷王為三閭大夫。上官靳尚妬害其能，共譖毀之。王乃流屈原，屈原乃作離騷經，不忍以清白久居濁世，遂赴汨羅，自沉而死。音決案序不入，或并錄後序者皆非。今案此篇至招隱篇鈔脫也。五家有目，而元書陸善經本載序曰離騷經者，屈原之所作也，屈原與楚同姓，仕於懷王為三閭大夫，三閭之職，掌王族三姓，曰昭、屈、景，序其諸屬，率其賢良，以屬國士，入則與王圖議政事，決定嫌疑；出則監察群下，應對諸侯諸侯謀行職修，王甚珍之，同列大夫上官靳尚妬忌其能，共譖毀之。王乃流屈原。原怨執履忠貞而被讒邪，憂心煩亂，不知所愬，乃作離騷經。離，別也。騷愁，經徑也。言放逐離別，中心愁思，猶陳道徑，以諷誦君也。故上述唐虞三后之制，下序桀紂羿澆之敗，冀君覺悟，反於正道，而還已也。是時秦昭王使張儀譎詐懷王，令絕齊交，又使誘請與俱會武關，遂脅與俱歸，拘留

不遺，卒客死於秦。其子襄王復用讒言，遷屈原於江南，屈原放在山野，復作〈九章〉，援天引聖，以自證明，終不見省，不忍以清白久居濁世，遂赴汨淵，自沈而死。《離騷》之文，依《詩》取興，引類譬喻，故善鳥香草以配忠貞，惡禽臭物以比讒佞，靈脩美人以媲於君，宓妃佚女以譬賢臣，虬龍鸞鳳以託君子，飄風雲霓以為小人，其辭溫而雅，其義皎而明，凡百君子，莫不慕其清高，嘉其文采，哀其不遇，而閔其志。注曰媲遠也，普計反。此序及〈九歌〉、〈九章〉等序，並王逸所作。屈平。王逸注。陸善經曰逸，字叔師，南郡宜城人，後校書郎中。注楚調，後為豫章太守也。[16]

1. 注「時溷濁而嫉賢号（好）」以後為下卷十四。

案：号字即「兮」字誤。又卷下脫「六」字。蓋此卷第六十三，屈平〈離騷經〉一首上標「騷一」，順此以推，謂第六十四卷抄〈離騷經〉「世溷濁而嫉賢兮，好蔽美而稱惡」以下至篇末，屬之六十四卷。考〈離騷經〉分卷而錄者，皆作上下之分，自奎章閣本以下之各宋刻皆然，無分李善注本與五臣注本之異。今惟見日本古鈔分卷不同各本。其騷一至騷四止〈招魂〉篇，即漢志《屈原賦》之篇目。推測古鈔本乃遵昭明原本之舊，必有所據。故偶存原貌。但又於騷四〈招魂〉題下，依通行本而書宋玉，遂沿襲通行本誤〈招魂〉為宋玉作。考漢志錄屈原賦二十五篇，不與宋玉、景差之作同類。[17] 推知劉向之意，視屈原與《楚辭》為兩書。此可據三旁證以考之。

其一劉勰《文心雕龍》〈辨騷〉篇云：「離騷之文，依經立意……」云云，用「離騷之文」專指屈原之作。又云：「故〈騷

經〉、〈九章〉，朗麗以哀志；〈九歌〉、〈九辯〉，綺靡以傷情；〈遠遊〉、〈天問〉、瓖詭而惠巧；〈招魂〉、〈大招〉，耀豔而深華，〈卜居〉標放言之致，〈漁父〉寄獨任之才。」以上所舉篇目，悉冠之屈原名下。此即漢志屈原賦二十五篇。此二十五篇當別題書名《離騷》。故而彥和又云：「自〈九懷〉以下，遽躡其跡，而屈宋逸步。」此句意謂〈九懷〉以下，又別為一類。案此一類即後來因劉向編定書名《楚辭》之篇目。至此，〈離騷〉與宋玉之作及漢人擬仿同篇一書，遂成今本洪興祖補注本之篇目，亦即王逸《楚辭章句》之舊目。

　　其二洪興祖補注〈離騷〉嘗云：「此皆宋玉之辭，非屈原意。自漢以來，靡麗之賦，勸百而諷一，其流至於齊梁而極矣！皆自宋玉唱之。」此語力駁宋玉賦之不類，蓋補注「至於託雲龍，說迂怪，……荒淫之意也」一段〈辨騷〉原文。其所指摘非屈原作，不在二十五篇之列，故知宋玉所作與屈原不同。由此推知，洪興祖彼時尚及見《離騷》與《楚辭章句》二書各別單行之本。

　　其三《離騷》一書，晉宋讀書人例皆嫻熟，每見稱引，直稱《離騷》。例如酈道元《水經・澧水注》云：「澧水又東南注於沅水，曰澧口，蓋其枝瀆耳。《離騷》曰：『沅有芷兮澧有蘭。』」案：所引即今本《楚辭章句》之〈九歌・湘夫人〉句。然逕稱之《離騷》，[18]可見晉宋時人尚及見《離騷》二十五篇單行成集之本。

2. 李善曰。

　　案：此李善曰三字，奎章閣本並各本俱闕。此日本古鈔所見有此三字，最合善注條例。蓋本篇〈離騷經〉善注本存舊注，遇

有未盡意，始下己意。此李善曰錄王逸序當有此三字。又案善注所錄者，王逸前序。

3. 音決案序不入或并錄後序者皆非。

案：此音決，即校讀者之出校語。據出校語所云序不入，指王逸前序。出校語又見一本錄王逸後序，今存宋本各本《文選》未見有錄後序者，乃知校讀者所見有別本。又校讀者判讀序不入者非，可證校讀者據善注本，非據五臣注本。蓋今見奎章閣本、陳八郎本、明刊本之五臣注，非錄逸前序，改錄《史記》〈屈原賈生列傳〉之文而節取之。案五臣注例與善注反，善引之，五臣必改引彼。校讀者既知善注引逸序，則校讀者非據五臣注本可證矣！

4. 今案此篇至招隱篇鈔脫也，五家有目而元書陸善經本載序曰。

案：日本古鈔此條今案二十三字，最有可議處。據今案所見「鈔」曰，當別是一本。蓋今案之本未脫，「鈔」本脫。又今案云五家有目，謂五臣注本有〈離騷〉等篇目，與今存五臣注、陳八郎本合。然而今案又出校元書陸善經本載〈離騷經〉王逸前序，則陸善經本又與「今案」不同本。總結此條日本古鈔，所見《文選》各本，計有「鈔」本、五家本、陸善經本、今案本等四種。今據「五家」一詞，蓋始自廣都本，此本當南宋末紹熙慶元間刊行。[19] 雖然，據朱彝尊《曝書亭集》卷五十二云廣都裴宅刊此本已在北宋徽宗崇寧五年（1106）刊刻，今本廣都本即使與此非同一本，但可確信者「五家」之本必屬刻本，絕非寫本。若然「今案」及見五家本，今案之人亦絕不早於「五家」，必在刻本《文選》之後而鈔。據此而考日本古鈔《文選》集注之抄寫者必非唐人之乎，古鈔之抄寫時代亦必在宋以後，有關日本古鈔寫卷

之真偽及其抄時間，皆當據此「今案」云云而重訂之。

5. 注曰媲，遠也，普計反。此序及〈九歌〉、〈九章〉等序，並
王逸所作。

　　案：注曰用反切音，則所見本《楚辭章句》必屬宋刻，又及
見王逸三篇序，適與今本洪興祖本合。蓋王逸章句原書已佚，洪
補本盡錄之，則「注曰」必在洪本之後，即「注曰」與「今案」
同一人。再次輔證日本古鈔此本之抄寫必非唐鈔，鈔者亦不可能
早於宋季。日本古鈔《文選》集注與《文選》舊注學之關涉，一
在保留宋以前之舊注，二在有助考訂五臣注本與善注本之真貌，
三在有助楚辭學之旁參。

6. 再者，日本古鈔集注本卷六十六〈招魂〉篇題上有「騷四」二
字，蓋抄者據陸善經本《文選》之標目而抄。陸善經本《文選》
較近於昭明原貌，故而可推測日本集注抄者尚及見陸善經本。若
然，昭明太子原編據《離騷》錄屈原作四篇，專立「騷類」，不
與《楚辭》相混之意至顯至明。後之注《文選》者，未深查，漏
標「騷」類，又或錯置宋玉於題下，經寫本至刻本，輾轉傳寫。
於是，不惟今存最早之《楚辭章句》篇目有誤，並《文選》本騷
類〈招魂〉作者亦不明。今自日本古鈔集注保留「騷四」標目，
始得真相。《文選》舊注學之重要，由斯可證。[20]

　　由現存《文選》舊注，其注法例多疏通文意，補解章句而
已，以釋意為宗，不以訓詁字義、徵引典實資為煩注，可知舊注
之法為向來古書注疏之正統。相較於五臣注，其法多類似之。信
知五臣注蓋緣正統注疏之學，迥非自己臆造之辭。再者，據洪興
祖《楚辭補注》所見補注之法，同主疏通文意，不漫引原書原
典。可證知五臣注多為洪注所取法，五臣注不惟承繼古注之學而

光大之，更且影響及於後代之注疏學，頗堪選學者之注意。

　　惟是文選舊注須與古注參看，且《文選》本書之外，更須就它書以求。庶幾《文選》舊注學可復興矣！

附註：

1　詳劉躍進：〈班固典引及其舊注平議〉乙文，收入中國文選研究會編：《文選與文選學》（北京：學苑出版社，2003 年），頁 344。

2　參見何錡章：〈楚辭簡明目錄〉，收入何錡章編：《圈點增注王逸注楚辭》附錄四（臺北：黎明文化事業有限公司，1973 年），頁 351。

3　引自洪興祖：《楚辭補注》（汲古閣本）（臺北：藝文印書館，1981 年），卷十二，頁 35。

4　引自洪興祖：《楚辭補注》（汲古閣本）（臺北：藝文印書館，1981 年），卷九，新編頁 325。

5　轉引自陳子展：《楚辭直解》（南京：江蘇古籍出版社，1993 年），頁 706。

6　引自聞一多：《古典新義》，《聞一多全集》（臺北：育民出版社，1981 年），頁 458。

7　同註 5 引書，頁 748。

8　引自林兆珂：《楚辭述註》，《楚辭彙編本》冊一（臺北：新文豐出版公司，1981 年），頁 371。案：此書四庫未著錄，存目亦缺。今用杜松柏彙輯本，編入《楚辭彙編》冊一。

9　紀昀：《四庫全書總目提要》，《楚辭補注》提要（臺北：漢京文化事業公司，1987 年），卷 148，新編頁 793。

10　曹植〈陳審舉表〉引〈九辯〉句「國有驥而不知乘兮，焉皇皇而更

索」，謂屈原語，此首謂〈九辯〉屈原作，非宋玉。案；曹所見本或如此，與北宋末洪興祖所見古本異。此後焦紘《焦氏筆乘》卷三，吳汝綸《古文辭類纂》、梁啟超《要籍解題及其讀法》、劉永濟《屈賦通箋》、譚戒甫《屈賦新編》等續其說，皆同主屈原作。又案：《漢書・藝文志》載《宋玉賦》十六篇，未錄篇目，《隋書・經籍志》同，兩唐書《藝文志》載《宋玉集》二卷，亦不見篇目。及至《宋史・藝文志》已不見著錄。

11　《文選》古注惟李善注本有錄，五臣注本不錄。今傳六臣合注本《文選》，凡古注有者，皆轉自善注。故而欲校《文選》古注，當以善注本為據。本篇論文以潯陽萬氏再刻胡克家藏本為底本，參校諸宋本《文選》，並《文選》寫本。

12　引自洪興祖：《楚辭補注》（汲古閣本）（臺北：藝文印書館，1981 年），卷十二，新編頁 382。

13　「現代文選學」一詞，借用王立群《現代文選學史》一書的定義。參見王立群：《現代文選學史》（北京：中國社會科學出版社，2003 年），頁 479。

14　有關日本古鈔《文選》寫卷之研究歷程，參見周勛初：《唐鈔文選集注彙存》前言（上海：上海古籍出版社，2000 年）。

15　有關〈招魂〉此篇作者是屈原或宋玉？最新之考證，可參王更生〈招魂作者及其寫作藝術〉乙文，惜乎此文末參證李善十四字之注。此文收入中國文選研究會編：《文選與文選學》（北京：學苑出版社，2003 年），頁 289-308。

16　參見《文選集注彙存》（上海：上海古籍出版社，2000 年）卷六十三，新編頁 785-788。

17　漢志詩賦略，共分五類，屈原賦二十五篇居首，自為一類。最末一

類曰歌詩類。

18　《離騷》在魏晉之徵引，時人已視為名篇名作。關於它書徵引之相
關資料，參考王立群：《文選成書研究》（北京：商務印書館，
2005 年），頁 218-220。

19　囊昔余嘗作〈論廣都本文選〉乙文，辨此本之今存現況，改訂此本
刊刻非開慶咸淳，當作紹熙慶元年間。參見游志誠：〈論廣都本文
選〉，收入中國文選研究會主編：《文選與文選學》（北京；學苑
出版社，2003 年），頁 617。

20　今見王逸《楚辭章句》最古之本有二，其一上海商務印書館影明覆
宋刊本，其二汲古閣本已刻入惜陰軒叢書本。此二本皆洪興祖補
注，盡錄王逸序注。今檢此二本凡於篇題下必有「離騷」標題與
「楚辭」標題，推知二本刻者嚴分此二體，且今之洪補本或合此二
書為一本之始作者。可惜，洪本於〈招魂章句第九〉下已誤刊「楚
辭」二字，遂有〈招魂〉宋玉作之誤。

五臣注原貌

一、緣　起

　　《文選》一書為中國古代第一部文學總集。注解其書，自隋唐起，而有「文選學」之稱。隋唐之選學，幸而可見於今日者，有日本古鈔集注本所見陸善經，公孫羅之注，有故宮博物院藏北宋刊本李善注，有中央圖書館藏海內外孤本陳八郎本五臣注，有敦煌寫卷李善注，有日本古鈔三條家藏本五臣注。可謂注家並起，詳略俱陳，優劣互見。

　　然自北宋景德明道年間刻本出，有合李善與五臣注為一書，習稱六臣注本者。使與李善單注五臣單注並行而不廢，則合注本與單注本兩不相傷。惜乎宋室南渡，兵燹之餘，蘭臺府庫，多非舊藏，於是欲求所謂善注與五臣注真貌為何？遂不可得。今見南宋刊紹興年間贛州本與明州本，兩注已相奪亂。尤袤嘗欲刻善注文選，自謂原本，據今之學者考校，實自六臣合注而剔出者。

　　至若五臣注，南宋以後更離覓單注原本矣！五臣注雖經唐玄宗敕高力士口宣獎掖，大行唐世。惟自李匡乂、姚寬評其奪善注以後，王楙、蘇軾等復攻其鄙陋。於是，宋代宗善注而五臣遂沒。明清之世，號為選學復興，亦從宋儒之見，研善注而荒五

臣。

　　近歲選學再獲國際學界注目，學者已有反省兩注者，牛貴琥謂：

> 然而李善注的毛病在于釋典忘義，五臣注的毛病則在于釋義忘祖。這兩點也是古代注書家容易犯的錯誤。因此李善注和五臣注實在是兼之則美，離之兩傷。（〈文選六臣注議〉）

此蓋謂善注與五臣注可互補短長也。實則兩注不惟注文互有詳略，即所據白文亦有異同。再者，六臣本行，而單注本已稀。誠如《四庫提要》卷一百八十六云：「唐人著述，傳世已稀，固不必竟廢之也。」，不惟不可廢，五臣注實亦多有可採者。已故鄭騫教授嘗舉陳八郎本五臣注白文，有謝康樂〈登江中孤嶼〉詩五六兩句，善注本作「亂流趨正絕，孤嶼媚中川」，五臣注本正絕作孤嶼，鄭騫校云：

> 疊孤嶼二字，正合康樂常用之聯綿句法，文從字順，渙然冰釋矣。六臣合注本每有校記云五臣作某，往者甚恐其有遺珠，今既得五臣全帙，可能有更多發現，讀此書者不可不注意及之。（〈陳八郎本文選五臣跋〉）

鄭先生校是也。五臣注之白文多有佳處，五臣注之異解，多有方便讀者，有助理解者。

　　惟欲參五臣，必先得五臣真本，亦必先據五臣原貌，否則，徒引現存已經刪節竄亂之六臣本，謂五臣即如此，遂盲從前人之攻五臣而復攻之，變本加厲，究非徵實之道。

　　今世幸有五臣注寫本刻本各存其一，即日本古鈔三條家舊藏本，與中央圖書館藏南宋紹興三十一年建陽崇化書坊陳八郎宅善

本。皆為清儒文選校勘所未見，且亦學者未嘗合校者。前書已由京都大學影印，後書亦由中央圖書館據原書影刊。其版式行款並諸家題記，影本悉存，但檢原書可得。茲據兩書對校，更參以韓國漢城大學奎章閣藏秀州刊六臣注、宋刊明州本、贛州本、廣都本、叢刊本、尤本、並元刊茶陵本，及胡克家《考異》所校。以見五臣注之原貌為何？並探寫本與刻本之異。

日本古鈔三條家本五臣注，原紙數共二十二枚，每行字數，十四十五十六字不等。注雙行，每行二十三字，書法工整。僅存卷二十，起鄒陽〈嶽中上書〉，次司馬相如〈上書諫獵〉、枚叔〈上書諫吳王〉〈重諫吳王〉、江文通〈詣建平王上書〉，然各文不全，中間缺三篇啓，又〈奏彈劉整〉〈奏彈王源〉俱殘。下接楊德祖〈答臨淄侯牋〉等五篇，俱完篇。本文即持此五篇完整之章與陳八郎本並諸本參校如下。

二、〈答臨淄侯牋一首〉校證

①答臨淄侯牋一首：陳八郎本脫一首兩字。此本獨與奎章閣本同。明州本侯下脫牋字，有一首兩字。贛州本脫牋一首三字，叢刊本同贛州本。尤本同陳八郎本。案：此篇題各本有異。然當分合併本與單注本之兩例。又宜分寫本與刻本不同。蓋此本與集注本同，此寫本率如此也。其刻本之單注本據寫本而刻，自陳八郎本最能驗之。陳八郎本與此本並日鈔俱篇題作者同一行刻。惟日鈔與集注本先篇題再作者名，陳八郎本反是，先作者名次篇題。至各合併本則亂此例矣！奎章閣本先文體名「牋」佔一行，次行篇題，再次行作者名。凡佔三行刻，為最詳例。明州本略文

體名，贛州本、叢刊本皆同略。惟篇題作者各佔一行。稍存舊刻之例。依此體例而推，奎章閣本為今見最早合注刻本，其餘則皆晚出。而合注本不論何本，亦皆不早於單注本。蓋惟單注本與日鈔集注本體例同。據此而反證尤本，首文體名佔一行，次篇題一行，再次作者各一行，例同奎章閣本。知此必尤有所見於合注本，而據以重刻。尤本蓋自合注本而剔出善注之本，非真據北宋善注單注本而傳刻。否則，尤本當與此本與集注本同。然則，此本與集注本，做為《文選》寫卷之價值，厥在考徵《文選》寫本與刻本之異，並由此而推知今見《文選》宋本之真偽。若然，今存陳八郎本確為五臣單注本原貌可概知之矣！

　　②（楊德祖）題名下注，銑曰：「典略」，此本與集注本同，各本亦同。惟陳八郎本、明州本誤作黃略。案：宋刊紹熙本《三國志·魏志·陳思王植傳》作典略。

　　③（楊德祖）題名下注，銑曰引典略「爭與交好」，爭字，此本與各本同，紹熙本《三國志》亦同，惟陳八郎本誤作多。此陳八郎本獨作之例，幸有此日鈔可校之也。又銑曰「數與脩書，脩輒答牋」，輒字惟此本有，各本皆無。陳八郎本亦無，紹熙本《三國志》同無。據文意，輒字有，與上句「數與脩書」之數字相應，有者是。然惟日鈔獨有輒字，遂不能定寫本刻本孰是。又銑曰「前後漏洩，交關諸侯」，各本漏洩下有言教二字。此卷獨無。案：近人盧弼《三國志集解》引胡三省云：「以脩豫作答教，謂之漏泄。與植往來，謂之交關諸侯。」（《三國志集解》，頁五〇四）據此，當有言教二字為是。又銑曰：「諸侯為收殺之」，為字，各本並作「乃」字。陳八郎本亦作乃。案：以上三例，皆日鈔獨作之例，然除「輒」字有，尚有可取處，餘獨

作者，實誤也。可知日鈔為唐人寫卷，但手民之誤自不免。若此，則寫卷亦未必可盡信。然則，寫本與刻本實可相互對校，有助五臣注原貌之解。

④脩死罪：日鈔與各本同，惟尤本重死罪二字。案：集注本引《鈔曰》：「今上此書有犯死之罪，再言之者，怖懼之深也。」又集注本引《注》云：「今案鈔陸善經本死罪下又有死罪兩字。」據此知日鈔此卷與集注本白文俱不復死罪二字，然集注本所見之本已有複二字者，如陸善經所具釋。案：此當善注有重死罪二字，五臣注無，五臣刪此，即立意與善注異之例。紹熙本《三國志》亦刪，此或五臣所據也。《考異》云：「此尤添之也。」蓋失言，乃胡克家未見集注本陸善經釋，遂失校。由此，可確信尤所據或真有李善單注本，不然，必有宗善注合併本，其白文重死罪二字者。

⑤（若彌年載），向曰「彌，終也」，日鈔與集注本同有，此由寫本已可見善注與五臣注並有之例。惟向曰不注引書名，善注引《毛萇詩傳》。各刻本亦同日鈔，惟叢刊本、茶陵本五臣注刪此三字。贛州本不刪，此可證叢刊本自贛州本出，偶或誤刻之例。

⑥（損辱嘉命，蔚矣其文），日鈔翰曰「嘉命謂植書也，蔚，盛」，陳八郎本翰曰「蔚，盛也。嘉命，植書也。辱污也」，較而論之，日鈔順文而釋，合於體例。陳八郎本多辱污也三字，然注文反順。各本皆同陳八郎本。此亦日鈔獨見之注。案：集注本有翰曰「蔚盛」二字，因其餘注文，已同見於《鈔曰》，故集注本於翰注乃節取之，固合集注之例。然則，倘欲據日鈔無「辱污也」三字，及順文為注，以否定陳八郎本並各本翰

注非五臣原貌。恐亦未必可信。疑日鈔此卷既為鈔注，則鈔者或誤或漏或略或奪，皆有可能。饒宗頤校日鈔此卷見此獨作之例，又無它本輔證，遂謂：「殆六臣又有混他注為五臣注者。」（見〈日本古鈔文選五臣注殘卷〉乙文，頁二四三），蓋以為「辱污也」三字為六臣合併之增混。待考。

　　⑦（徐劉之顯青豫），良曰：「徐幹昌於高密」，昌字日鈔與各本並同。惟陳八郎本誤留，當改，陳八郎本必涉善注「偉長淹留高密」之留字而誤。此陳八郎本獨見之例，向無寫本以校，今幸而有日鈔可勘，其功非小。

　　⑧（應生之發魏國），良曰「太祖食邑故云魏」，日鈔與集注本、陳八郎本並有。知五臣當有。六臣合併本，則奎章閣本、明州本、贛州本、廣都本同有。自叢刊本因善注已有乃刪此七字，茶陵本亦隨之而刪。可證六臣合併本多有刪五臣注之例。

　　⑨宣照懿德：照字惟日鈔獨作，各本皆作昭，《三國志》本傳並同。集注本引《鈔曰》：昭，明也。似亦作昭。案：日鈔既為寫卷，凡寫卷，有所謂俗寫，本師潘重規先生《敦煌俗字譜》已發其例。又據潘先生整理俗寫文字之體，有偏旁無定，若況況不分，印仰不分，園加艸旁作蘭，蘭字加木旁作欗等諸例。（〈敦煌卷子俗寫文字與俗文學之研究〉）意日鈔昭作照，蓋同俗寫例，雖作照，而實即據昭。故此日鈔獨見不足以據改今見各刻本。

　　⑩不復謂能：日鈔、集注本與各本皆如此。惟紹熙本《三國志》誤作「不能復能」，盧弼集解出校改「不謂復能」，云：《文選》作不復謂能。（《三國志集解》，頁五〇四）今據日鈔益可證之。

⑪觀者駭視而拭目：拭字日鈔、集注本與各本並同，惟陳八郎本誤作「式」，當據改。

⑫（傾首而竦耳），濟曰「竦耳正聽也」，陳八郎本正作便。奎章閣本、明州本、贛州本、叢刊本、廣都本、茶陵本俱作「傾聽」。紹熙本《三國志》於本文作「聳耳」，裴松之無注。盧弼引《文選》出校云作竦耳。案：各本作傾聽與傾首犯意重，陳八郎本作便聽，亦不洽。惟日鈔謂正聽，蓋指傾首注意而正經聽之也。五臣注重點在釋意，日鈔可校今本之誤。

⑬（無得踰焉），良曰「斯須，須臾也。子貢曰仲尼日月無得而喻焉，以比植文章不可及」，日鈔，集注本與奎章閣本、明州本、贛州本、廣都本並同。陳八郎本月下多也字，脫以字，比誤作此。叢刊本、茶陵本良注則刪子貢曰九字，蓋善注已引故刪。此誤作北。案：諸本惟陳八郎本誤，叢刊本為合併本，始誤，下各合併本隨之誤，然則陳八郎本獨見者未必是，而叢刊本必晚出贛州本。皆可自日鈔寫卷得證。

⑭（對鶡而辭，作暑賦彌日而不獻），銑曰「植曾作鶡鳥今脩作」，陳八郎本鳥下有賦字，今作命。各本並同陳八郎本。知必日鈔誤抄，然則刻本可反校寫本，非關版本時代先後，即此例也。又集注本引善注有「植為鶡鳥賦，亦命脩為之，而脩辭讓。植又作大暑賦，而脩亦作之，竟日不敢獻」三十字。與銑注文義略同。各六臣合併本，惟奎章閣本，兩注俱存，同集注本鈔。明州本出銑注刪善注此三十字。贛州本、叢刊本、廣都本、茶陵本俱無此三十字。此必合併者有所取捨，其所據本必有五臣注詳而善注刪略者。然贛州本乃以善在前為詳，五臣注在後為略之合併本，何以乃竟自反刻書設規？甚不合其例也。尤本則又有此三十

字，可確信尤本所見必有兩注不刪如奎章閣本之並詳者，案：許
巽行校云：「此五臣注誤入，削。」（《文選筆記》，卷六，頁
三四）今據日鈔寫卷與陳八郎本知此五臣注必有，寫本與刻本無
異。又據日本集注本與韓國奎章閣本知「不獻」句，善亦有注，
惟文義稍易。然則此兩注並有之例。究為五臣先注，抑善注先
注，至少於唐代寫卷已不可審知矣！倘襲舊說，謂善注只釋事，
五臣則訓釋文意。如李匡乂《資暇集》卷上〈非五臣〉謂：「世
人謂李氏立意注《文選》，過為迂繁，徒自聘學，且不解文意，
遂相尚習五臣者。」云云，蓋自今見日鈔與集注本並有釋意之
注，顯然善注亦不忘釋義也。此日鈔可以證五臣確有訓釋文意，
前人不誣評。雖亦不足以據此逕指善注襲五臣注。

　　⑮（伏想執事），日鈔「云後誰復相知」云上，陳八郎本，
並各本有「向曰植書」四字，此必日鈔脫。當補。然則今見各刻
本必有所據之寫本未脫者，亦由此可推知，此日鈔寫卷或為傳抄
之本，且唐人所鈔文選五臣注必有多本。惜今皆不傳。

　　⑯呂氏淮南，字直千金，然而弟子拊口：日鈔、集注本與各
本並同。陳八郎本淮南作春秋，脫「字直千金」四字，有然而二
字。今據日鈔當改正。此陳八郎獨誤之例。又「然而」有無，奎
章閣本、廣都本、明州本俱無，並出校云善本有然而字。此三合
併本固以五臣注在前為詳，理當如此。但觀贛州本、叢刊本、茶
陵本等，與前三本不同，乃善注在前為詳，其白文並無如奎彰閣
本出校存然而字，且亦同出校云善本有然而字，今見尤本即出然
而字。案：今據集注本、日鈔、陳八郎本並有然而字，知五臣固
有。紹熙本《三國志》亦有。此善與五臣無異，諸合併本失校。
然則合併本所出校語，未必即是也。此日鈔可補正《文選》白文

異同之處。

⑰（春秋之成），翰曰「聽訟文辭」，日鈔與集注本同，陳八郎本脫訟字，各本並脫。善注引《史記》文有訟字。又翰曰「筆則筆削」，日鈔削下脫則削二字，陳八郎本並各本俱不脫，善注引《史記》文同有則削二字。

⑱（春秋之成……殊絕凡庸也），此句下翰曰與善注，注文略異，同前⑭條校證之例。奎章閣本兩注並詳不刪，明州本善注僅存「善曰乃其事約艷，體具而言微也」十三字。贛州本、叢刊本、茶陵本則詳善注，翰曰存「此皆聖賢用心」以下二十四字，並作「餘同善注」。集注本同贛州本。案：此節注，善與五臣重複，然五臣刪去引書名，變換字面，稍易引文，此即前人譏評五臣注庸俗，並剽奪善注之例。但兩注於引文末，皆有釋意。善注云「乃其事約豔，體具而言微也」，五臣注翰曰「此皆聖賢用心高大，以殊於凡庸之所由致也」，叩之本文先言春秋之作，筆削既定，不能贊一辭，意謂呂氏春秋與淮南子，一字千金，凡此皆聖賢之著，不可改易也，以比臨淄侯之書，楊脩自謂不敢措辭，白文引典之義如此。則善注以「約豔」為釋，恐未安。不若五臣注指其「用心高大」，乃所以臨淄侯之書，有殊於庸手也。較而論之，五臣注得解。

⑲（脩家子雲……悔其少作），此句下繫注，善與五臣同有，惟詳略不同。日鈔「童子雕主篆刻」，主誤，當作蟲，陳八郎本並各本皆作蟲，又「悔其少壯」，壯字誤，當作「作」，各本不誤。又「子雲猴字也」，猴字當作雄，餘均同陳八郎本。各合併本惟奎章閣本重出善注與五臣注。明州本作「善同良注」，贛州本作「良同善注」。案：集注本善注與奎章閣本同，五臣注

則僅錄「子雲雄字」以下二十字，蓋前注已與善重，故略。尤本則另加音切「少失照切」四字於注末，為各本無，知此必尤增補。然而此兩注同有，未可遽指五臣混善也。許巽行云：「善注雄與脩同姓故云脩家，善并無此注。」（《文選筆記》，卷六，頁三四）許說是也，惜無日鈔與陳八郎本為證。

　　⑳若此仲山周旦為皆有譽邪：日鈔與集注本同，然皆誤鈔，校以陳八郎本，旦下有「之疇」二字，「保」作侃言，邪作耶。各本並同。惟叢刊本此誤比，茶陵本亦隨之誤。案：紹熙本《三國志》注引「此」字同，且下作「之徒」，為作則，譽作愆。此寫本偶有手民之誤，亦得以賴刻本校正之。[1]

　　㉑竊以未之思也：日鈔以下脫為字，集注本不脫，此可見同為唐人鈔卷，而竟不同，蓋緣鈔者之精粗也。陳八郎本有為字，各本並同有。

　　㉒經國之大美：日鈔於美字旁有校筆小字「義」，惟各本皆作美，紹熙本《三國志》引亦同作美。案：集注本有「今案陸善經本美為義也」十字。與日鈔所校合。疑日鈔或嘗參校集注本，不然，日鈔必另有它本可據。然而此「美」「義」之異文，善與五臣無異，合併本六臣注亦不出校。據日鈔校筆及集注本案語，《文選》白文於善與五臣之外，當別有第三本，即陸善經本。

　　㉓豈為文章相妨害哉：為字，陳八郎本並各本作與。此當日鈔誤。

　　㉔（敢望惠施以恧莊氏），日鈔良曰「惠惠子之知我」，上惠字，陳八郎本並各本作恃。又紹熙本《三國志》注引並作恃，張溥輯本《陳思王集》同作恃。今人宋效永校點此書不出異文。（《三曹集》，頁二八四）當據改日鈔。

㉕（同前），此節注，善與五臣何有何無，各本甚亂，而皆失考。日鈔良曰引植書兩句，下即接釋意之文，自「脩言豈敢」以下三十八字，陳八郎本並同。惟脫注末「也」字。此可謂標準之五臣單注體例，既引書亦釋義。集注本則善注止鈔植書云十三字，自「脩言豈敢」下三十八字屬良曰。諸合併注惟奎章閣本同集注本。案：此必善注只引書，五臣注留善注引書，以補不足，遂再訓釋文意。凡五臣補善注之佳者，即此例。謂五臣「兼取」善注之佳者則可，蓋凡後出者必轉精。謂五臣冒襲善注則恐未為公允。明州本作「善同良注」，贛州本、叢刊本、茶陵本作「良同善注」尤本乃並五臣注有者悉混入善注。《考異》云：無者是也，茶陵本並五臣入善，此同其誤耳。胡說是也。惜無它本以證。

三、〈與魏文帝牋一首〉校證

①與魏文帝牋一首：日鈔題名下接作者名，同佔一行，陳八郎本並同，惟作者名先題名後。日鈔與陳八郎本最合五臣注本體例。餘各本皆分行。

②（繁休伯）作者名下注，日鈔向曰「文帝志」，帝字誤，當作章，陳八郎本並各本不誤。又向曰「少文辨知名為丞相主簿」，陳八郎本並各本文作以，無「名」字，紹熙本《三國志》注引並同。又向曰注末日鈔闕「繁步何反」音注。陳八郎本並各本具有。案：集注本引《音決》有「繁，步和反」音注，紹熙本《三國志》卷二十一〈繁欽傳〉注有「繁音婆」，知繁字前已有音注。倘據日鈔良曰並無音注，似違呂延祚上五臣注表云：「記

其所善,名曰集注,並具注音。」若據陳八郎本,良曰有音注,而實與《音決》《三國志》注二家音注稍異。《廣韻·下平》:婆,薄波切,下屬「繁」字,注云:姓也,左傳殷人七族有繁氏。又音煩。(《新校正切宋本廣韻》,頁一六二)據此,知繁字於姓讀婆,《三國志》注是也。又音煩,即《音決》音也。《廣韻·上平》:槃,薄官切。下屬「繁」字。(同前,頁一二六)又《廣韻·上平》:煩,附袁切。下屬「繁」字。(同前,頁一一四)知作煩音者,有二讀,陳八郎本音注「繁步何反」步薄同母,即煩音也。疑日鈔或嘗校讀集注本,故略音注,未必即可據以否定陳八郎本良曰有音注。然則五臣並具字音,且不與前人同音,亦可參也。明州本此頁題首眉端有小字鈔筆錄《三國志·魏志·卷二十一》繁欽裴注自「繁音婆」以下五十八字。[2]

③領主簿繁欽:繁字,日鈔與陳八郎本同,各本並有。《考異》云:茶陵本無。此疑善無,五臣有,二本失著校語,而尤以五臣亂善。案:今見尤本有,尤本蓋據奎章閣本也。此二注無異。茶陵本因叢刊本誤而誤,叢刊本又因贛州本無繁字而隨之脫。胡克家因未見更早之本而失校。

④(薛訪車子),此句歷來各家斷讀不同,莫可定奪。今見日鈔翰曰「鼓吹,樂署也,妓能也,都尉官名,薛訪車,姓名也」,可知薛訪車為姓名,時任都尉,其子年始十四。子字當屬下讀。如此斷讀,上下文意甚通暢。可為定解。乃諸家異說可無議矣!陳八郎本「樂署也」作「音樂也」,「薛訪車」下有「子」字。明州本、奎章閣本、廣都本並同陳八郎本。贛州本、叢刊本、茶陵本五臣注翰曰亦同陳八郎本。各本皆衍「子」字,遂不可判讀。復因善注引《左傳》叔孫氏之車子鉏商以釋「車

子」出典。清儒梁章鉅乃據《春秋內傳古注輯存》引服虔曰：「車，車士，微者也，子姓。鉏商名。又《家語》云：「叔孫氏之車士曰子鉏商。」因疑非此車子。梁章鉅以為車子是當時之歌者，亦如搜神記所載之張車子。（《文選旁證》，卷三十三，頁十二）案：此於車子雖有別解，仍謂「車子」為詞。又胡紹煐據《姓纂》《漢書古今人表》《易林》等，謂車即士，子屬下讀，是也，然若謂車為車士，則薛訪為姓名，與日鈔作「薛訪車，姓名」不合。又黃季剛先生云：「車子殆騶御之屬，而有斯絕技，異矣。」[3]，知亦以「車子」為詞而釋。凡此皆因今見刻本有誤而不得確解。案：《魏文帝集》收〈繁欽集序〉文，云：「上西征，余守譙，繁欽從。時薛訪車子能喉囀，與笳同音，欽箋還，與余盛嘆之。雖過其實，而其文甚麗。」此「薛訪車子」，當「薛訪車之子」省句。又〈答繁欽書〉云：「固非車子喉囀長吟所能逮也」，「車子」，亦當「薛訪車之子」省稱。文甚明。今據日鈔與集注本並作「薛訪車，姓名」，可證。饒宗頤校云：「流傳多歧，時代荒遠，竟難究詰矣。」非是。當作「薛訪車」都尉名，其子年始十四，善喉囀，遂有妙物之稱，因此而呈上也。[4]

　　⑤能喉囀反張戀引聲：日鈔「轉」字，陳八郎本並各本皆作「囀」，合併注該字下不出校語。知善與五臣無異，但集注本竟同日鈔作「轉」，又引注云：「音決：轉，丁戀反。」，今案日鈔亦出音注「張戀反」。據此，日鈔與《音決》當同音，作去聲「囀」。《廣韻·去聲》有囀字，云：韻也，又鳥吟，知戀切。下收有「轉」字，云：流轉，又張兗切。（《新校正切宋本廣韻》，頁四一二）據後音，實上聲「轉」。其義與音樂無涉。即

《廣韻・上聲》收「轉」字，云：動也運也，陟兗切。（同前，頁二九三），蓋與「卷」「捲」，皆讀上聲，今日鈔下既音注「張戀反」，即《廣韻》「囀」音，作囀是。各本不誤，善注亦無異字，此日鈔誤書也。然而集注所引《音決》音，丁張同部，故亦作「囀」，集注本同誤書。今幸存音注，得以校其誤。又幸有陳八郎本作「囀」以迴證。乃集注本又出案語云：「今案五家本轉為囀。」此校語若讀成「五家本轉字當改作囀」則正符日鈔。若讀成「五家本轉字作囀」，則大有可說矣！何則？其一五家本究為五臣注本否？其二五家本做「囀」，與日鈔不合，與今見陳八郎本則合。然則，集注本與日鈔究係唐鈔？抑或唐鈔之傳寫？何以集注本所據音決做「丁戀反」，而不從其音，作「囀」字。反作「轉」。此關係寫本與刻本孰後，亦關係集注本與日鈔之鈔寫年代？屈守元考集注本為南宋後以「集注」成風，流行而興起之本。（《文選導讀》，頁一四四），邱棨鐊則步羅振玉，董康之後，定為唐人寫卷。（《文選集注研究》，頁一八）而日鈔又在集注本之前？抑其後？今據諸條校證，知日鈔多同集注本。且嘗據集注本出小字校筆，如「經國之大美」出校美字作義字。即其例。若然，集注本所謂五家當即五臣注。五家作囀，正合今見陳八郎本。然則集注本「今案五家本轉為囀」，當讀成集注本有見於五家本「轉」字作「囀」者。似集注本所據白文即《音決》作「轉」者，而別見五家本另作「囀」者，遂並存之，以符「集注」之作，若然，則集注本審為唐人寫矣。[5]抑有疑者，若日鈔在集注本之後，則日鈔音注或即《音決》音，而非五家固有。反之，若日鈔早於集注本，則日鈔有音注，正合呂延祚上集注表云：「並具字音，復三十卷。」據日鈔可校陳八郎本並各本

脫音注之失。

　　⑥哀音外激：音字、日鈔與集注本同。奎章閣本、明州本、則作「聲」字，下出校語云「善本作音字」。但贛州本、叢刊本、茶陵本，同作「聲」字，下仍出校語云「善本作音字」。然則日鈔嘗據善注本。似與注例不合。案：諸本惟陳八郎本獨作「哀樂外激」。各本作聲者，疑所據寫本已漫漶不辨，遂率爾刻聲字，蓋涉下文「聲悲舊笳」之聲字而誤。又見別本有作「音」者，遂出校云云。此必五臣注本作「樂」，善注本作「音」。據此，則集注本所抄白文當為善注本，日鈔又據集注本而再鈔之，忘改五臣實作「樂」。若此，較之前條校證（第④條），顯係集注本在前，日鈔在後。

　　⑦（細不幽散），日鈔銑曰「幽闇散絕也」，集注本同。陳八郎本並各本脫「闇」字。當據補。

　　⑧巧竭意遺：遺字，日鈔與集注本並同。陳八郎本與各本均作「匱」字。饒宗頤校引《唐潤州魏法師碑》匱作遺。案：此或書體字之異寫。

　　⑨（巧竭意匱），翰曰「匱乏也」，日鈔、集注本並誤乏為之，陳八郎本並各本不誤。

　　⑩優遊轉化：轉字，日鈔與集注本同。陳八郎本作變化，奎章閣本、明州本俱作變，下著校語云「善本作轉字」，贛州本、叢刊本、茶陵本並同奎章閣本。此例同第⑤條校證，益信集注本，所據為善注本。而日鈔或嘗參校之。

　　⑪（涼風拂衽……莫不泫泣），銑曰「衽襟流貌」，日鈔與集注本「衽襟」同。案：陳八郎本衽下有「衣」字是也。各本並同有。又「流貌」，陳八郎本並各本流上有泫字，日鈔脫

「泫」，集注本不脫。

四、〈答東阿王牋一首〉校證

①荅東阿王牋·陳孔璋：日鈔與陳八郎本同，陳八郎本只作者名題名前後互移，惟皆佔同行。集注本多「一首」二字，明州字、奎章閣本、尤本並有一首。餘各本無。

②（陳孔璋）題名下注，日鈔有「向日文章志曰」以下五十二字。惟「袁」誤「遠」，「典」誤「曲」。陳八郎本同有，並不誤。奎章閣本出向曰五十二字，並出校語云「善注同」，明州本同奎章閣本。贛州本、叢刊本、茶陵本則反之。出善注，五臣則「餘注同」。饒宗頤校云：「此節注，止東阿六字是向注，餘皆善注。許巽行以為全是五臣注，亦誤。」案：饒校非是，據日鈔、陳八郎本，知五臣固有。又許無是說，查《文選筆記》卷六，此說乃指吳季重〈荅魏太子牋〉之題下注。非指此篇。饒校誤引也。

③荅東阿王牋：日鈔與各本並同，惟陳八郎本誤倒「阿東王」，當校改。此陳八郎本獨誤之例。

④高俗之材：日鈔於俗字旁有小字校筆「世」，又於材字旁有小字校筆「才」。集注本即作世作才。此必日鈔嘗參校集注本之證，不然，則讀日鈔者校記也。陳八郎本作「俗」作「材」。但觀濟曰「謂才過一代也」云云，未嘗不以材為才。各合併注本均作俗，下著校語云「李善本作世字」，材字下則不著校語。案；此可知寫本或據善，或據五臣而不一，宋刻本則白文多從五臣注本。

⑤夫之白雪之音：日鈔之字旁有小字校筆「聞」，不審何據，集注本作「聽」，陳八郎本並各本俱同。惟日鈔獨校「聞」字。

五、〈答魏太子牋一首〉校證

①答魏太子牋：題名作者名，例同前揭三篇。

②吳季重：作者題下注，日鈔有「銑曰魏志云」以下三十四字。陳八郎本並各本皆同有。案：紹熙本《三國志‧魏志》同。但日鈔以下脫「才為文」三字，陳八郎本脫「文才」二字。明州本、奎章閣本不脫。贛州本、叢刊本、茶陵本五臣注作「銑同善注」。然所謂善注，即日鈔銑曰三十四字。尤本並同。案：此皆非善注原貌。蓋善注不惟引《魏志》，復引《魏略》曰「質字季重，為朝歌長也」九字。此九字惟奎章閣本有，證知奎章閣本兩注並詳不刪，確為秀州州學刊本，書末有云：「二家注無詳略，文意稍不同者，皆備錄無遺。」信然，此元祐九年二月刊。（公元一〇九四）當為今見最早之北宋刊六臣合併注本。其祖本則據天聖年間國子監本。尤本無此九字，信知尤袤未見此本也。

③奉讀手令：令字，日鈔有小字校筆「命」，陳八郎本並各本同。尤亦作命，知二注無異文，何以日鈔誤令，其校者亦知出校命，然則鈔者與校者當為兩手。

④追止慮存：止字，日鈔有小字校筆「亡」，陳八郎本並各本同作「亡」。饒宗頤校云：「日鈔用別體，凡亡字似止，又似正，〈枚叔上書諫吳王〉亦有此校。」信然。案：亡字作止作正，殆即敦煌寫卷俗寫例。

⑤臣質言：日鈔質臣誤倒，各本不誤。

⑥歲不與我：日鈔與陳八郎本並作「我與」，然據下注翰曰「不與我言不留也」，知五臣以「與我」為釋，其正文不當誤倒。然而今見寫本刻本俱同誤，各合併注本亦不出校語，意此即五臣改正文例。《考異》云：「與我是也，善注引「歲不我與」，而正文自作「與我」，即所謂不拘語倒之例，前已詳論矣！尤依注改正文，非。」案：胡說是，惜無它本以證，今據奎章閣本，知北宋監本亦作「與我」。然尤知改正文「我與」，恐非以「不拘語倒」例之。疑尤必有見作「我與」本者。

⑦終始相保：保字，陳八郎本作「報」，奎章閣本、明州本同作報，下著校語「善本作保字」，尤本即作保，贛州本同，下著校語「五臣本作報」，然則保報蓋兩注異文，今日鈔五臣注，自當作「報」何以竟作保，倘非誤鈔，當別有異本。

⑧效節明主：效字，陳八郎本誤「勑」，日鈔並各本不誤。

⑨（眾賢），良曰「眾賢謂陳徐之流也」，日鈔誤「眾賢陳謂徐」，陳八郎本並各本不誤。

⑩誠如來命：誠字，日鈔與陳八郎本並同。各合併注本互出校語云「善本作誠字」「五臣本作試」，據日鈔陳八郎本，兩注無異文。豈六臣合併本所見有異乎？

⑪（軍書輻至），此節注，合併本自「輻至言眾如車輻之湊於轂也」，注文混亂不可辨讀，陳八郎本亦如此。惟日鈔作「輻言眾來如車輻之湊於轂也」，注文甚可通讀，知各本脫來字，又衍「至」字。此日鈔所據五臣注文獨優於各本者。又日鈔「寇至也」，寇誤冠。「穀」誤，當作「轂」。

⑫臣竊恥之：恥字，日鈔原作「聽」，旁有小字校筆

「恥」。案：作恥字是，陳八郎本並各本作「恥」。此或鈔者自校，或讀鈔者補校，今已不可考。

⑬（後來君子），銑曰「謂後後者也」，日鈔後「後」字誤，當作「俊」也。

⑭伏惟所天：日鈔與陳八郎本並有此句，觀下注向曰「所天謂君屬太子也」，知五臣注當有。各合併注本出校語云「善本無伏惟所天字」，贛州本、叢刊本、茶陵本並同。俱出「伏惟所天」句，然下善注無注此句文。至尤本，則引《左氏傳》「臧尹克黃曰君天也。何休墨守曰君者臣之天也」二十字。《考異》云：「此不當無，傳寫脫耳，尤校添為是。」案：胡說恐未必。蓋奎章閣本出校云善無此四字，且下繫注，善亦無注此句之文，則北宋監本已如此。尤添補，不合善注本。此即兩注異文例。向因僅據陳八郎本有此四字，不能定奪善注有無。今得日鈔，可無疑矣！

⑮眾議可以歸高：日鈔「可以」作「所以」，與陳八郎本異。奎章閣本並明州本同陳八郎本，不著校語。明州本眉端有校筆「所」字。陳八郎本眉端亦有校筆「一作所」。此必校讀者所書。贛州本作所，不出校。叢刊本、茶陵本始作所，並出校「五臣作可」。據此，日鈔當作「可」，以符五臣注本。

⑯所以同聲也：日鈔聲下無也字，與尤本胡刻本同。陳八郎本有也字，各合併注同有，不著校語。《考異》云：「袁本茶陵不聲下有也字，何校添，陳同，是也。」案：胡校知當有，是也。然何以尤本無也字，非尤漏之，疑尤或嘗見異本，如日鈔不有「也」字者。然則，有無「也」字，疑即善與五臣之異。日鈔不惟可輔證陳八郎本，兼亦補今見尤本獨作之字。

⑰所以同聲……然年歲若墜：日鈔僅於同聲句下繫注，陳八郎本並同。此節注繫之位置，最能驗日鈔為五臣注本。尤本自「伏惟所天」句下繫注，「休息篇章」又注，「窮理盡微」又注，「鷰龍之文奮矣」又注，「才實百之」又注，「所以同聲」又注。與各合併本並同。由此知尤本實自六臣注本剔出，亦可反證陳八郎本確為五臣單注本，非自六臣注本出。

⑱今質已卅二矣：日鈔有「已」字，陳八郎本無。合併本互出校語云「善本有已字」「五臣本無已字」，據此知五臣本不當有，陳八郎本可證。然則日鈔雖以五臣本為注，偶或誤鈔善本自文，亦可能也。

⑲平且之時：且字，日鈔旁有小字校筆「日」。陳八郎本作「生」，合併注本出校語云「善本作日字」，然則日鈔且字當「生」字誤。今出校筆，當為讀鈔者據善本出校，或記異字。疑鈔者與校者非同一人。

⑳遊宴之歡：日鈔歡字旁有小字校筆「歡」。陳八郎本即作「歡」，各合併注本並作歡，無出異校。案：審此校筆例，合前條⑲校，確信日鈔偶或誤鈔，讀鈔者據所見本記異字或校誤字，甚合常理。然則鈔者與校者當非一人可信之矣！

㉑下愚之才：愚字，日鈔誤作「遇」，陳八郎本並各本不誤，當據改。

㉒時邁齒載：載字，日鈔於其下有音注「徒結反」。但下注良曰「載大也」。陳八郎本「載」作「戴」，音注與良曰同日鈔。各合併注本均作「載」，音注同，並不出校異同。尤本並同。《考異》云：「疑此載當作蠚，故注引左傳蠚老。袁、茶陵二本所載五臣良注「載，大也」，蓋載蠚為善與五臣不同也。然

則善當有載羞異同之注，今刪削不全。」案：考異說非，蓋未見陳八郎本也。陳八郎本作「載」，良曰「載大也」。是載羞二字不同。胡所據袁本茶凌本，均後出之本，蓋自贛州本、明州本出，二本已均作載，「徒結切」，良曰亦作載。奎章閣本並同。知北宋刻本已混載羞二字。幸陳八郎本作載字。乃知五臣注作「載」，善注本作「羞」，此兩注本異文，各合併注本失著校語。考《廣韻·入聲》收「羞」字，云：「大也。直一切。」（《新校正切宋本廣韻》，頁四六八）又收「載」字，云：「剔也，又國名，在三苗國東。」音「徒結切」（同前，頁四九三），據此，知「羞」「載」形近易混，五臣注良曰「載，大也」，知即「載」字。審五臣良曰「齒年大也」，釋「時邁齒載」句，意謂時日已去，年齒又已大矣。意甚暢。作「載」是。又《集韻·屑韻》收「羞」字，音「徒結切」，即《說文》羞字。《漢書·孔光傳》：「臣光智謀淺短，犬馬齒羞，誠恐一旦顛朴，無以報稱。」顏師古注：「羞，老也，讀與羞同。」此即善注所引。胡克家云載羞之異，實無不異。當「載」「羞」之異。《考異》失校。然則日鈔或據六臣注本而鈔白文。陳八郎本則益信其當為宋刻五臣單注本，且必源自唐寫、監本，或更早之昭明原本。

㉓略陳至情：情字，日鈔誤「惜」，旁有小字校筆「情」。此同⑲條校證例。陳八郎本並各本不誤。

六、〈在元城與魏太子牋一首〉校證

①在元城與魏太子牋一首：日鈔不重出吳季重作者名，如前

篇「答魏太子牋一首吳季重」之例，陳八郎本同日鈔，亦不重出作者名。此五臣注最是。餘各合併注本並尤本，俱重出，並分佔二行。足證日鈔與陳八郎本均為五臣單注本。

　　②（在元城與魏太子牋一首），題名下注向曰，日鈔向曰二十一字，實善注。奎章閣本、明州本兩注並存，略有增減，陳八郎本不同日鈔，即同奎章閣本、明州本之向曰。最是。此必日鈔誤鈔善注以為五臣。

　　③（燿靈覃景），日鈔翰曰「遝藏也」，陳八郎本遝作覃。是也。

　　④想李齊之流：想字，日鈔有小字校筆「存」。陳八郎同作想，再證日鈔所據為五臣注本。合併注各本互出校語云「善本作存字」「五臣本作想字」。

　　⑤因非質之能也：日鈔因字旁有小字校筆「固」字，陳八郎本即作固，各合併注並同，不著校語。則此同前條④之校證例。然日鈔復於能字旁出小字校筆「所」字。陳八郎本並各本俱無。諸本惟尤本胡刻本有所字。此尤本獨見例。而竟與日鈔校合。

七、結　語

　　據以上校證，知日鈔寫卷大有助於五臣注原貌之考辨，蓋寫本與刻本之異，僅據其一，皆不足以定五臣注為何？今世幸存五臣單注之真刻本，而非自六臣合併而剔出之單注，如今見尤本胡刻本是。惟此五臣注之陳八郎本，只為孤本。往往於獨見之處，欲引據以校今本之失，每苦於無它本以參校。今世可見之五臣注它刻本，惟杭州貓兒橋鍾家刻本，然亦為殘卷，僅存二十九、三

十兩卷，無以盡覽。今幸而有此日鈔五臣注，可據以輔證陳八郎本獨見之正誤，由此考推五臣注原貌如何，遂可說矣，此日鈔之最大價值。

茲再括舉以上校證可得以提示五臣注原貌之參證者，並日鈔之價值如下：

其一日鈔可校宋刻紹熙本《三國志》之誤。如楊德祖〈答臨淄侯牋〉，有句「不復謂能」，《三國志》誤作「不能不能」，日鈔與各本並作「不復謂能」。

其二日鈔有獨見之注，可校今見各本五臣注之誤。如同前文「傾首而竦耳」，各本誤竦耳注曰便聽傾聽，惟日鈔作正聽，於義為洽。

其三日鈔有助旁徵《文選》善注五臣注之詳略，以考舊說「釋事忘義」之評。如同前文有句「彌日而不獻」，兩注文稍異，因疑五臣混善，或善入五臣。據日鈔五臣有注，集注本善亦有注。知兩注並有，不相混奪。各合併注刻本俱刪善釋意三十字，未可據以論定即善注不釋義。

其四日鈔既以五臣本白文為據，則凡陳八郎本有異文，而與善注本不同者，日鈔可為現存最佳之對校本。如前揭文陳八郎本白文有句「春秋之成莫能損益呂氏春秋然而弟子拑口」，此陳八郎本獨誤者。今據日鈔對校知其必誤，至有然而二字，與合併本出校不合，曩昔無有它本可定奪。茲據日鈔同有然而二子，知五臣與善注無異也。日鈔又可補正合併本誤校異同之語。

其五日鈔偶有校筆，所出校字，《文選》白文異字，有不在

今存各刻本所見者。如前揭文「經國之大美」句，美字旁，日鈔有小字校筆「義」，與集注本案語所見陸善經本合。可知日鈔反映《文選》白文尚有別本，與善注五臣注今見者不同。由日鈔可知唐代《文選》版本非一。

其六日鈔所見五臣注，有引書與釋意並具者，最足以驗五臣體例，蓋五臣引書遇有與善注重者，胡克家《考異》每謂五臣冒襲善注。又尤本即多符胡校語。各合併本則或詳或略皆不一。向者，雖有陳八郎本可據以駁《考異》，證五臣注當有。然究為孤證。今有日鈔對校，益信五臣注當有，遂得以考五臣注實亦有助於選文之解，有補於善注之闕。如前揭文「敢望惠施以忝莊氏」句校證。

其七日鈔獨見五臣注，有助斷讀《文選》白文。如繁欽〈與魏文帝牋〉有句「薛訪車子」，向皆以車子就車士而索解，遂不可讀，日鈔翰曰「薛訪車，姓名」，乃今見各本皆於車下衍「子」字，遂不可通讀矣！實則據日鈔，薛訪車，即都尉名，其子年幼善音。義甚明，句可通。日鈔獨作，可校正清儒煩引名物訓詁考證之失。

其八日鈔有獨存音注，據音切還原正文作字，復可校訂今見各刻本《文選》白文之誤字。如繁休伯〈與魏文帝牋〉有句「喉囀引聲」，日鈔囀字下音注「張戀反」，陳八郎本並今見宋刻各本俱闕。據字音當作「囀」字，作「轉」非。向者無音切以對，今有日鈔，遂可斷各本不誤。且五臣注「並具字音」，於日鈔可得證。

其九陳八郎本有獨作之字，與六臣本校語不符。苦無旁證，

據日鈔乃得有說。如吳季重〈答魏太子牋〉有句「誠如
來命」，六臣注各本互出校語云「善本作誠」「五臣本
作試」，今據日鈔與五臣本同作「誠」，知兩注無異
文，陳八郎本獨作之例，遂有旁證。

其十日鈔繫注位置與陳八郎本同，可輔證陳八郎本確為五臣
單注本，非從六臣本剔出。如前揭文有句「伏惟所天」
以下至「所以同聲也」大段白文，自奎章閣本、明州
本、贛州本、叢刊本、茶陵本等六臣合注本，皆分段繫
注。尤本即與之同。知尤本實自六臣合注本剔出善注
者。惟日鈔與陳八郎本整段白文不注，統於「同聲」句
下合注，此五臣注本體例也。日鈔可證陳八郎本為宋刊
本無疑。

附註：

1　此節注，楊脩引仲山甫周旦為作者之比喻，周旦確如〈七月〉詩序
　　所云陳王業之變，可曰作者，而仲山甫如善注已摘其誤，蓋吉甫美
　　仲山之德而已，仲山甫不為作者。此善注兼考訂之義例。五臣注未
　　解之，此五臣注疏漏。何義門云：定是一時誤使。（《義門讀書
　　記》，下冊，頁 954）。

2　許巽行云即薄波切，見《文選筆記》卷六，頁 45。案：許音即據
　　《廣韻》。又張雲璈亦音婆。（《選學膠言》，卷十七，頁 14）
　　案：諸家音皆同《廣韻》，五臣注作又音。

3　黃氏此注見於臺灣版《文選黃氏學》，蓋出黃氏女黃念容據批本而
　　過錄者，見頁 190。又有黃焯整理本，見《文選平點》，頁 125。
　　二本過錄多有異文，唯此條注並無不同。

4　本文所稱引饒宗頤校文，即〈日本古鈔文選五臣注殘卷〉乙文，乃首校此殘卷者。惜饒氏參校之本，僅為叢刊本、胡刻本。叢刊本蓋出贛州本之後，二本異文間出，叢刊本緣張元濱收入商務版四部叢刊初編，遂通行。然學者多誤以叢刊本為贛州本，實不然也。如屈守元《選學摭輪》初集所收各篇校文選文，引校叢刊本皆稱贛州本。饒氏所參校本不多宋本，本文據今存宋刻各本，並陳八郎五臣單注參校之。

5　五家注與五臣注，當辨之。自開元六年呂延祚上表，陳八郎本存此表文，僅題「進集注《文選》表」，是唐人以「集注本」稱之。而有五家集注，故日本古鈔集注本引曰「五家本」，以「臣」字叩題者，蓋始於宋。陳錄有《六臣文選六十卷》（《直齋書錄解題》卷十五），崇文總目有《文選三十卷》呂延濟注。（案不加臣字）又《文選六十卷》唐李善因五臣而自為注。（《崇文總目》，卷五）晁志則逕題《五臣注文選三十卷》。（《郡齋讀書志》，卷四下）凡此皆可見宋人以「五臣」稱之。然據呂延祚上表云：「記其所善，名曰集注。」實未自稱五臣集注。凡臣字稱者，當自刻本始，而北宋國子監刊本首稱之。今據韓國奎章閣藏秀州州學刊本，存「五臣本後序」乙文，為各本所闕。云：「《文選》之行，其來舊矣，若夫變文之華，實匠意工拙。梁昭明序之詳矣，製作之端倪，引用之典故，唐五臣注之審矣……（下略）。」云云，可知北宋國子監刊五家注已稱五臣矣。特記之如上。

敦煌古抄本《文選》五臣注研究

一、敍　論

　　《昭明文選》一書成於蕭梁，注其書而始於隋，所謂蕭該《音義》之作。降至李唐，則揚州曹憲為首倡，其後許淹、李善、公孫羅繼之。凡注音釋義校詁，皆稱文選學。《文選》之為學，昔人皆以新舊《唐書》為據，其始名當自《大唐新語》卷九〈著述〉篇，[1] 詳載唐代《文選》之作。自李善之餘，謂開元中中書令蕭嵩奏請王智明、金吾衛佐李玄成、進士陳居等注《文選》。惜功竟不就。

　　蕭嵩之後，又有呂延祚集呂向、李周翰、張銑、呂延濟、劉良等五家注，號曰《文選五臣注》。

　　自是而觀，所謂唐代文選學，於高宗玄宗盛唐之際，宜有多家，而不專主善注也。惟唐代寫卷，是否與今傳宋刻各注僅存善與五臣兩家，則不得而知。以故明清所謂選學之校勘家，專力於善注與五臣注之分合別疏，如胡克家《文選考異》即是。然究因所據僅為刻本，刻本中又只及見後出之袁本尤本，所謂唐代寫卷，清人竟無一家引校。蓋囿於寶物埋地，不出以示人也。

　　近歲文選學復興，各本間出，尤以唐代寫卷並日本古鈔本出

土，為諸家方家引據，所見遂優於清代選學家綦多矣！

今日論文選學，首在明寫本與刻本之異。吾人當質之者，即寫本之《文選》注，於唐代開元間各家注，有單行與合寫之分，有白文注文單行或合鈔之異，有善注初注覆注三注之各本別行，亦有五臣注各家獨刊，後經呂延祚集注本之詳略。尤於寫卷過渡至刻本之際，何以自北宋景德四年刻，獨尊善注，仁宗國子監本亦宗善注，而五臣注並它家說（如前揭蕭嵩諸人）乃竟隱而不彰。於是，自南宋合刻本出，五臣亂善，善奪五臣，遂致混淆駁雜，不可判讀矣！

今案五臣之一呂向，惟《新唐書‧文藝傳》百二十七有傳，載開元十年召入翰林，侍太子及諸王為文章。傳云：嘗以李善釋《文選》為繁釀，與呂延濟、劉良、張銑、李周翰等更為詁解，時號五臣注。（《新唐書》，鼎文版，頁五七五八）可知《五臣注文選》已為當時名。則五臣注各家原貌為何？

宋刻《崇文總目》卷五收《文選三十卷》，呂延濟注。其次《文選六十卷》，唐李善因五臣而自為注。（《崇文總目》，頁三二五）先後淆亂，黃伯思《東觀漢記》已辨正之。（《東觀餘論》，頁三三四）惟吾人當注意者，何以五臣注實經呂延祚集其「善」者而上表之，表文在開元六年，宋刻書目不題呂延祚，或五臣注，反題曰呂延濟。豈呂延祚集本雖行，而五臣各注尚有單行別出，輾轉抄傳於士子之間？[2]

案呂向傳，《新唐書》次於李善李邕之後，而兼題注文選事，知非無用心處，蓋謂呂向亦注選名家也。然宋人所見已無向注《文選》，《崇文總目》題呂延濟注，王應麟則題《五臣注文選》。又別有《文選抄》十二卷。（《玉海》卷五四，頁一○一

八）可推知宋人所見唐代寫本《文選》善注與它家注實各單行。
然則，倘欲求所謂五臣注者，遂不能僅據宋刻以後經合注之各本
以推考之。尤須上推至唐代寫卷為何？方得以驗五臣注原貌。

　　蓋唐代流行鈔注，凡讀書，或集諸家說而合鈔之，《文選》
為當世所重，讀之者必夥，轉抄合注之事，殆亦可能，所以，今
見日本流傳之《文選》集注本，所鈔者不惟善與五臣，尚別有陸
善經，公孫羅，音決之注。

　　其再傳寫之鈔注，尚有所謂日本古抄本《文選》，僅鈔白
文，間旁記日本音讀與簡注，皆據集注本而鈔者。[3] 此蓋讀書之
法也。是類鈔注，悉為寫卷，多有與今見宋刻本之存五臣注者不
同。宋以后，善注獨尊，沿習而成風，遂有李、姚、王、蘇譏評
五臣注之非。[4]

　　今世選學復興，大陸已成立文選學會，並召開兩屆文選學國
際會議，其第三屆今夏將會於鄭州。顧今世選學家於五臣與善注
之優劣論，已不盡襲舊說，思有以反駁辯護。若陳延嘉謂：「五
臣注在注音、解詞、釋典、疏通文意，闡明述作之由等方面，都
有不同于李善注的獨到貢獻。（見〈論文選五臣注的重大貢獻〉
乙文，刊於趙福海一九九二，頁六八）誠然，陳氏有見及此，遂
勾舉五臣注之可陳者，一一條述，幾可針舊說之偏。

　　惟貶之者仍在，若屈守元仍稱五臣注為庸俗化（《文選導
讀》，頁六六），孫欽善亦謂「褒李貶五臣，終成定論」（〈論
文選李善注和五臣注〉乙文，刊於趙福海一九八八，頁一八八）
觀此評驚，率皆據今見刻本而論，其為五臣注之真貌否？不先辨
正，信口而評，當則當矣！頗嘆五臣之厚誣而不明。

　　今世治五臣之學，宜先暫置舊說襲評，越刻本而上，就寫卷

鈔本以爬梳五臣注，次其體例，析其義規，選其未經合併前之原貌，事畢，再平心靜氣以論評善與五臣優劣，庶幾可得。

　　本文因援一敦煌寫卷鈔注五臣之說者，以為底本，而更參之宋刻各本，資用對校，欲求五臣注刻寫不同本之徵，進而整理心得，以質向來施於五臣注之舊評，就教於方家。

二、敦煌寫卷文選現存篇目

　　所謂鈔注寫卷，日本古抄之餘，自以敦煌藏為最夥。然敦煌藏《文選》寫卷，或白文，或善注，或見於著錄，或散於私家收藏。余歉未能每卷親寓目，僅據各家所引述，略為排次，依各字號及篇目，列舉今存可見之敦煌寫卷《文選》篇目如下，屬《敦煌古籍敘錄》第十六冊所收者，共十七卷，其文選篇目如下：

　　1.伯二四九八　〈李陵與蘇武書〉上半白文。

　　2.伯二八四七　〈李陵與蘇武書〉下半白文。

　　3.伯三六九二　〈李陵與蘇武書〉全首白文。

　　4.伯二五二八　張衡〈西京賦〉起「井幹疊而百增」至末，白文並李善注。

　　5.伯二五二七　東方朔〈答客難〉起「不可勝數」至揚雄〈解嘲〉「或釋褐而傅」止，白文並李善注。

　　6.伯二五四二　任昉〈王文憲集序〉起「之旨沈鬱澹雅之思」至「弘量不以容非政乎異端歸之」，僅白文無注。

　　7.伯二五二五　沈約〈恩倖傳論〉起「屠釣卑事也」，次班固〈史述贊述高紀〉全首，次《成紀》全首，次《韓英彭盧吳傳》全首，止范曄〈光武紀贊〉全首。全部白文無注。

8.伯二五五四　謝靈運〈會吟行〉一首，鮑照〈東武吟〉〈出自薊門北行〉〈結客少年場行〉〈東門行〉〈苦熱行〉〈白頭吟〉等五首。卷前有陸機〈短歌行〉殘篇，起「以秋芳來日苦短」至「短歌可詠夜無荒」。全部白文無注。

9.伯二四九三　陸機〈演連珠〉起「博則凶是以物稱權而衡殆」至「水而淺深難察」。全部白文無注。

10.伯二六四五　李康〈運命論〉，起「其末天下卒至於溺而不可援夫以仲尼之」，至「道之將廢也命之將賤也豈獨君子恥」。全部白文無注。

11.伯二六五八　揚雄〈劇秦美新〉，起「禮樂之復」，至「庶可識哉」。次班固〈典引〉殘卷。全部白文無注。

12.伯二七〇七　王融〈三月三日曲水詩序〉，起「共也我大齊之握機」，至「普汎而無」。白文無注。

13.伯二五四三　王融〈三月三日曲水詩序〉，起「用能免群生於湯火」，至「凡卅有五人其」，次任昉〈王文憲集序〉，起「公諱儉」，至「天道運行」。全部白文無注。

14.伯三七七八　顏延之〈陽給事誄〉，起「力屈受」，至「有餘惠嗚呼哀（與斯五七三六同卷）哉」，白文無注。

15.伯三三四五　王儉〈褚淵碑文〉，起「太祖之威風抑亦仁公之翼」，至「徽鑠洋遺烈久而彌新用而不竭」，卷末有題「文選卷第廿九」，白文無注。

16.斯三六六三　成公綏〈嘯賦〉，起「自然之至音非絲竹之所擬」，至「乃知長嘯之奇妙音聲之至極」，白文無注。

17.伯二八三三　無名氏（疑蕭該或許淹）《文選音》殘卷，出原文一二字，下注直音或反切音，所注為任昉〈王文憲集序〉

下半，與干寶《晉紀總論》之音。無白文，並無注。

以上十七種敦煌寫卷，已見著錄，且為專家引證校刊，或影寫，或校記，分見於羅振玉《鳴沙石室古籍殘叢》，劉師培、王重民、日人神田喜一郎《敦煌祕籍留真新編》等專著中。

其後饒宗頤《敦煌本文選斠證》乙文，續有補錄三卷，其目如下：

1.伯三四八〇　王粲〈登樓賦〉，共十四行。

2.斯六一五〇　楊德祖〈答臨淄侯箋〉，存二行「而辭作暑賦彌日……而歸憎其兒者也伏想……」十六字。

3.斯五七三六　顏延年〈陽給事誄〉，存七行，起「貞不常祐義有必甄」。（一作起「典而為之誄其辭曰」，止「負雪懷霜如彼」）

以上三卷乃饒氏於法國巴黎圖書館親見而著錄者，其中斯五七三六所載〈陽給事誄〉，與伯三七七八號卷子同。饒氏於王粲〈登樓賦〉與楊德祖〈答臨淄侯箋〉各有校記。

新近有伏俊連《敦煌賦校注》乙書，收四十七個號卷，共得賦二十六篇，屬《文選》者，有伯二五二八張衡〈西京賦〉，伯三四八〇王粲〈登樓賦〉，斯三六六三成公綏〈嘯賦〉，校之蘇聯藏一四五七號卷子，左思〈吳都賦〉。前三卷已見著錄，唯蘇一四五七左思〈吳都賦〉首見著錄。

有關蘇聯藏敦煌卷子，近已續有發現，據蘇聯《亞洲民族研究所收藏敦煌寫本目錄》提要著錄，經大陸學者白化文在〈敦煌遺書殘卷綜述〉乙文引述，蘇聯藏敦煌《文選》共四號卷子，其目如下：

1.列（L）二八六〇　任昉〈王文憲集序〉，起「（六）年又

申前命」，止「‧以仰模」。

2.列（L）二八五九　張協〈七命〉，起「虞人數獸」，止「酒駕方軒」。

3.列（L）一四五一　左思〈吳都賦〉，起「波面振，想萍實之復形訪靈夔於鮫」，止「也則木石潤色其吐哀也則」，提要云「附極少的注釋於本文之下」，不知是否即善注。

4.列（L）一四五二　束晢〈補亡詩〉，起〈由儀〉第三句「明明后辟」，止曹植〈上責躬應詔詩表〉后半「馳心輦轂」。

以上四卷，一四五一號與伏俊連所著錄者同，一四五二號，則日本漢學家狩野直喜於一九二九年三月已著錄於日本《支那學雜誌》五卷一期〈唐鈔本文選殘篇跋〉乙文中。如此新出蘇聯卷號《文選》寫本，實有二卷。再者，二八六〇號卷子收〈王文憲集序〉，已復見於伯二五四三，惟文句不同，是否為原卷相同而分割者，亦待比勘。

類似分割散見各處之卷子，據白化文〈敦煌遺書中文選殘卷綜述〉，尚有伯字號兩卷：

1.伯四八八四　收顏延年〈三月三日曲水詩序〉，起「和闐堂依德」，止篇末。次王融〈三月三日曲水詩序〉，止「固不與方」。

2.伯五〇三六　陸倕〈石闕銘〉，首行存「髻之長莫」，末行存「御天下之七載也」此兩卷之伯四八八四收王融〈三月三日曲水詩序〉，與伯二七〇七，伯二五四三所收同篇，惟文句不同。疑亦同卷而分割者。如此，首見著錄伯五〇三六陸倕〈石闕銘〉。

再有一卷，藏敦煌研究院，編號〇三五六號，錄李康〈運命

論〉，據李永寧〈本所藏文選運命論殘卷介紹〉乙文之紹介，即伯二六四五李康〈運命論〉下半段。蓋同卷而分割之又一卷號。

　　白化文〈敦煌遺書中文選殘卷綜述〉乙文，登錄一卷北京圖書館藏，編號新一五四三卷，錄陸機〈辨亡論・上〉，乃新出卷，為前此各家所未見，亦目前敦煌卷子散遺北京之最著者。嘗著錄於《敦煌劫餘錄續編》，共三紙，七十一行，白文無注。

　　以上各卷，無論白文或有注，均非五臣注者，其白文各卷，亦不詳是否即五臣三十卷本。欲從敦煌各卷尋所謂五臣注為何，不啻緣木求魚乎？

　　今幸而有日本古鈔五臣注殘卷，首見於饒宗頤氏之校。於五臣注之條例與優劣，別有新說，其結語述十項可參者，其中有云：五臣注有為人誤亂處。又云：六臣本割併五臣及李善注有兩誤處。又云：鈔本正文有特異者。凡此皆可謂創見。

　　惟日本古鈔是卷豈真為現存最古之五臣注？又僅據日本古抄，即斷曰五臣注當某作某，恐亦未安。茲就饒校之餘，重為引宋本覆校，舉饒校是卷〈奏彈劉整〉為例，有如下之異聞。[5]

三、〈奏彈劉整〉日本古鈔與宋刻校證

（一）白文校證

　　（1）**馬援奉嫂**：嫂字，日鈔與尤本、奎章閣本同。陳八郎本作㛐，俗體，《龍龕手鑑》卷二：「㛐，㛐俗、嫂通，姺，正，蘇老反，兄㛐也。」又《廣韻》上聲三十二：「姺，兄㛐，蘇老切。㛐，俗。」可證字書以姺㛐以正俗字。姺即嫂。日鈔作嫂，

與陳八郎本作嫂字異。而陳八郎本與明州本、贛州本、叢刊本、茶陵本俱同。然則五臣注本有嫂嫂異。日鈔究為五臣注原貌與否，仍不能逕斷也。蓋日鈔亦可能白文鈔善，注鈔五臣。而陳八郎本究為五臣注原貌與否？亦不能單據日鈔以定之。蓋以贛州本、叢刊本、茶陵本考之，此皆善注前，五臣在後，前詳後略之合注本。即據善注合刻五臣之宋本《文選》六臣注。其白文當與善注之尤本（今見最早之單注本）同。今所見竟與尤本異。然則善注本作嫂，五臣注本作嫂，日鈔既如饒宗頤考訂屬五臣注本，當與陳八郎本同作嫂。

（2）氾音凡毓音育字孤：犯字毓字下日鈔有音注，與各本同有。惟各本無「音」字。陳八郎本無音注。倘日鈔依饒氏校考為五臣注原貌，則陳八郎本何以獨無音注？以日鈔校陳八郎本，陳八郎本遂不可如鄭騫考定為五臣注原貌矣！

（3）是以義士節夫：日鈔有是以二字，又以上重士字。贛州本、叢刊本、茶陵本有是以二字，下著校語云五臣本義上無是以二字。明州本反是，無是以二字，下著校語云善本義上有是以二字。今案：陳八郎本無是以二字，與各本校語合。蓋南宋刊各合注本有二系，一以善注在前為詳，如贛州本是，一以五臣注在為詳，明州本是。而奎章閣本兩注並列，俱不刪略。其下著校語云五臣注本無是以二字，與陳八郎本合。何以日鈔有是以二字，乃不能逕斷日鈔為五臣注原貌。否則，獨有是以二字之特例，如何解釋？或鈔者於白文據善注本，於注僅鈔五臣，遂成今見之誤，亦未可知。不然，直謂日鈔為五臣注本《文選》，如饒宗頤考定，恐未必信。

（4）廿許年：日鈔與集注本並作廿，陳八郎本、尤本、奎章

閣本、明州本、贛州本、叢刊本、茶陵本等俱作二十。知寫本與刻本兩異。

（5）**叔郎整恆欲傷害**：恆字日鈔與集注本同。不減末筆。陳八郎本同此二寫本。各合注本均作恆，下著校語云善本作常字。且恆字末筆缺。惟奎章閣本不缺。案：恆字宋帝兩諱，一在北宋真宗名恆，諱代字有：常、安代元，兼諱姮、峘、很等字。又欽宗諱桓，以亶代桓，兼諱垣、恆、梡、莞、鸛、讙等字。[6] 今若以諱筆考之，寫本不避固宜，刻本皆避，可據以考宋刻。何以陳八郎本不避，奎章閣本亦不諱？後者出外邦所刻，或有可說。然則中土之宋刻《文選》，獨陳八郎本合於日鈔，則陳八郎之祖本必源自寫本可推知矣！

（二）注文校證

（家無常子），良曰「衰號其家」，日鈔衰下脫土字。陳八郎本、明州本、奎章閣本同作「衰土」，不脫土字。贛州本、叢刊本、茶陵本、略良注，其善注末有校語云五臣作「衰土」。案：王隱《晉書》今佚，據饒校引集注本錄善注作「衰土」，與今見各本善注作「青土」不合。是以日鈔與陳八郎本雖作「衰土」，仍不能據以考定善注與五臣注異。否則，集注本錄善注作「衰土」，必誤也。吾人當據集注本以駁後世刻本之誤，抑反之，據刻本以質集注本是否真為唐鈔？乃遂不可定矣。[7]

由以上諸例，可見所謂五臣注《文選》之問題，倘就版本觀之，有寫本與刻本之異，如前揭「恒」字，寫本不缺筆，刻本缺。「嫂」「㛮」，亦有刻寫之不同。

次有白文之異，而白文究以善注為主，或以五臣注為主，仍

不能逕據今所見六臣合注本之校語為準。如「氾」「毓」之音讀。寫本有，陳八郎本無。

　　三者，據今見所謂五臣單注本者，厥有三種，其一杭州貓兒橋殘本。[8] 其二陳八郎本，其三即日鈔。此三種余未見貓兒橋殘本。就後二本而言，倘欲據此而論定五臣注原貌為如何如何，恐亦未必然，如前揭「是以義士節夫」句有無是以二字之考定。

　　今幸而又得知有敦煌本五臣注《文選》之殘卷一種，未見諸家考定，凡日鈔、陳八郎本、合注本所見五臣注之有疑而待考者，復可據此殘卷再論證之。因試校之，並記關鍵問題於下，庶幾所謂五臣注《文選》原貌可推想之。

　　是卷以麻紙寫，共十一葉，都二百卅六行，首尾缺。原藏敦煌，後轉入日人 Moritatsu Hosokawa 收藏。全卷無白文，僅有鈔注，意當為鈔者讀《文選》之憶寫。唯所鈔注皆五臣注今本有者，知非善注。又有獨出之注，與兩注不同，（詳下文各校證）。其裝幀法式與伯希和藏王氏切韻殘紙之四十二葉，王國維已校之刊謬補缺切韻同式，信為唐人鈔寫。書以楷體，似陸柬之筆意，蓋亦二王書風。卷中民字十餘卷，有二處缺筆。各在行165行 167（參附錄原卷影本）。脫字錯字並簡省誤鈔者甚多，至有不能辨曉文意者。此十一葉所鈔注篇目，計有：司馬相如〈喻巴蜀檄〉、陳琳〈為袁紹檄豫州檄〉、鍾會〈檄蜀文〉、司馬相如〈難蜀父老〉等。

　　其中多處鈔注所據白文，皆同於今見刻本之五臣注。若〈難蜀父老〉乙文，「澌沈澹災」句下繫注，明州本、奎章閣本、陳八郎本等俱作「澌」，與善注本作「灑」不同。又持與日本集注本卷八十八〈難蜀父老〉所引注不同，知非同源。

　　是卷卷末連屬它文（參附錄原卷影本），即唐末法僧曇曠大乘百法明門論開宗明義記，共十一行，字跡粗劣，行楷不一，筆劃未工，不若是卷精審。下即據今見宋刻本《文選》，對校是卷，其有關五臣注體例與原貌者，別書案語以闡明之。

四、〈喻巴蜀檄〉校證

　　（1）〈喻巴蜀檄〉題下，善注約節《漢書・司馬相如傳》文，以注喻檄之緣由，但於檄體闕注。五臣注亦闕，今見奎章閣本、明州本、贛州本、叢刊本、茶陵本、尤本、陳八郎本俱同。敦煌鈔「檄也明也，將欲出師，此（此下疑脫猶字）之於雪（雷誤），（雷）動則電出，故師先之以璇，比電光出玄，皎然以道理告喻之」三十六字。案：此三十六字當繫於題下注，蓋鈔者補注善與五臣闕注者。依五臣注體例，凡善注闕者，例多增注。鈔注即合於例規。然五臣注於「司馬長卿」題下，今本有「檄，皎也，喻彼使皎然知我情也」。此周末時穆王令祭公謀甫為威猛之辭，以責狄人之情，此檄之始三十八字。鈔注與今本略異，然皆扣一「皎」字意而索解，似鈔者必參之五臣翰曰云云。所據即《文心雕龍・檄移》篇云：震雷始於曜電，出師先乎威聲。故觀雷而懼雷壯，聽聲而懼兵威。兵先乎聲，其來已久。〈檄移〉篇又云：曁乎戰國，始稱為檄，檄者皦也，宣露於外，皦然明白也。鈔注與五臣注俱從此出。疑鈔注倘非別有所據，則必為五臣注之稿本，且未經合刊者。蓋呂延祚集本五臣注，上表云：「作者為志，森乎可觀。記其所善，名曰集注。並具字音，復卅卷。」則其所上之注，殆取五臣各家之「善」者，其不「善」者

或當略之，僅見於未合刊前之各家注稿。於是，所謂五臣注，當分集刊本與分刊本。鈔注或據分刊本而鈔。惜分刊本未見，輾轉據呂延祚集本而刊之刻本，遂不能存五臣注原貌，無怪乎五臣注受李（匡乂）、姚（寬）王（楙）、蘇（東坡）之譏評也。今審敦煌鈔此節注，雖本之文心之說，然不直引原書，但約舉其意，更益以己釋，混抄而注，此所謂引文與白譯並具之綜合詮釋法。凡此皆符今本五臣注之例，其引書不稱名亦同。據是可暫定敦煌鈔注為《文選》五臣本。

又此文題下繫注，敦煌鈔所見四篇皆如此，分別於此文，並陳琳〈為袁紹檄豫州〉、鍾會〈檄蜀文〉、司馬相如〈難蜀父老〉等題下各有鈔注，又四文排列先後與今見各本同。然則難文時代在陳琳前，當次於〈喻巴蜀檄〉後，今竟不如此，其可得啓示者，即鈔注所據本，「難」體當為一類。此關係選學體類之分至鉅。蓋今見各刻本惟陳八郎本目次立難為一類，與檄移分。餘各本不分。遂於《文選》體類至多有三十八類說。其三十九類說者，只難體當分，苦無版本以對。且今見敦煌本、日本古抄，集注本等俱闕《文選》目錄，是以寫卷本不得知其分類，刻本惟陳八郎本宋本孤證，今幸而可由此敦煌寫卷鈔注體例推考之，雖亦不能直接自目錄以求，但至少可自鈔注體例以資陳八郎本分難體之輔證。若然，則寫本刻本兩存難體，信知《文選》體類當分三十九無疑。此敦煌鈔注於選學考訂之又一大價值。[9]

（2）（移師東指閩越相誅，右吊番禺太子入朝），今本善注全引《漢書》顏師古注，辨弔字義。五臣注良曰「閩越，南夷國名也，相誅謂自相誅殺而降也。弔問罪也，番禺南越王遣太子嬰齊入宿衛也」，明州本、奎章閣本、陳八郎本俱同。敦煌鈔「于

時有閩越王偵（傾誤）兵侵南越王胡鹽（？）界。南秦來遣太子
嬰齊入侍，欲誅去閩越，閩越第聞漢助之，怖，煞其兄，與自來
降，即至也」四十八字，蓋約取《史記·南越傳》文而稍易之。
鹽界疑邊界之誤，《史記》做邊邑，南秦二字衍，第即弟，怖即
驚怖之意，又煞即殺，鈔注凡殺皆諱殺。案：鈔注據《史記》，
與善注據《漢書》不同。然校之今本五臣注亦稍異。然則鈔注雖
鈔自五臣注，亦經增補之。

五、〈爲袁紹檄豫州〉校證

（1）（囊者疆秦弱主……終有望夷之敗），敦煌鈔「囊，向
也，起高胡亥即中後合為丞相。初，始皇始於沙，近書與太子扶
蘇，趙高得書，改云始皇賜太子死，扶蘇得（疑脫書），遂自
煞。高立胡亥為天子，而常語亥言階下深能而亡臣與階下為駈使
臣，於是常閉二世，而高自為威權，指鹿為馬，以蒲為晡不由二
世。欲咸政。胡亥夜夢白虎嚙其左其（其字衍）驂，以問卜師，
卜師曰經（涇誤）水為祟，胡亥遂居於望夷之宮。齋以祈涇水。
於是令女智（婿誤）閻樂煞之於望夷。此言比曹操執權，假衛天
子，如趙高祿產等」百六十三字。與今本五臣注濟曰不同，善注
則據《史記·始皇本紀》而引。鈔注部份與之同，餘皆鈔注約取
其意，或增釋或白譯。末則更具當句意，在比趙高於曹操。於釋
事之餘，兼釋文意。與今本五臣注濟曰「言百姓懼高之威，皆不
敢正言於君也」之釋當句意略同。然則鈔注之體例同五臣注。且
引書與善注異，蓋善注引《史記》本紀。鈔注則另據《史記·趙
高傳》，如此立意與善注異，其用心實同於今本五臣注所見。若

鈔注非據五臣原稿，則唐代當有別種《文選》注，在李善注書之後，立意與善注不同。信知，唐代《文選》注疏家自善注五臣注後當別有說也。

（2）（父嵩乞匃攜養，因贓假位，輿金輦璧，輸貨權門），今本五臣注與善注皆據《魏志・諸夏侯曹傳》以敘操父嵩之為養子，敦煌鈔「嵩，夏后氏子，曹騰為火長秋，騰閹人無兒。故曹瞞傳曰騰是得夏合譚，足得夏后譚子即嵩，故云乞匃，漢時以賦買得官，故云輿至輸貨也」五十三字。火當大誤，瞞即瞞。案：鈔注與今本五臣濟曰略同，但釋曹騰為大長秋語，未見今本五臣注。蓋引《魏志・武帝紀》附傳曹騰文也。大長秋，常為宦者職掌，下接「騰閹人無兒」，甚洽，語亦直。

次引《曹瞞》傳，不見於今本善注五臣注，引文在《魏志・武帝紀》裴松之注云：「吳人作曹瞞傳及郭頒世語，並云嵩，夏侯氏之子，夏侯惇之叔父，太祖於惇，為從父兄弟。」然據諸家辨正，如何焯、姚範、周壽昌之說，頗疑之。近人盧弼又於《魏志・諸夏侯曹傳》何以夏侯氏與曹氏合傳之隱意有辨，（《三國志集解》，頁二九一）然不論為何，皆未明舉夏侯氏即鈔注所云夏侯譚。此鈔注別有說也。一則可據今見史籍之闕，二則再驗鈔注所據引有不在善注與五臣注之引者，三則鈔注引書偶冠書名，以明出處。

六、〈檄蜀文〉校證

（1）（鍾士季），敦煌鈔「蔣濟能相人，見之，汝時眸子極精非常也」十六字，鈔者約取《魏志・鍾會傳》而成，不見於今

本五臣注。又「魏陳留王景初罜代蜀」九字亦鈔者加注，罜當擇
誤。

（2）（今主上聖德欽明），主上之解，良曰「主上則陳留王
也」，善曰「主上陳留王奐也」，公見各本如此。敦煌鈔「今主
上是常道鄉公降為陳留王名景明者」十七字。案：此亦約取《魏
志・陳留王傳》而加注，傳云：陳留王諱奐，字景明，武帝孫燕
王宇子也，甘露三年封次縣常道鄉公。

（3）（益州先生以命世英才，興兵朔野……棄同即異）此白
文句下，善注與五臣注大抵略同，然於「命世英才」句，闕釋。
敦煌鈔「益州先生劉備起自幽州，後寄於袁紹，在冀州，不能
安，又投呂布，困躓不能強，遂來詣高祖，高祖常謂之曰天下英
雄與孤與子，袁本初之輩，不可足言，備懼，遂奔荊州」六十四
字，高祖與先主語云云，蓋約取《蜀志・先主傳》，傳云：曹公
從容謂先主曰：今天下英雄惟使君與操耳，本初之徒不足數也。
案：鈔注當繫於白文「命世英才」句下，釋英才出典，五臣注與
善注未引。然則鈔注所補，有助讀《文選》也。

（4）（遑修九伐之征也），此句下奎章閣本有濟曰「周禮有
九伐之法，憑弱犯寡則眚之，賊賢害人則伐之，暴內陵外則擅
之，野荒人散則削之，負固不服則侵之，賊殺其親則征之，放弒
其君則殘之，犯令陵正則杜之。內外亂鳥獸行則滅之也。言諸葛
亮姜維侵邊之時，當國家多事，不暇修九伐之道以征之也，此卻
述前過，將誅之意也」一〇九字。善注闕，明州本同闕。今陳八
郎本即有此一〇九字。贛州本、叢刊本、茶陵本反是，有善注
「周禮曰」以下七十一字。五臣注濟曰則刪此七十一字，節錄
「言諸葛亮姜維……」以下三十字。並出校語云餘同善注。敦煌

鈔「憑弱犯寡者青灾之。賊賢害民則伐之（案：代伐誤），謂殷（？）其君更之賢也。暴內陵外者憚之，如除盡知為燀然。政荒民散者削之，謂點其國，負不杖者侵之，謂以兵密侵取之。賊煞之其親者正（征誤），謂正其善惡。放煞其君者殘之。犯令逡政者，杜塞內外，有鳥獸之行者滅之也」。案：周禮曰九伐之法，引文見《周禮・夏官・大司馬》，惟文稍異，敦煌鈔青灾之，當「眚之」之誤，又「憚之」，周禮作壇之。「政荒」周禮作「野荒」。此條注據今本五臣濟曰與鈔注，體例同，既釋事又釋義，疑五臣注其始未合併前，或各家注多有兼釋事義者。如鈔注之例，隨引隨釋。故奎章閣本有五臣注而闕善注。若然，今見宋刻合注本，實不能考五臣注原貌。敦煌此鈔注可補刻本之失，亦可補證五臣注寫本刻本異同。

（5）（農不易畝市不迴肆），五臣注銑曰「言能降則百姓安居，而農市俱不變易」，善注引《呂氏春秋》出典，云：桀為無道，湯立為天子，夏民大悅，農不去疇，商不變肆。敦煌鈔「今不改易農人之故畝隴，不迴改商人之市肆，言依舊也」。案：善注引文在《呂氏春秋・慎大覽》，引文「夏民大說」下脫「如得慈親，朝不易位」兩句。此節注，敦煌鈔與今本銑曰義近，疑即五臣注之體例如此。凡善注釋事者，五臣即釋義之。鈔注亦然，則鈔注與今本五臣注比較，可以觀五臣體例。此又一例。

七、〈難蜀父老〉校證

（1）（漢興七十有八載），奎章閣本翰曰「茂盛也，六世謂自高祖至武帝也」，善注「六世謂武帝」。明州本刪善注，僅存

翰曰十三字。敦煌鈔「六世說高祖武凡六世七十八年」十三字，與翰曰相近。陳八郎本同明州本。贛州本、叢刊本、茶陵本則略翰曰，存善注「六世謂自高祖至武帝」九字。尤本即據此而刻。案：顏師古注《漢書》此句下不繫注，依奎章閣本兩注俱詳例觀之，敦煌鈔較近於翰曰，且明州本俱刪善注，疑善無此句注，五臣遂補之。敦煌鈔以鈔五臣注為據，由此例可驗之。

（2）（澌沈澹災），敦煌鈔「澌，分也」。案：據此可知敦煌鈔為五臣注本。蓋「澌」「灑」之異，各合注本俱出校。奎章閣本作澌，有音注「息移切」，下著校語云善本做灑字。明州本同。贛州本反是，作「灑」，下著校語云五臣本作澌息移切，叢刊本、茶陵本同。案：《漢書》顏師古注云：「疏，通也，灑，分也，灑音所宜反。」知顏注漢書仍作灑。善注與顏注成書於前，五臣注立意與善注異，此一例又可證之矣！

（3）（夏后感之墮洪塞源），敦煌鈔「夏氏禹，感憂，慄寒也」。案：此句惟五臣濟曰有注云「夏后謂禹也，感，憂也，墮亦塞也」，奎章閣本、明州本、陳八郎本、贛州本、叢刊本、茶陵本俱同。知敦煌鈔蓋鈔自五臣注。惟墢誤慄，寒誤塞。

（4）（聲稱浹乎于茲），敦煌鈔「于茲言至于漢，言賢君如禹及漢武豈踽躊等小兒皆欲大其國事」，此二十六字，與今見五臣注翰曰稍異。翰曰「浹及也，言禹之美業德聲及于無窮也」。案：顏師古注《漢書》此句未釋文意，善注亦無。依五臣注例凡善無者例多補釋，則此句釋為五臣獨有。然敦煌鈔何以與今見翰注異，疑敦煌鈔所據有別本。又疑五臣注未合併前或各單行，敦煌鈔遂別據非翰注者而鈔之。又或此不過為鈔者隨意之增釋而鈔之。

（5）（豈特委瑣齷齪），敦煌鈔「豈踀躕等小兒皆欲大其國事」，疑踀躕即齷躕，敦煌寫卷，例多俗寫[10]此踀字即齷。案：奎章閣本作齷，下著校語云善本作喔字，明州本同。今見陳八郎本即作齷。贛州本、叢刊本、茶陵本反之，作喔，下著校語云「五臣作齷」。尤本已校改喔。今敦煌鈔援齷躕為釋，與五臣注本合，益證此鈔為五臣注之例。

（6）（兼容并包而勤思乎參天貳地），敦煌鈔「兼容苞舉，言傍通天下，口（疑參字）之三天兩地，天陽故三，地偶故言二地，侵淫，衍溢。言多口（疑德字）譯」案：今本五臣濟曰「兼并，謂兼萬國而并四夷也，參比也，言君德比於天而與天同一，能合於地故云貳地也」，較而論之，今本未釋「包」字，又參天兩地解不同。敦煌鈔之解於義為洽。善注云「己比德於地是貳地也，地與己并天是三也。」此善注與顏師古注悉同。案顏注成書在前（約在太宗貞觀十一年，公元六三七），善注在後（高宗顯慶三年，公元六五八），則善注依襲舊注之例，此又一見。兩注較之，濟曰「參比也」，善注「地與己并天是三也」，似善注以「參」「三」通假為釋，五臣注濟曰作本字解。茲者，敦煌鈔曰「天陽故三地偶故言二」，蓋與《周易．繫辭》義同。《周易．繫辭》云：「天一，地二，天三，地四，天五，地六，天七，地八，天九，地十。」，《漢書．律曆志》云：「參天數二十五，兩地數三十，是為朔望之會。」據此知先秦兩漢以參天兩地指易學之奇偶數，參天兩地，蓋常言成詞。《周易集解》引虞翻曰：「參，三也。」，《周易王韓注》云：「參，奇也，兩，耦也。」，凡此皆可證參天兩地，蓋以天陽為奇，地陰為偶。近人高亨云：「言易經以奇數為天之數，以偶數為地之數，而立其卦

爻之數也。蓋卦之基本為陰陽兩爻。陽爻為天，其畫——。陰爻為地，其畫--。（《周易大傳今注》，頁六〇八）此說與敦煌鈔釋意同。又近人屈萬里云：「一、三、五，為三天，合為九。二、四合為六，是謂兩地。」（《讀易三種》，頁八六一）此說稍異而實同，亦以天之三奇數為三天。總之，不論兩漢，或近人之訓解，古今同以參天兩地為易之數。今敦煌鈔云云亦近其義。全句意謂：若禹之賢君，必馳心鶩求兼包天下人民，勤力思求安天地之道。參天貳地，即天地之代詞，四字詞以與上句兼容並包對句。非謂德比於地曰貳，再比於天曰三之意也。故敦煌鈔云：傍通天下，（參）之三天兩地。此鈔解與善注（顏師古注同）五臣注異，為獨見之例。疑鈔者另有別據。[11]

（7）（戾夫為之垂涕），敦煌鈔「戾當為臺隸字」六字，不見於今本。五臣注「戾狠惡人也，言狠惡之夫見係縲者猶且垂淚，況天子能止而不伐乎」，是以戾為狠戾。作本字解，未出校語。善注無釋。此條注善略，五臣注詳，蓋五臣注補釋善注之顯例，然敦煌鈔六字，猶不見今本。此敦煌鈔獨見之例。案：《漢書》張揖注：「狠戾之夫也。」漢書戾作盭顏師古注云：「盭古戾字。」知戾字有二文，五臣注既釋戾字，知五臣正文作戾。疑善注正文或從漢書作盭。案：盭即盭，《說文》：盭，弼戾也。從弦省，從盩，讀若戾。又《廣韻》盭盭兩字並收，《廣韻·去聲·霽》云：「戾，乖也，待也，利也，立也，罪也，來也，至也，定也，又狠戾。悷很悷，俗。隸，僕隸。隸，上同，俗作隸。盭，綠色，又綬名，或作綟。」據此，如悷戾正俗寫，戾隸同音。敦煌鈔出校戾當為臺隸，蓋有所本。又《廣韻·入聲·屑》云：「戾，罪也，曲也，戾至盭並，又力計切。盭綠色

也。」以蠡字入聲同戾。蠡字或戾或通縭。《史記・司馬相如列傳》：蠡夫為之垂涕。蠡字與《漢書》同，《呂氏春秋・遇合》：長肘而蠡。《漢書・張耳陳餘傳贊》：何鄉者慕用之誠，後相背之蠡也。皆作蠡字。蠡隸同聲，故敦煌鈔有同字之校。此獨見之例。

八、結　語

據以上論證，敦煌鈔《文選》五臣注有以下可得者：

其一，鈔所據注率出五臣，確為五臣注無疑，惟所鈔五臣注不主鈔一家，兼鈔五注。

其二，鈔不據任何善注。顯見善注於唐代或尚未流行。至少不若兩宋之獨尊善注。

其三，鈔有獨見之例，如「參天兩地」解。俱不同於善注與五臣注。然則此獨見之注，蓋鈔者自解，兼取別意，或鈔者另有所據，皆待考。

其四，不論為鈔者自解，或別有所據，至少可知《文選》注於六臣之外，尚有別注。此於文選學注疏甚有啟發。尤於唐代文選學之注疏可補新見之說。

其五，鈔注有約取史書，增補加注，與五臣注善注詳略有別，不盡相同者。此類注可視為鈔注獨有。知鈔者讀《文選》之法，已有刪補。如鍾會〈檄蜀文〉約取《魏志・鍾會傳》與《魏志・陳留王傳》《蜀志・先主傳》。

其六，鈔注所收四篇，在今本善注《文選》四十四卷，五臣注《文選》二十二卷，是卷包檄難兩類。今本例不分，惟陳八郎

本分有難之一類。今據鈔注凡於題下必先鈔釋題名注，四篇體例並同，於「難」體下亦有鈔注釋名義者。可推知鈔注所據本必分難體。據此可輔證陳八郎本為確，於是，《文選》分體宜三十九類，可自敦煌鈔五臣注此寫卷又得一證。

附註：

1　文選學之始名，包括駱鴻凱，饒宗頤等皆襲舊說，謂出於新舊《唐書》儒學傳。清人汪師韓《文選理學權輿‧序》首揭此說。近人屈守元，別引《大唐新語‧著述》篇載曹憲事首稱文選學，謂是書作者劉肅當元和中（806-820）為江都主簿，自當早於宋人說。（《昭明文選雜述及選講》，頁 14）案：屈說是，今從之。

2　以刻本而論，五臣注實亦早於善注。據王明清《揮麈錄餘話》卷二云毋昭裔刻《文選》三十卷，即五臣注本。今見最早善注本，當為北宋刊本，即國子監本，（詳張月雲〈宋刊文選李善單注本考〉），然亦晚於五臣。宋刻書目，別有晁公武《郡齋讀書志》，總集類收《五臣注文選三十卷》，題云「唐呂延祚集注」。與《新唐書》所載事同。然而一題呂延濟，一題呂延祚，一云呂向作，或疑濟當祚字誤。（晁志見《郡齋讀書志》卷四下）

3　所謂日本古抄《文選》本，有集注本，有白文無注本。其後者，早經日人森立之載入《經籍訪古志》，後楊守敬、徐行可、黃季剛諸家已先後引校。屈守元有詳論，見（《文選導讀》，頁 122-136）謂此本為傳世最早之無注本。然據此本之一寫卷〈出師表〉觀之，非白文，間有日本注音及鈔注，蓋鈔自集注本者，邱棨鐳〈日本宮內廳藏舊鈔本文選出師表卷跋〉乙文有考，謂「此傳寫之鈔本」，或在元明人鈔。今案：據嚴紹璗自謂親觀宮內廳藏書之戰后第一

人，統計宮內廳藏唐寫本六種，不見有此著錄。（參《漢籍在日本的流布研究》，頁 210）可知所謂日本古鈔無注三十卷本，當在集注本之後，且為士人傳寫之本。

4　有關善注、五臣注優劣論，唐代同時人即有李匡乂《資暇錄》，丘光庭《兼明書》二家評。請人盛行此論，首引於汪師韓《文選理學權輿》，茲不具引。今世作兩注優劣論者，悉詳陳延嘉〈論文選五臣注的重大貢獻〉乙文。

5　本論文所據饒校，蓋指饒宗頤〈日本古鈔文選五臣注殘卷〉乙文，乃今見首校此卷之學者。惟饒校之參校本，其宋本者，僅據四部叢刊本，它如贛州本、陳八郎本、尤本等皆未引。今筆者即據諸本覆校，所得遂有與饒校稍異者。尤以韓國藏奎章閣本，兩注俱詳而不刪，以校古鈔五臣注，當最為可信。

6　所據避諱字之整理，引自《圖書版本學要略》，頁 122 與《校勘學》，頁 507。蓋出於屈萬里、昌彼得、管錫華三家之說。

7　日本古鈔《文選》集注本，善注、五臣注並鈔，另有陸善經曰、鈔曰、音決等六家注。自森立之、狩野君山等日本學者，至本師潘石禪先生、邱棨鐄等俱考定為唐寫無礙。見邱棨鐄〈今存日本之文選集注殘卷為中土唐寫舊藏本〉（1974 年 10 月 30 日《中央日報》副刊），又見邱棨鐄《文選集注研究》，頁 18。又潘重規〈日本藏文選集注殘卷綴語〉續有補證。（文刊 1975 年，1 月 12 日《中央日報》副刊）

8　此貓兒橋鍾家刊本，余未之見。據蕭新祺〈宋刻本文選五臣注殘帙簡介〉乙文之介紹，此本有請王懿榮題簽，季振宜藏。原書三十卷，僅存二十九、三十兩卷。每半頁十二行，行十九字，注文雙行，行二十七字，左右雙欄，白口單魚尾。字歐體。第二十九卷今

藏北大圖書館，三十卷藏北京圖書館。又云卷中桓構二字均不缺
筆，謂南宋初年避諱制度未嚴之故。定為南宋初年建炎以前刻本。
蕭文見《古籍整理出版情況簡報》第二〇三期，頁 23 一 24，1989
年 1 月 10 日刊。案；若蕭文所考無誤，則是本尚早於紹興年間
（1131-1162）刊的陳八郎本。

9　　《文選》分類有無難體，自《昭明文選・序》無由得之，僅能揣
想，序云：次則箴興補闕，戒出於弼匡……眾制鋒起，源流間出。
所臚列文體，未見「難」，然又云：食其之下齊國，留侯之發八
難。此語又及「難」體。明清俗本《文選》則多於目錄設「難」之
一類。如章學誠、孫月峰、于光華所評本。近人駱鴻凱《文選學》
次《文選》之分體，有移檄，而無難。（《文選學》，頁 24-27）
余嘗據陳八郎本有「難」體之分，撰文〈論文選之難體〉，自文類
學、版本學、批評理論，主《文選》三十九類說。近有友人揚州大
學中文系顧農撰文〈文選學新研二題〉，對此說提出商榷之見，引
《文苑英華》於文體實分三十八類，蓋文苑與《文選》於宋真宗景
德四年（1007）年同刻同校而頒行，惜毀於火。然自今本文苑三十
八類不分難體，推考《文選》當亦不分。遂主三十八類。案：顧說
亦可參。倘自敦煌鈔注與陳八郎本，寫本與刻本兩具之鐵證，皆分
難體，於版本學自較勝於《文苑英華》之分目。其它有關《文選》
分體之說者，有穆克宏 1988，頁 142，主三十七類說，周紀彬
1988，頁 140，亦主三十七類說，劉樹清 1988，頁 228，林聰明
1986，頁 19，二家同主三十八類說。然不論各家說何，皆未及
「難」體當分之說。

10　據本師潘石禪先生分析敦煌俗字之例，有字形無定、偏旁無定、繁
簡無定、行草無定、通假無定諸例。則敦煌鈔・龘之俗寫，必涉

齷‧偏旁半同，遂誤寫之。則當屬偏旁無定例。參〈敦煌卷子俗寫文字與俗文學之研究〉乙文，載《敦煌變文論輯》，頁281-292。又案《漢書》作握‧‧，顏師古注握‧局‧也。王先謙補注云：《史記》作握齷。（《漢書補注》，頁1203），握喔可視為同意通假例。

11　參天貳地，據五臣注與善注，似五臣作參，善作三。《史記‧司馬相如列傳》司馬貞索隱：案天子比德於地，是貳地也。與己并天為三是參天也。知《史記》原作參，善注與索隱同。疑善注闕，此必後人補之也。

李善注文選原貌

　　李善注原貌如何？歷代《文選》專家雖然已注意到，並且各有一己之看法。例如李匡乂、姚寬、王楙、田汝成等人之校讀，皆為選家所素聞。但是若論眼界之寬，版本之多，證據益廣與見解之深，則莫若清代《文選》家之筆記與校刊。故而，收集清人《文選》專家增益補闕校刊李善注，歸納分析他們的意見，理出清人對李善注《文選》的綜合見解，應該不失為了解李善注原貌的一條有效方法。

　　首先，請注意乾隆皇帝敕編《四庫全書》所收《文選》的兩個本子，一本是袁本，另一本是汲古閣本。這兩本的抄寫時間在乾隆四十六年。其中所謂袁本，是六臣注本，提要說此本據廣都本而來。這個講法，未見於摛藻堂本的提要，可見是後補的意見。因為作為《四庫全書》的精華摘選本，早在乾隆四十二年三月抄寫的袁本《文選》，別置於摛藻堂，專為皇帝隨手便覽。摛藻堂本精抄精選，被視為《四庫全書》的精編本。其精心抄錄，垂要性可想而知。但是仔細比對此二本的提要明顯不同。摛藻堂本的原文如下：

　　臣等謹案：《六臣注文選》六十卷，唐顯慶中李善受曹憲
　　《文選》之學，為之作注。至開元六年，工部侍郎呂延祚
　　集衢州常山縣尉呂延濟，都水使者劉承祖之子良，處士張

銑、呂向、李周翰五人。共爲之注，表進於朝。其詆善之短，則曰：“忽發章句，是征載籍，述作之由，何嘗措翰？使復精核注引，則陷於末學，質訪旨趣，則歸然舊文，只謂攬心，胡爲析理？”其述五臣之長，則曰：“相與三復乃詞，周知秘旨，一貫於理，杳測澄懷，目無全文，心無留義，作者爲志，森然可觀”。觀其所言，頗欲排突前人，高自位置。當時高力士所宣口敕，亦有此書甚好之語。然唐李匡义作《資暇集》，備摘其竊據善注，巧爲顛倒，條分縷析，言之甚詳。後蘇軾作《志林》，亦稱善注本末詳備，而五臣所注“三殤”之類爲荒陋之俚儒。明田汝成重刊《文選》，其子藝衡又摘所注《西都賦》之“龍興虎視”、《東都賦》之“乾符坤珍”、《東京賦》之“巨猾間釁”、《蕪城賦》之“袤廣三墳”諸條。今所注迂陋鄙倍之處，尚不止此，而以空疏臆見，輕詆通儒，殆亦韓愈所謂蚍蜉撼樹者歟？其書本與善注別行，故《唐志》各著錄，而黃伯思《東觀餘論》尚譏《崇文總目》誤以五臣注本置李善注本之前，至陳振孫《書錄解題》始有“六臣《文選》”之目。蓋南宋以來，偶與善注合刻，取便參證。元明至今，遂輾轉相沿，並爲一集，附驥以傳，蓋亦幸矣。然其疏通文意，亦間有可采，唐人著述，傳世已稀，固不必竟廢之也。乾隆四十二年三月恭校上。

這篇提要細數《文選》一書的流傳經過，說明李善注與五臣注之不同，對五臣注頗有微詞。但是有鑒於唐人的著作傳世已稀，故而保留五臣注與李善注，實有其必要性。至於擷藻堂所抄的這本《六臣注文選》根據何本，提要只字未提。要到乾隆四十六年

《四庫全書》抄寫的袁本始作說明[1]。《四庫》本提要如下：

臣等謹案：《六臣注文選》六十卷，唐顯慶中李善受曹憲
《文選》之學，爲之作注。至開元六年，工部侍郎呂延祚
復集衢州常山縣呂延濟，都水使者劉承祖之子良，處士張
銑、呂向、李周翰五人，共爲之注，表進於朝。其詆善之
短，則曰："忽發章句，是征載籍，述作之由，何嘗措
翰？使復精核注引，則陷於末學，質訪旨趣，則歸然舊
文，只謂攬心，胡爲析理？"其述五臣之長，則曰："相
與三復乃詞，周知秘旨，一貫於理，杳測澄懷，目無全
文，心無留義，作者爲志，森然可觀"。觀其所言，頗欲
排突前人，高自位置。書首進表之末，載高力士所宣口
敕，亦有此書甚好之語。然唐李匡乂作《資暇集》，備摘
其竊據善注，巧爲顛倒，條分縷析，言之甚詳。又姚寬
《西溪叢語》，詆其注揚雄《解嘲》，不知伯夷太公爲二
老，反駁善注之誤。王楙《野客叢書》詆其誤敍王暕世
系，以覽後爲祥後，以曇首之曾孫爲曇首之子，明田汝成
重刊《文選》，其子薇衡又摘所注《西都賦》之"龍興虎
視"、《東都賦》之"乾符坤珍"、《東京賦》之"巨猾
間舋"、《蕪城賦》之"袤廣三墳"諸條。今觀所注迂陋
鄙倍之處，尚不止此，而以空疏臆見，輕詆通儒，殆亦韓
愈所謂蚍蜉撼樹者歟？其書本與善注別行，故《唐志》各
著錄。黃伯思《東觀餘論》尚譏《崇文總目》誤以五臣注
本置李善注本之前，至陳振孫《書錄解題》始有"六臣
《文選》"之目。蓋南宋以來始與善注合刻，取便參證。
元明至今，遂輾轉相沿，並爲一集，附驥以傳，蓋亦幸

矣。然其疏通文意，亦間有可采，唐人著述傳世已稀，固不必竟廢之也。田氏刊本頗有刪改，猶明人竄亂古書之習。此本為明袁所刊，朱彝尊跋，謂從宋崇寧五年廣都裴氏本翻雕。諱字闕筆尚仍其舊，頗足亂真。惟不題鏤板迄工年月，以是為別耳。錢曾《讀書敏求記》稱所藏宋本五臣注作三十卷，為不失蕭統之舊，其說與延祚表合。今未見此本。然田氏本及萬歷戊寅徐成位所刻亦均作三十卷，蓋或合或分，各隨刊者之意，但不改舊文即為善本。正不必定以卷數多寡，定其工拙矣。乾隆四十六年三月恭校上。

試比較《四庫》本與摛藻堂本兩篇提要，僅在“固不必竟廢之也”句下，《四庫》本提要增加了“田氏刊本⋯⋯”云云共六十一字。這六十一字即明白交代《四庫》本《文選》的原本根據，是一段很重要的清儒《文選》家見解。雖然其中所言有待辯證者不少，但是也頗足以代表清儒所看到的李善注原貌。

這篇提要可分為兩部分看，前半略述五臣注本刊刻始末，而重點在比較五臣注與善注優劣。引歷代諸家如李匡氏、姚寬、王楙等人摘引五臣注之謬誤處，認為五臣注不及李善注之精詳。此是一般習見之看法，姑無置論。就提要而言，較有創見者在後半段，敘述《文選》版本的流傳經過，可視作清代以前《文選》版本之總結，是一篇重要的文選學文獻，頗值一論。首先，提要已注意到五臣注是三十卷本，並舉明代田汝成、徐成位兩家刻本皆作三十卷本為證。可惜，提要並未真見到三十卷單注本的《五臣注文選》。且田、徐兩家為明刻本《文選》，田、徐兩家所據祖本究竟如何？提要未及論述。今學界已見南宋高宗紹興年間五臣

單注陳八郎本，是否此本即田、徐兩家之祖本，有待《文選》學家之勘定。

提要又說到袁本的祖本是南宋廣都裴本，但提要亦未見此本，僅據朱彝尊之《跋》而推論。其實朱跋所謂之廣都本，今已可確知藏臺灣故宮博物院，可謂海內外之孤本。然則此本持於《四庫》所抄之袁本校刊之，實大不同。最基本的一點，是在於廣都本五臣注在前，可是《四庫》袁本李善注卻在前。版式如此不同，《四庫》袁本若非大亂舊例，則是《四庫》所據本實非廣都本 2。不過，提要有句話說 "蓋南宋以來始與善注合刻取便參證" 云云，重點地指出《文選》六臣注合刊始於南宋，這是合乎當代所見《文選》版本的真實情況。譬如，今藏韓國漢城大學的奎章閣本《文選》，即六臣注本，且五臣注與李善注皆並存注文，不因重出而有所刪削。此本據秀州本重刊，彌足珍貴。其版式同袁本，五臣注在前，李善注在後。因為，南宋紹興年間有兩個六臣注刊本，一是贛州本，一是明州本。後者與袁本、奎章閣本同以五臣注在前，只有贛州本是李善注在前，較詳，五臣注遇有重出者例皆刪省，實已非五臣注原貌。今考提要所抄袁本，五臣注在後，亦每多刪削減省五臣注文。據此而論，《四庫》所抄袁本或據贛州本系統，非即真袁本。提要全文有關《文選》版本之敘述，最大疑點當在此。今倘就《四庫》袁本，與廣都本、奎章閣本、明州本等合參比較，必可證明此論之不假，允宜《文選》學家別撰鴻文討論之。

《四庫全書》所收《文選》另外一本是汲古閣毛晉仿宋刻本。毛氏自稱此本仿刻宋本，卻未明言仿的是宋刻六臣注本，或者李善單注本。《四庫提要》明白指正毛刻不是仿宋單注本。

《提要》云：

臣等謹案：《文選》舊本六十卷，昭明太子蕭統編，唐文林郎守太子右內率府錄事參軍事崇賢館直學士江都李善為之注。始每卷各分為二，《新唐書·李邕傳》稱其父善始注《文選》，釋事而忘義，書成以問邕。邕意欲有所更，善因令補益之。邕乃附事見義，故兩書並行。今本事義兼釋，似為邕所改定。然傳稱善注《文選》，在顯慶中，與今本所載進表題顯慶三年者合。《舊唐書·李邕傳》稱天寶五載，從柳勣事杖殺，年七十餘，上距顯慶三年凡八十九年。是時邕尚未生，安得有助善注書之事。且自天寶五載，上推七十餘年，當在高宗總章咸亨間，而舊書稱善《文選》之學，受之曹憲，計在隋末，年已弱冠，至生邕之時，當七十餘歲，亦無伏生之壽，待其長而注書。考李匡乂《資暇錄》曰："李氏《文選》有初注成者，有覆注，有三注、四注者，當時旋被傳寫，其絕筆之本，皆釋音訓義，注解甚多，是善書定本，本事義兼釋，不由於邕。"匡乂唐人，時代相近，其言當必有征。知《新唐書》喜采小說，未詳考也。其書自南宋以來，皆與五臣注合刊，名曰《六臣注文選》。而善注單行之本，世遂罕傳。此本為毛晉所刻，雖稱從宋本校正，今考其第二十五卷陸雲《贈兄機》，注中有"向曰"一條、"濟曰"一條、又《贈張士然》詩注中有翰曰、銑曰、濟曰、向曰各有一條。殆因六臣之本，削去五臣，獨留善注，故刊除未盡，未必真見單行本也。惟是此本之外更無別本，故仍而錄之，而附著其舛互如右。乾隆四十六年十一月恭校上。

　　這篇提要說了兩次"善注原貌"，可見提要作者極關注李善注的原始面貌。並且，相信善注絕非如五臣所批評的"釋事忘義"，強調善注最後定本必須是"事義兼釋"。可惜，沒有具體舉證作說明。但是，光憑這個見解，已經深刻地反映出清人心目中的李善注《文選》原貌必定是附事見義。

　　吾人若能根據提要這一見解，通盤檢視今本善注《文選》"事義兼釋"的注文真相如何，所占全書注文比例如何，以及李善如何做到"事義兼釋"的，再綜合比對五臣注所釋的"義"與善注有何異同，當不失為理解李善注原貌的又一方法。

　　《四庫全書》汲古閣本提要為了證明毛刻雖然仿自宋本，但絕非李善單注本，而是從六臣注本剔去五臣注，獨留善注。於是，舉例《文選》卷二十五陸云《答兄機》、《答張士然》這兩首詩的善注，殘留有向曰二條、濟曰二條，銑曰、翰曰各一條。可見毛刻不是從宋刻李善單注本而來。這一證據，頗具說服力。因為到了清代《文選》學界，專家所見本大都是六臣合注，極少能看到北宋監本善注，更遑論敦煌寫卷永隆本善注。故而提要有"未必真見單行本也，惟是此本之外，更無別本"云云之感慨矣！

　　導致李善注原貌失真的原因，主要還是《文選》版本的問題。而版本何以有問題，則是李善注與五臣注合並的《文選》，分不清何者善注原有，何者為五臣注原有。難怪胡克家《文選考異》序云：

　　　　合並矣，而未經合並者具在，即任其異而勿考，當無不可也。今世間所存，僅有袁本，有茶陵本，及此次重刻之淳熙辛丑尤延之本。夫袁本、茶陵本固合並者，而尤本仍非

未經合並也。何以言之，觀其正文，則善與五臣已相屑
雜，或沿前而有訛，或改舊而成誤，悉心推究，莫不顯然
也。觀其注，則題下篇中各嘗闌入呂向、劉良，頗得指
名，非特意主增加，他多誤取也。觀其音，則當句每未刊
五臣，注內間兩存善讀，割裂既時有之，刪削殊復不少。
崇賢舊觀，失之彌遠也。然則數百年來徒據後出單行之善
注，便云顯慶勒成，已爲如此，豈非大誤。即何義門、陳
少章斷斷於片言只字，不能挈其綱維，皆緣有異而弗知考
也。

這一段序文說得很實在，對《文選》版本的難求，語氣尤其無
奈。為此之故，胡克家的《文選考異》處處指正尤袤本的錯誤，
經常說"此尤校改之"，也處處辨正善注與五臣注的原貌，屢屢
用"此五臣亂善"之案語。胡克家平生校刻《文選》，苦心孤詣
地想要恢復李善注原貌，真可謂李善注的忠實知音。

即引《文選》卷六十陸機《弔魏武帝文》並序為例，討論胡
克家《文選考異》校正此篇的結果，提出所謂"李善注原貌"的
課題，關係到那些重要因素。

先看李善注的標準例，絕非"釋事忘義"而已。李善注相傳
有三注、四注的情形。今日所見刻本從寫本隸定而來，所根據的
寫本是那一注本，已不得考，故而李善注原貌應以今本所見為
據。准是，今本善注的"釋事忘義"與"事義兼釋"都有，只是
所占比重的多寡而已，不能說李善注只是"釋事忘義"。然則，
李善注"事義兼釋"，應當看作善注《文選》的最標準體例。例
如注"愛有大而必失，惡有甚而必得，智慧不能去其惡，威力不
能全其愛"句，李善注云：

> 言愛是情之所厚，故雖大而必失之；惡是行之所穢，故雖
> 甚而必得之。故智慧不能去其惡，威力不能用其愛，故可
> 悲也。《尸子》：曾子曰：父母愛之，喜而不忘；父母惡
> 之，惟而無咎。然則愛與惡，其於成孝也無擇。令人雖未
> 得愛，不得惡矣。

這條注文，前半段即釋義，解釋善惡的去取，決定於情感的深
厚，不是智慧與威力可以控制的。注文即有解釋，也有翻譯。但
不夠，再引《尸子》原文，以證原句的出典。如此事義兼釋，正
是李善注的原貌。再看“援貞咎以其悔，雖在我而不臧”句，李
善注云：

> 言爲履組及分香，令藏衣裘，是引貞咎之道，教爲可悔之
> 行也。周易曰：自邑告命，貞吝。毛詩曰：何用不臧。

這一條注文，悉同上條注，先解釋原句含意，認為曹操分履組、
藏衣裘與香的舉動，既無補於己，當引以為君子貞吝悔過之事。
再對貞吝與不臧兩條詞彙，注明出典。如此事義兼明，令讀者一
目了然，怎能說善注只是釋事忘義呢？

　　其實李善注本來很注重“釋義”。他在釋義時，或者指明原
文比喻什麼，或者解釋原文真意何在，有時更直接翻譯原文，不
再多辭。例如“同乎盡者無余，而得乎亡者無存”句，李善注
云：

> 言人命盡而神無余，身亡而識無存。今太祖同而得之，故
> 可悲傷也。

　　又如“彼裘紱於何有，貽塵謗於後王。嗟大戀之所在，故雖
哲而不忘”句，李善注云：

> 言裘紱輕微，何所有，而空貽塵謗而及後王。言情苟存乎

大戀，雖復上聖亦不能忘，故可嗟也。

這條注文直接釋意，釋意之中，又帶有翻譯，令人讀之，詞旨曉白，文義暢明，故而不需再作語詞出典的引證了。綜觀《文選》李善注，類似上舉的注例，實在不少，文選學家其實應該將"善注原貌"的重點擇在此。可惜，文選學家歷來只願善注"釋事忘義"的一面，受到這一說法的影響太深，因而左右了對善注真相的判斷，認為善注一定要有"釋事"才是。並立意要持此標準，以判別善注與五臣注的不同，論斷兩注的優劣高下之分。例如"登爵臺而群悲，盱美目其何望"句，李善注云："《字林》曰：盱，長眙也。《博雅》曰：盱，視也。盱與貯同。《毛詩》曰：美目盼兮。"這條注文，明顯只有"釋事"，而沒有"釋義"。被胡克家《文選考異》摘出，強調"盱"與"貯"兩字的不同，正是李善注獨到之處。胡克家《文選》云：

> 案：盱當作貯，注云"盱與貯同"，謂所引《字林》、《博雅》之"貯"同也。若作"貯"，於注不相應。蓋五臣因此注乃改"盱"爲"貯"。各本所見皆以之亂善，而失著校語。

這一條《文選》辨正"盱"、"貯"兩字之異，代表五臣注本《文選》與李善注本《文選》的白文不同之處。胡克家所根據的正是李善注向來"釋事"，這一條例，代表李善注的特色，故而凡見到有字義考證的注，悉歸李善所有。即使若無旁證他證，也要堅持這一條例的金科玉律，不容辯駁。胡克家《文選考異》便經常在此點下工夫，仔細比勘李善注文，的確校正不少李善注文的脫訛錯漏，而其中最用心的做法，就是指正《文選》注文往往有五臣注亂善的現象。像這一例一樣。胡克家《文選考異》可謂

是有清一代探討李善注原貌最徹底的一部著作。

　　但是，礙於胡氏當時所見到的《文選》善本有限，很多他指正的五臣亂善情形，因為缺乏旁校他校，只有孤證，導致校訂有誤，未必就是李善注原貌。即以此例而言，原句是說登上銅雀臺，群妓只有見景悲傷，美人即使長相遠望又有何希望呢？此譏曹操身後遺囑令妓妾登銅雀臺之事。“貯”作長視解，文義曉然。案：

　　　　貯，諸語切。貯、宁同一字，有積聚義。《呂氏春秋・樂
　　　　成》：“我有衣冠，而子產貯之。”
貯即儲藏。《說文解字》；“貯，積也，從貝宁聲。”又《廣雅・釋詁》：“貯，積也。”由以上字書可得知貯、眝不同字，“貯”絕無長視遠望的意思。然則何以胡克家一定要說李善作“貯”呢？說穿了，關鍵在他所根據的尤袤刻本《文選》有這一條“眝與貯同”的校語，認為這是非常可靠的，代表李善注精於小學、訓詁名物的特點。故而堅持校定這條注文必屬善注。

　　其實，胡克家缺乏他校本為證，不能確定善注原貌。試看今存《四庫全書》繕寫的汲古閣本《文選》白文也是作“眝”，並不作“貯”字，但同樣有“眝與貯同”的出校。今遍考現存的各種宋刻《文選》善本，諸如：贛州本、明州本、叢刊本、廣都本、尤本等本，皆同胡刻。即使元刻茶陵本也一樣。如此，真的很難校定李善注的真相。幸好，今世尚存有從北宋刊秀州本而來的奎章閣本《文選》。據以比勘，奎本作：眝與盼同。才曉得“貯”當作“盼”，真相大白。原來李善注是說眝與盼兩字，因此才會引述《毛詩》“美目盼兮”的出典。自奎章閣本以下，都誤刻“盼”字為“貯”。遂令胡克家的《文選考異》無法明白考

究李善注的原貌。

要判別李善注原貌，必須掌握有力的版本證據，認定有一個本子是未經校改的善注本，且必須是單注單行本。就此一角度而言，南宋尤袤刻《文選》一直被文選學家看重，當作是李善注原本。可是事實不然。清代嘉慶年間胡克家刻《文選》，即通稱胡刻本 [4]，號稱自尤本而來，卻在《文選考異》一書廣泛校正尤袤刻本，認為尤袤屢屢校改李善注與《文選》白文，故而《文選考異》經常出現“此尤校改之”一語。這表示胡克家不認為尤刻本《文選》是完整的善注原貌，也反映了清儒亟亟用力於尋找善注《文選》原本的苦心。

現在問題來了，胡克家用來判定尤校改的《文選》他本，只有袁本與茶陵本。袁本即《四庫》所收六臣注本，茶陵本屬贛州本系統。這兩本都不是善注單行本。胡克家並未用到毛晉汲古閣本《文選》，故而許多被胡克家指出“尤校改”的例子，雖然有袁本、茶陵本參校證明尤袤校改，卻又與汲古閣本抵觸。在此情況下，凡是胡克家所說的“尤校改之”例，就有待商榷了。

事實果然如此，《四庫》所收汲古閣本《文選》的善注可持以對校胡刻本善注，提供“尤校改之”的參證，有助於理解“李善注原貌”，正是今存《四庫》抄寫《文選》汲古閣本的重要價值。

例《文選》卷六十陸機《弔魏武帝文》“夫以回天倒日之力，而不能振形骸之內”句，善注“范曄《後漢書》曰：左回天，貝獨坐。謂中官左悺、貝瑗也”。《文選考異》云：“袁本、茶陵本‘貝’作‘唐’，‘貝瑗’作‘唐衡’。案：此尤校改之也。這條胡克家的考證不可謂不精詳。今再輔以贛州本、明

州本、奎章閣本等六臣注本，皆如胡校。但是比對汲古閣本，亦如胡校，就需要再檢討了。因為汲古閣本是善注單行本，明代毛晉仿宋本而刻，必有根據。善注單行本與六臣注本皆同。惟尤本不同，是孤證，胡克家豈能斷然判定是尤校改之[5]？

　　同樣情形，又見於《文選》卷六十王僧達《祭顏光祿文》“心淒目泫，情條云互”。善注“李陵詩曰：仰視浮云馳，奄忽互相逾”。

　　《文選考異》云“袁本、茶陵本浮作驚，馳奄忽作逝紛紛。此尤校改之也。”胡克家的案語，再次說明尤本善注常有獨作之例，與各本不同。今參之以奎章閣本、叢刊本、廣都本、贛州本、明州本等六臣注本無不皆同，只有尤本如校改例。今再查汲古閣本亦同尤本。顯然，汲古閣本所據以刊行的宋本也有校改情形，或者也有可能所據的就是與尤本一樣的祖本。汲古閣本可供尤校改的參證，不言而喻。可惜，胡克家沒有引用此本。

　　又如《文選》卷五十九王巾《頭陀寺碑文》“於昭有喻，式揚洪列”一句，胡克家不同意袁本與茶陵本出校云“善本作戒字”，認為尤本作“式”，也是尤衺校改。今參之以各本六臣注，確實都有“善本作戒”的校語。胡克家所據尤本並不作“戒”，顯然尤已校改。今案：汲古閣本也同樣作“式”。可以輔正胡克家的說法，證明尤本李善注《文選》，不但有校改注文，也有校改《文選》白文。《四庫》本《文選》的價值，由此可見一斑。總之，胡克家《文選考異》用心爬梳《文選》李善注原貌，除了常常舉證“尤校改之”的《文選》白文與注文，也屢屢使用“此五臣亂善”、“或尤別據他本”的斷語。顯示出胡克家有志於考究《文選》李善注的原貌，只因囿於所據參校本不

多，往往所下校語，未必真確。後世文選學家，實在可以站在胡克家《文選考異》的基礎上，引據現存各種寫本、宋本、抄本等更早之《文選》善本，以增益、補證、校釋胡克家的說法，則庶幾李善注原貌有可能呈現之。而今存《四庫全書》所收的《文選》抄本，就是極具參校價值的本子，由以上實例的分析，足以驗證這樣說法。期望本文的論述，有助於文選學下一步的深層研究。

附註：

1　摛藻堂本《文選》向來罕有，《文選》專家提及，一般皆視同《四庫》本。其實摛藻堂本早抄四年，書手不同，書工也不一樣，抄寫版式亦小異。今惟見台灣世界書局有影刊本，凡引文皆據此本。

2　有關廣都本《文選》的刊刻與原書討論校證，筆者已撰《論廣都本文選》一文，茲不再細論。請參中國文選學研究會編《文選與文選學》，612-627 頁。北京：學苑出版社，2003 年。

3　提要所舉《答張士然》一首之向曰，汲古閣本與各本並同。惟奎章閣本的向曰，多 "千室謂千室之邑" 七字。提要未見更早之《六臣注文選》，無由考校。汲古閣毛氏宣稱得宋本校正，卻漏此七字。可知不僅善注原貌難求，即使五臣注原貌也未必盡如真相。參奎章閣本《文選》卷 259 頁，新編 600 頁。漢城：正文社，1983 年。

4　胡刻《文選》刊於清嘉慶己巳年（1809 年），原本今藏臺北國家圖書館。目前坊間影印之最早本，是清同治己巳年（1869）潯陽萬本儀的重刻本，原為臺灣學者高明教授手批本。正中書局印行於 1971 年。此本有萬本儀跋，自謂即胡氏雕版 60 年後首次重刊，可證為現存胡刻之善本。本論文引述《文選考異》，並善注，皆據此本。

此本版式悉仿宋本，每頁必記大小字數，刻工名，首尾版式統一，無一例外。乃知市面通行之胡刻本《文選》，皆掃葉山房影寫萬氏本。此本拼湊刊刻年月，標記大小字數亦誤計甚多。其中刊刻年月標記於中線，尤其混亂。據余統計，最早印記辛巳年，上距胡氏原刻（1809）僅 12 年，殆不可能。因為胡刻首次重雕在 60 年後的同治己巳年（1869），當然不可能有辛巳年重刊印記。掃葉山房本其他刊刻年份印記尚有：戊申（1848）、乙丑（1865）、辛巳（1881）、戊申（1908），其中戊申年為最晚印記。由刊刻年份之紛亂及並字體影摹之失真，皆可證掃葉山房本《文選》為萬氏本之後雜湊的本子。可惜，坊間通行胡刻皆為掃葉本。包括大陸中華書局及臺灣華正書局、藝文印書館等三家印行的《文選》都是影印掃葉本，學界不可不加以辯正。

5　善注引范曄《後漢書》的原文，與范書不符，即使尤校改之，也非原文。據徐攀鳳的指正，范書原文作："左回天，貝獨坐，徐臥虎，唐兩墮"。參徐攀鳳《選注規李》，38頁。臺北：藝文印書館刊百部叢書《藝海珠塵》本，1986年。

胡克家文選考異之價值
——清代文選學之一論

　　胡克家《文選考異》為校勘《文選》最有創獲者，厥在指證《文選》批語誤刻入注文。此例前人罕有論及。若先此之何義門、陳景雲二家校刊《文選》，號稱精詳，已廣為胡克家《考異》引據，然尤不及見「批語」雜入注文之例。故而率先發現《文選》寫本旁記批語，誤入刻本注文之例，《考異》允稱首見。

　　《文選》卷二十「獻詩」類，錄曹子建〈責躬詩〉有句「冠我玄冕，要我朱紱」，善注「《魏志》曰：朱紱光大」七字，《考異》校曰不當有，所據袁本、茶陵本無此七字，因而判定此七字必是附記於旁，尤延之刻本誤取之。《考異》云：

> 袁本、茶陵本無此七字。案：二本是也。考《國志》下文「光光大使，我榮我華」，作「朱紱光大，使我榮華」。然則「朱紱光大」乃「光光大使」句之異，不應以注此明甚矣。必或記於旁，而尤延之誤取耳。

此校語謂「朱紱光大」四字乃《三國志·魏志》異文。讀《文選》者，批注於〈責躬詩〉正文「要我朱紱」句旁，尤袤以為善注，遂增入注文，其實是前人讀《文選》之批語。類此情形之尤刻本，尚有多少？殊埃選學家注意。

　　《文選》卷二十九「雜詩」類，錄曹子建〈雜詩〉六首題下李善注云：「此六篇並託喻傷政急，朋友道絕，賢人為人竊勢。別京以後，在鄄城思鄉而作」三十字，《考異》據善注條例，校定亦非善注。然則此三十字是五臣注并入乎？《考異》雖疑，並未下斷語。詳味《考異》云：「必亦并善於五臣而如此。」是說此三十字乃六臣注合併本以後始有之注文。至此仍未明言即五臣注併入。《考異》又云：「其中兼多偽錯，各本盡同，無可校正。」可知《考異》明知此三十字非善注，然究何屬？仍是「無可校正」。

　　案：此是批語誤入注文又一例。今考陳八郎本無此三十字，可知非五臣注。然則五臣、李善都沒有的三十字，又從何而來？南宋尤袤何以刻入善注？此中可能有二，必尤袤所見本不同，或者尤袤據寫本之「批語」而增補。[1] 又此卅字不類善例，胡克家已早疑之，見於《考異》。今審〈雜詩〉善注惟題下總括六詩之意，以為託喻之作也。所喻者何，蓋傷政急，賢人阻，思君而作也。此下六首各詩，句惟注出處，未再及釋義，所謂釋事而忘義也。依善例，凡無釋意者，例通首無釋，凡偶加釋意者，則句或一或二，亦必有釋。今此注惟三十字題下釋意者，餘各首句下並無注詩意。其不合注例一也。且此三十字，多有誤字，竟不可讀，若「鄄城」之「鄄」，何義門、陳仁子已校改當「鄲」字。忠鄉，余以為亦或思鄉之誤。此亦善注之少有者二也。然今據明州本、贛州本、叢刊本與奎章閣本等合併本題下均有此三十字，陳八郎本無，尤本有，則知此兩注本固異也。總上二由，參之以宋本各注。知三十字之有無，已不可自刻本考之矣！據敦煌本善注往往與今本刻本互有詳略，知寫本與刻本未必盡同。準是，疑

此三十字或寫本無，乃寫本旁之批語。俟淨本時誤入善注，刻本襲之，遂本本相因，如今見之貌矣！則此卅字乃批語雜入善注者，固可定言。由是知《文選》評點之舉，不自明清始，乃唐世已先發其例矣！

《考異》校刊《文選》之第二價值，在於反映當時所見明清俗本之真貌。何以謂此？蓋因《考異》所據底本主要三種：一曰明州本、二曰袁本、三曰茶陵本。此三本前二者明刊，後一種元刊。今皆著錄於目錄書，無可疑。惟袁本見引於《考異》者，多與今本所見不同。此最可注意者。

考今傳袁褧刻《文選》，一本收入《四庫全書》，即書名《文臣注文選》者。今《四庫》本《文選》二種之一即此本。《四庫》另一單注本，即據汲古閣本李善注抄錄。

袁刻另一種流傳於今世者，即吳湖帆《文選書錄述要》所載之二本。一種仿刻宋廣都裴氏刊本，即俗稱蜀大字本者，一本也是翻雕廣都裴氏本，但據崇甯五年刻，與前者裴氏刻於開慶咸淳本不同。據吳湖帆題識，可知所謂廣都本《文選》，一刻於咸淳，一刻於崇甯。[2] 若此說可信，試問胡克家《考異》所見袁本究為何種？此關係廣都本源流及真貌至深，並可由此引伸以輔證《四庫全書》所抄《文選》袁本究為何本？[3]。今見《考異》出校，云袁本作何？持以校各本，諸如奎章閣本、明州本、陳八郎本、廣都本等宋本，往往不同，甚且多見《考異》獨校之異，頗可供選學家參考。

《文選》卷四十二應休璉〈與廣川長岑文瑜書〉有句「沙礫銷鑠」，善注「煎沙爛石」四字，《考異》云：「袁本『爛』作『鑠』，是也。茶陵本亦誤『爛』。」案：今《四庫全書》袁本

仍作「爛」。顯見《考異》所見袁本與《四庫》本不同。

又《文選》卷五十八王仲寶〈褚淵碑文〉有句「不貳心之臣」，《考異》云：「茶陵本『不』上有『率』字，云五臣無。袁本校語云善無『率』。案尤所見與袁同，是也。茶陵校語有誤」云云，胡克家以為善注本《文選》正文不當於此句「不」字衍「率」字，也即是說有「率」字是五臣注本，尤本與袁本皆無此「率」字可證。此一說法，又與今見《四庫全書》本《文選》不合。《四庫》袁本即有「率」字。然則袁褧本《文選》真貌究為何？

又《文選》卷六十謝惠連〈祭古冢文〉有句「兩頭無和」，善注「高誘曰棺題曰和」七字，《考異》認為此七字非善注，判定是尤袤「別據他本」增補。尤袤別據何本？今已不可考。胡克家所持證據，是參校袁本、茶陵本均無此七字。然而，今查《四庫》所收袁本卻有此七字，再次證明《四庫》所收《文選》袁本與《考異》所見不同。

《考異》另一項創獲，應屬「獨見」之校刊。以《考異》當時而論，所據參校各本，並非盡善。故而每見《文選》正文與注文有疑譌、竄亂、增衍、誤刊者，在無良好善本參證之局限下，亦只有出之以「理校法」。凡此類《考異》之校語。往往有其獨見創獲之功。例《文選》卷三十六任彥昇〈宣德皇后令〉有句「要不得不彊為之名，使荃宰有寄」，善注「要不彊為酬謝之名，庶使君主之情微有所寄也」十九字，《考異》校「不」當作「必」，謂各本皆誤。此即《考異》獨見之例。雖然，《考異》未據其他參校本以資考證，但此校甚是，得於文理。[4]

又《文選》卷五十八王仲寶〈褚淵碑文〉有句「可謂澄之不

清，撓之不濁」，善注「奉高之器，譬諸汎濫」，《考異》校正
「汎」當作「氿」，謂各本皆偽。《考異》引〈答賓戲〉有句
「懷氿濫」為證，所謂氿濫，就是氿泉、濫泉。此一校法，據
《文選》他文為校，頗近於「本經自校」之法，亦屬理校之例。
案《考異》所校甚是。今見各本，包括奎章閣本、廣都本、明州
本、贛州本等皆誤刻「汎」。可見傳寫之誤，由來已久。「氿」
本作「晷」，《爾雅·釋水》：「氿泉穴出。穴出，仄出也。」
《列子·黃帝篇》：「氿水之潘為淵。」又《釋文》：「水泉從
旁出。」又《釋名·釋水》「氿，軌也。流狹而長如車軌也。」
據以上字書訓詁，知「氿」字本義，即水泉旁流，作「氿濫」，
意指如氿泉之泛濫流奔也。「氿」不當作「汎」可確解矣！這又
是《考異》獨獲創見之一例。

　　當然，《考異》校刊《文選》之精，出校方法之考究，也未
必全然無錯，或者，有待再考者。這是因為《考異》撰作所處的
時代，僅有《文選》刻本，未見《文選》寫本。即使有刻本，也
罕見宋刻《文選》，以供參校。故而，《考異》雖已盡精校之
功，然亦時有誤判、獨斷，乃至孤證之嫌。

　　《考異》自云據袁本、茶陵本，以校所見宋刻善注單行本，
雖然胡氏已明知尤刻「仍非未經合并也」，乃舉所見尤刻本之正
文屬雜，注多誤取，與音讀兩存，從而斷言「割裂既時有之，刪
削殊復不少，崇賢舊觀，失之彌遠也」，胡氏於尤刻本之睿見，
可謂知言。然則，胡氏猶孜孜於斯，欲復善注原貌，既訪於知
交，與顧廣圻、彭兆蓀諸儒，深相剖析，於是條舉件繫，成此十
卷之「文選考異」也，殊不知胡氏所據，僅後出於宋本之袁本、
茶陵本耳，二本固六臣合刊，已失單注之舊，且二本皆屬翻刻宋

本之後世物也，胡氏據此以校，自云「僉謂無疑」，實亦不免獨斷之校，有失偏正。

　　今以陳八郎五臣注本，與《四部叢刊》據宋紹興贛州州學刊本為據，持以校胡氏《考異》，與胡刻尤本，凡疑惑不解處，爽然冰釋矣，遂引其數例如下：

　　《文選》卷三十五張景陽〈七命〉有句：「既老氏之攸戒，非吾人之所欲。故靡得應子。」

　　案：「子」下胡刻有善注小字雙行曰：「老子曰：馳騁田獵，令人心發狂」，胡氏《考異》未考。是胡氏所見尤本如此。案：陳八郎本向曰有此文，惟所引老子曰，作「老子云」，且增「五音令人耳聾」一句。知尤本善注乃割裂五臣注者。叢刊本「子」下有「善曰注與向同」六字。蓋合併六臣注者之校語也。今考叢刊本之祖本為贛州本，贛州本以善注為主，列於前，五臣注列於後，若善注與五臣同，當詳列善注於前，再云「向注同善注」，始合體例。今竟反是，可知贛州本之前，所見善注單行，或亦有詳注。而尤本所見只此，益證尤本之後出，乃自六臣析出者，而竟不辨此注實屬五臣，非善注也，胡氏據以刻之，《考異》亦不明，是其失之一例。

　　《文選》卷五十四陸士衡〈五等諸侯論〉有句「皇祖夷於黥徒」，善注：「尚未足黥徒羣盜所邪」。

　　《考異》云：「案：黥當作黥，各本皆誤，說見下。」

　　又善注：「然黥當為黥。」

　　《考異》云：「案：黥、黥二字當互易。此因正文既改作黥，與注不相應，復改注以就之也。考《史記》、《漢書》『黥布』，不得云『當為黥』甚明。他書不更見有作『黥』者，上條

《楚漢春秋》亦誤改無疑。」

　　案：此胡克家所校與事實恰相反。今據尤本與叢刊本，贛州本前注作「黔徒」，後注作「然黥當為黔」。《考異》所校全非。不可信。此乃善注先引書以符正文，後引別書以校勘正文之例也。善注先引《史記》作「黥」，次引《楚漢春秋》語，遂改判作「黔」。實則《楚漢春秋》之「黔徒」與正文之　黥徒」，蓋二義也，不當相涉而誤校。然則《楚漢春秋》固不誤，《考異》失察也。《文選》卷五十四劉孝標〈辨命論〉有句「夫通生萬物」。

　　《考異》：「茶陵本『通』作『道』。袁本無『夫通』二字。案二本不著校語，無以知善果何作？《梁書》作『夫通』。考選文與本傳向不齊一，但可資其借證，難以指為專據，何校於此篇多所更改，皆選文未必非，本傳未必是，今均不採。」

　　案：《考異》不知善果何作，且以為善注選文未必非，本傳未必是。由是疑何校或未必洽。凡此蓋所見者寡也。今據陳八郎本五臣注作「道生萬物」。贛州本、叢刊本同。《考異》既見茶陵本亦作「道」，可證善注亦當作「道」，此兩注無異也。《梁書》本傳亦作「道」。惟今本尤本與胡克家刻尤本俱作「通」，顯誤也。據文義作「道」為是。其下善注引《老子》文即作「大道氾兮，萬物得之以生而不辭」。可資輔證。

　　《文選》卷五十五劉孝標〈廣絕交論〉注「劉璠梁典曰」云云。

　　《考異》：「袁本、茶陵本無此五字。案此節注袁并善入五臣，茶陵并五臣入善，皆非。」

　　案：今據贛州本、叢刊本亦無此五字，各本惟尤本有。《考

異》所見以為茶陵本此并五臣入善注。宜未必也。蓋陳八郎本亦有此注，仍無「劉璠梁典曰」五字。贛州本、叢刊本注末乃作「翰同善注」。可知此兩注共有之文。非併五臣入善注。然則尤袤以為此出梁典之文，以其書今已不可見，遂判定其可也。《文選》卷五十四劉孝標〈辨命論〉有句「顏回敗其叢蘭，冉耕歌其芣苢。」善注：「《家語》曰：顏回年二十九而髮白，三十二而早死。文子曰：日月欲明，浮雲蓋之；叢蘭欲茂，秋風敗之。《家語》曰：冉耕，魯人，字伯牛，以德行著名，有惡疾。《韓詩》曰：采苢，傷夫有惡疾也。《詩》曰：采采芣苢，薄言采之。薛君曰，芣苢，澤寫也。芣苢，臭惡之菜，詩人傷其君子有惡疾，人道不通，求己不得，發憤而作，以事興。芣苢雖臭惡乎，我猶采采而不已者，以興君子雖有惡疾，我猶守而不離去也。」

　　《考異》：「袁本、茶陵本此七十六字并於五臣，非也。尤所見未誤。」

　　案：贛州本同叢刊本，此七十六字併入五臣注。今據陳八郎五臣注即有此七十六字。可知此七十六字當為五臣注補善注之闕者，宜乎五臣注獨有。五臣注例多此類。《考異》之說未必也。

　　《文選》卷五十四陸士衡〈五等諸侯論〉有句「國慶獨饗其利」云云。

　　《考異》：「袁本『獨』下有校語云：善作『猶』。茶陵本無校語。案二本所載五臣良注云：『言秦獨饗天下之利』，是其本作『獨』也。尤及茶陵蓋以五臣亂善。《晉書》『獨』。又本篇『忘萬國之大德』，袁本『萬』作『經』，云善作『萬』，茶陵作『經』，仍失著校語。又『願法期於必涼』，袁、茶陵二本

『涼』作『諒』，其實善『涼』，五臣『諒』，二本失著校語。
彼尤本皆校改正之矣。」

　　案：《考異》決然析善與五臣兩注之異，且謂尤本皆已校
改。恐未必然也。據今本尤本「猶」仍作「獨」。「諒」作
「涼」，「經」作「萬」。案涼，涼俗字可通。然則與《考異》
所見仍相異。又據贛州本俱作「獨」，「諒」，「經」。贛州本
從善注本，於善注為詳，何以此三字反而從五臣本乎？《考異》
所見袁本「涼」仍作「諒」，無校語，宜也。至於作「猶」作
「萬」，或袁本所見善注單行本之誤刻也。尤本從袁本之誤逕以
改之。惟於「獨」字漏缺。以致紛然錯出。其實此三字二本並無
異也。

　　《文選》卷四十八揚子雲〈劇秦美新〉有句「或損益而
亡」。

　　《考異》：「何校云『亡』當從五臣本作『已』。袁本云善
作『亡』，茶陵本云五臣作『已』，何據二本校語。今案善注無
明文，二本所載向注於此云『其後紂乃亡之』，是五臣仍作
『亡』，其作『已』者，後人以意改，未可從也。」

　　案：據文意作「已」者是。蓋謂前代踵繼，或無為而治，或
依循而治，皆損益而已，損益未即致亡，故「亡」字誤。黃季剛
且據治「已」為韻，斷曰當作「已」。[5]《考異》亦以為作「已」
是。惟所見各本善注俱作「亡」，因謂善注無明文，疑當作
「已」。今案叢刊本亦作「亡」，下著校語云五臣本作「已」
字。知五臣注本作「已」是。此兩注本之異文也。善未必皆是，
五臣未必即非。

　　總結以上所論，畧示胡克家《文選考異》一書，校刊《文

選》得失之例證,信知凡《考異》校刊之精者,皆緣於精讀精
校,參證廣博,有以致之。反之,凡《考異》有失校、誤判,甚
或獨宗善注太過,難免孤證武斷者,皆非其校法不精,或讀《文
選》未密,實際乃因其所得宋刊《文選》善本俱闕,頗失「巧婦
難為」之譏。故而今日重探胡克家《考異》之優劣得失,可據晚
近新出刊本寫卷,綜集合帙,全方位重新覆考,可增則增,可補
則補,可訂正則訂正,庶幾《文選考異》一書可再現於學界,提
供《文選》學家最有價值、最有份量之清代《文選》校勘學參
證。

附註:

1　寫本過渡到刻本之際,增益批語,刻入正文,此乃版本學待考之問
　　題。昌彼得、屈萬里認為刻本據寫本而刊,頂多補刊序跋而已,未
　　及批語。((參屈萬里、昌彼得:《圖書版本學》(台北:華岡出
　　版有限公司,1978),頁81～84))案:此說未注意到《文選》校
　　刊之例,允宜再考。

2　參吳湖帆:《文選書錄述要》(台北:中央圖書館藏本,1931)。
　　案:吳氏著錄廣都本,同見於《天祿琳琅書目》、《善本書室藏書
　　志》、《鐵琴銅劍樓書目》、《天一閣書目》、《浙江圖書館書
　　目》、北大《國學圖書館書目》等。另一本袁褧刊,即《四庫全
　　書》本。又案:前者今藏台北故宮博物院。

3　今傳摛藻堂《四庫薈要》亦收《文選》六臣注一種,與《四庫》本
　　《六臣注文選》抄工不同。

4　此十九字注文,即使北宋刊本《文選》,也與《考異》所見各本同
　　作「不」,可知所有刻本都誤刻。今再據唐鈔集注本《文選》校

訂，始知原來此條注是陸善經曰，而非善注。且注文亦稍異，作「但要在不得不強為酬謝之名」（（參《唐鈔文選集注彙存》（上海：上海古籍出版社，2000），冊二，頁190））。又見此條繫注末有案語曰：「案鈔曰之下有五字，五家本荃為銓」云云，此必讀鈔者之出校語，宜供選學家玩味，或可有助考訂集注本由來。

5　參黃季剛：《文選黃氏學》（台北：文史哲出版社，1976），頁230。案：此書由本師　潘重規夫人整理，與大陸版黃焯過錄本，詳畧不同。

李審言之文選學論

一、前　言

　　李詳（一八五九－一九三一），字審言，中年又字愧生，晚號釐叟，江蘇揚州興化人，被譽為揚州學派晚期代表人物。其一生著作，已由其子李稚甫及其孫李傳硯整理編輯，於一九八九年出版《李審言文集》。書末即有李稚甫〈李詳傳略〉乙文，詳細敘述其人其事及其學。可參。

　　本論文僅就李詳學問中的「文選學」乙項論之。今據文集，知李詳於文選學之著作有五種。最早者，即三十歲之後所作〈選學拾瀋〉，專就善注之正誤，考訂何是，兼補名物訓詁之不足，其中多有創獲之見。王先謙曾有批示云：

> 閣生所撰各條，並皆佳妙，無可訾議，只恨少耳。漢魏六朝為文，皆遞相祖述，余《瑣言》中所稱舉數事是也。唐人猶有之，宋以後競出新意，此義蕩焉無存，亦文場一大變局也。生所注兼能蒐討古人文字從出之原，與鄙意符合，不專從徵典用意，目光尤為遠大。如能一意探求，俾成巨秩，允為不朽盛業。（《李審言文集》，頁三）

可知王氏推崇之至，惜此作太簡短，故王氏云：「只恨少耳。」

然雖少而精，王氏並指出李詳文選學之特色在「不專從徵典用意」，意謂李詳雖攻善注，但不以「徵引」為求，而另尋它路，此它路為何？即李詳文選學之可探索者。

其後，李詳又作〈文選萃精說義〉，體例略同前作。另外，自善注首揭「祖述」條例而加以發揮，以唐人詩淵源蕭選為論，作〈韓詩證選〉與〈杜詩證選〉，凡歷代選學家發明六朝詩與唐詩影響關係之說者，至李詳可謂最具體，最有總成。

大抵李詳之文選學以善注為宗，拾潘之餘，復堅守條例，並由祖述而廣用其例，開示《文選》與唐集之影響論。能在守成舊法中，力闢新途徑，故而多有可觀者。鑑於李詳之於《文心雕龍》學述，已有人注意。如李建中已寫入《文心雕龍學綜覽》（該書頁二九八－二九九），李氏之龍學成就已獲肯定。惟其《文選》之作，實遠超過龍學，而竟罕聞論述者。

昔有駱鴻凱著《文選學》乙書，述及清代選學源流，雖以李詳《文選拾潘》二卷殿末，（《文選學》頁一一四）但介紹甚略，且僅及拾潘而已，它書不觀。今若從近代文學發展之角度觀之李詳實跨近代與現代兩際。[1] 以其人之學術的某一面向為焦點，考其方法路數，與乎轉變創發軌跡，當是近代文學研究之一佳例，本論文基於此而試探李詳文選學之要義。

二、以善注為宗之文選學

文選學封域有多端，其於注疏者，不外善注與五臣注二家之別。善注自經史子舊注習規以出，不以說解義疏為主，獨創所謂「徵引」式注書法，凡詞句語例，前有所承，後有祖述，因自定

條例曰：諸引文證，皆舉先以明後，以示作者必有所述也。此即所謂善注條例。

五臣注則依經子為訓體例，以說解為重，欲求文意本旨，以救「釋事忘義」之弊。其於選文，仍悉昭明原卷之分，又偶或所見不同，每與善注本白字異文。至於音注，亦多乖音。

故而自《文選》乙書成就一門之學後，辨兩注之異，權其得失，考其勝短，殆為方家所樂事。見於傳本者，南宋初尤袤刻善注單行本，已首創兩注同異附於書末。而北宋李、姚、王、蘇每詆五臣之非，斥為鄙陋荒儒。俗見既立，演為成說。自以後，善注獨專，五臣乃漸湮沒不聞。

清人以考據樸學為盛，善注體式，適愜其求，故而自何義門、余蕭客為選學校正音義，悉依違善注，不悖崇賢。清代號稱選學復興，汪、孫、張、朱，無論考異或集釋，不出李疏。胡、梁、許、徐，即使旁證筆記，率皆規邑摘李。竟無一家專治五臣注疏之學者。

近代承前清之餘緒，劉師培劉文典之札記，高步瀛之義疏，黃氏之選學，並駱鴻凱之綜述，亦以宗善注為上，而貶五臣注之劣。李詳之文選學亦大抵不出此。其於善注，或崇其說，或遵條例，或守祖述，或摘注失，或訂引書之誤，或補注之未明，或援子史以補證。凡此不一而足，要皆出入善注，正確立說，以成其一家之學。今可以兩詞總括之，一曰祖述，一曰理校。此二法可謂李詳選學之總綱。

或用地理學以補善注不足者。例謝朓〈之宣城出新林向板橋詩〉，宣城即宣州，謝氏此行當由南而北，欲達建康。善注引酈道元《水經注》，雖云浮橋度水故曰板橋，仍未能盡解。李詳即

予補注，引洪亮吉《北江詩話》之說，用《金陵故事》與《揚州記》以釋今記名，末加案語，指示元暉北行路向，讀而懸解。李詳云：

> 洪亮吉《北江詩話》四：「《景定建康志》：『板橋在江甯城南三十里，』新林橋在西南十五里。」《金陵故事》：「晉代吳，丞相張悌死之。悌家在板橋。」《揚州記》：「金陵南沿江有新林橋，即梁武帝敗齊師之。」新林、板橋，皆沿江津渡之所。元暉自都下赴宣城，故先經新林，後向板橋也。（《李審言文集》，頁二二）

經此今注，板橋新林之於金陵方向可辨，較之善注為明，此用地理學考證之一例。今治謝朓集者，郝立權仍襲舊注。（《謝宣城詩注》，卷三，頁一）曹融南之校注，只引《景定建康志》補注。（《謝宣城集校注》，頁二○六）洪順隆校注同引洪北江說，並加案語，指示板橋新林方向，凡二十九字，悉同李詳語。（《謝宣城集校注》，頁二三八）疑即抄自李詳所案。

　　或用理校法，精讀善注引書之失。例於潘岳〈閒居賦〉有句「谿子巨黍」下，善注引許慎注谿子，當有脫文，李詳摘其失，校云：

> 注：「許慎曰：『南方谿子，蠻夷柘弩，皆善材也。』」
> 詳案：許慎下當脫「《淮南子注》」四字。《淮南子·俶眞訓》：「谿子之弩，不能無弦而射。」許云應是此下注文。高誘注：「谿蠻，夷也，以柘桑為弩。」與許異。」
> 《李審言文集》，頁一八）

此校可謂獨見，依注文，李詳說甚是。惜許注《淮南子》今書不傳，無得為證。復參之《文選》宋本，若奎章閣本、廣都本、明

州本、贛州本、尤本等各本均脫此四字，亦不得援以對校。顧此它書與版本悉不足為校，而李詳得以出校，以理判之，此其選學之精到功夫。

　　類同前例，用理校法，而兼參善注「引後以明前」之例者，又見於束皙〈補亡詩〉有句「嗷嗷林鳥，受哺於子」下，善注引《毛詩》曰：「相彼反哺，尚在翔禽。」以釋「哺」字出典，據上下文意似不諧。李詳以友人訂補可信，遂加案語云：

　　　注：「《毛詩》曰：『相彼反哺，尚在翔禽。』」《考
　　　異》云：「毛字誤，各本皆同，無以訂之。」詳案：予友
　　　泰州高爾庚云：「『相彼反哺，尚在翔禽』二語，見盧諶
　　　〈贈劉琨詩〉。」近人蔣翊清謂：「李注《毛詩》曰下脫
　　　『鴻雁于飛，哀鳴嗷嗷。盧諶贈劉琨曰』十四字」。似為
　　　有理。惟束皙與盧諶俱西晉人，束年較盧為先，未必束用
　　　盧語。崇賢自言諸引文證，皆舉先以明後，又或引後以明
　　　前。此引盧詩，或由後以明前，而傳寫漏奪，失其例語，
　　　致令疑者不一。姑存是說，以俟續考。（《李審言文
　　　集》，頁二〇）

此條校補十四字，方合善注文意，甚是。今案宋本各本《文選》均脫，復考《毛詩》今本確無「相彼」二句，則必盧諶〈贈劉琨詩〉之句。今盧詩入選，編在善注六十卷本第二十五卷，此句下繫注，即引《毛詩》：「相彼鳥矣，猶求友聲。」知與此處所不同。若然，此十四字必如李詳所校。

　　惟胡克家《文選考異》知當校，苦無宋本以訂，此近代以來文選學每乏善本以參證之共病也。李詳因據善注「條例」以釋疑，蓋「祖述」之說，必「舉先以明後」，其有不然，則又另創

別例,謂:「諸釋義或引後以明前,示臣之不敢專也。」(見
〈兩都賦序〉善注「朝廷無事」句)此即善注兩大條例也。李詳
特標舉出,以「明前」「明後」為注書之兩大門徑,爰有《李善
文選注例》之編,云:「統觀(李善)全注,此二例最多,實開
注書之門徑。」(《李審言文集》,頁一五四)誠哉斯來,近代
選家能簡括善注此二大門徑,且予廣施運用者,李詳此語可謂獨
發。

　　其實,李詳廣施條例以校注,多用於理校法。遂合「祖述」
與「理校」為一,相互濟用,乃成其專門一家之選學,突出於近
代眾碩之手。以下兩例可見一斑。例一王儉〈褚淵碑文〉有句
「鳴控弦於宗稷」下,考宗稷乙詞與「宗社」之異,知六朝時人
用宗稷。然李詳質疑王儉未必即從當時人語,蓋「祖述」者有
之,善注條例可據以定。李詳云:

　　　　詳案:郝懿行《晉宋書故》:「古今文字,每言宗社。讀
　　　　《宋書》,知六朝間多作宗稷。如〈鄧琬傳〉:「大懼宗
　　　　稷,殲覆待日。」《袁顗傳》:「神鼎將淪,宗稷幾
　　　　泯。」〈史臣論〉亦云:「宗稷之重,威臨四方。」郝云
　　　　如是。仲寶所言,未必師範袁、鄧,以其遞相祖述也,故
　　　　引之。(《李審言文集》,頁三〇)

此宗稷之注,五臣注濟曰:「宗廟社。」善注引蔡邕《獨斷》
曰:「天子立宗社。」,注云:「社稷,宗社之廟。」據此,宗
社早已有稱。宗廟亦可通宗社。故郝說可信。然李詳以理校之,
寧信作「宗社」之為是,蓋守「祖述」條例也。故曰李詳之文選
學宗善注。

　　例二於陶潛〈歸去來辭〉有句「或命巾車」,昭明原本與陶

本集不同，李詳仍從善注本作巾車，遂據「條例」以舊注之非。
李詳云：

> 注：「《孔叢子》曰：『孔子歌曰：巾車命駕，將適唐
> 都。』」詳案：桂馥《札樸》七：「江文通〈擬陶田居
> 詩〉：『暮巾柴車』，李善注云：『《歸去來》曰：或巾
> 柴車。』是李善本原作『巾柴車』，後人改之。」愚謂，
> 桂說非是。善引《孔叢子》，是昭明原本作「命巾車」，
> 江詩注系據淵明集本。善每有此例，所謂各隨所用而引之
> 是也。（《李審言文集》，頁二五）

此條校亦用理校，然以「條例」為準。所據條例見李善注〈琴
賦〉引宋玉〈對問〉句下繫注。此即李詳宗善注，以祖述與條例
互相濟用，頗見其崇賢之志。今案以清人陶澍集注，從善注。然
未述理由，亦不用條例為證。（《靖節先生集》，卷五，頁一
二）今人逯欽立校，仍作「命巾車」，但並未存江淹雜詩注引作
「巾柴車」，意彖校存兩可，未定何者為是。（《陶淵明集校
注》，頁一六一）今持陶逯所校，對觀李詳引條例為證，其說理
益能服人。由上二例，可知李詳文選學宗善注並及條例之學，允
為法門之一。

　　然宗善之餘，李詳亦知變通之必。或有以變例質疑善注者，
如劉峻〈重答劉秣陵沼書〉題目當改，據《梁書・劉峻傳》知為
答書之序。李詳云：「不審昭明何以為此變例？」（《李審言文
集》，頁二四），同此理者，賈誼〈過秦論〉不當名論，宜名
篇，質昭明改題之失。（同前書，頁二六）再如王褒〈四子講德
論〉傳曰「詩人感而後思」云云五十一字，李詳以為當《魯詩》
傳文，然《魯詩》至唐久佚，善故第引《樂緯》以注出典，李詳

之，謂：「非其本原也。」（同前，頁二七）凡此三例，蓋善注自引伸而辨，考其得失，非盡盲從善注也。

　　要之，李詳之文選學，大抵宗善注，治選學之途，亦自善注入門。其法以「祖述」為據，發揮注例，推演條例，在版本未夥之格局下，精勤校讀，諸法並用，廣參子史，並搜類書，是以理校見長，分散於《選學拾瀋》、《韓詩證選》、《杜詩證選》、《文選萃精說義》、《李善文選注例》等諸書。謹據其文而擇其精要者，勾其大要，舉證得失，別為小節，分段評述如下。

三、摘善引舊注之非

　　《文選》善注，自訂有條例，前人已詳之。其中一條有謂：「舊注是者因留之，並於篇首題其姓名。其有乖謬者，臣乃具釋，並稱臣善以別之。他皆類此。」云云，見於《文選》所收張平子〈西京賦〉薛綜注。詳其意，李善認為舊注可取者，保留之。可取之注有乖謬者，不取，自己再加具釋。

　　據善注此條例，今本《文選》保留舊注的篇目，分別見諸於下：

1.張平子〈西京賦〉薛綜注。

2.左太沖〈三都賦〉劉淵林注。[2]

3.司馬長卿〈子虛賦〉郭璞注。

4.司馬長卿〈上林賦〉郭璞注。

5.潘安仁〈射雉賦〉徐爰注。

6.王文考〈魯靈光殿賦〉張載注。

7.張平子〈思玄賦〉舊注。（未詳注者）

8.阮嗣宗〈詠懷詩十七首〉顏延年、沈約等注。

9.屈平〈離騷經〉王逸注。

10.卜子夏〈毛詩序〉鄭氏箋。

11.班孟堅〈典引〉蔡邕注。

12.陸士衡〈演連珠〉劉孝標注[3]。

此十二篇舊注，據善注條例，應有三種現象：其一原注，其二原注之刪節，其三善注補注。此三種現象，其一其三應無問題，按文可得。唯其二之類，到底所刪之注為何？又何以要刪？且刪注與原注之有無當待比勘。有可能是原注有而脫者，所脫之注如無關緊要，且罷。若所脫之注關係文義與版本問題者，即不可等閒視之。惜此中差異，歷代文選學家罕有論述者。李詳的《選學拾瀋》有一條枚乘〈七發〉「蕩春心」句補注，即指正善注之誤，由此而比對今本《楚辭·招魂》王逸注與引逸注有不同，李詳云：

> 注：「《楚辭》：『目極千里兮傷春心』王逸曰：『蕩春心，蕩，滌也。』詳案：當作「王逸曰：『或曰蕩春心。』」檢〈招魂〉注，自知此非。（《李審言文集》，頁一九）

此條注，李詳引《楚辭·招魂》王逸注之正確注文以校善引之非，檢今本洪興祖《楚辭補注》與朱熹《楚辭集註》均同李詳引，知善注引當誤。如不誤，必善注所見唐本《楚辭》有不同於宋刻之本。可惜無得見唐本以印證。姑從今本以論，李詳所校善注引舊注，確有失誤之例。如此誤例，不能小看之。因為此非善引舊注自行訂例云「其有乖謬者，臣乃具釋」之例，實為版本不同，並關係文義之例。

　　〈七發〉原句作「蕩春心」，善注引《楚辭·招魂》句作「傷春心」，蕩、傷一字之差，文義玩索亦不同。所以善注引王逸舊注不可逕改原注文，以符「傷」字。當存「或曰」以見版本之異。此非關「乖謬」，亦必具釋。

　　類此善注引舊注有異文現象，經李詳注意，可見《文選》十二篇今存舊注有待重考。其於文選注疏學之價值不可謂不重要。試再檢同例者如下：《文選·九歌·東皇太一》有句「璆鏘鳴兮琳琅」善注引王逸曰止「五音而和且有節度」，[4] 今檢《楚辭補註》與《楚辭集註》此句王逸原注，自「有節度」以下尚有「或曰紃鏘鳴兮琳琅，紃錯也。琳琅，聲也。謂帶劍佩眾多，紃錯而鳴，其聲琳琅也」等三十字。此或曰注文，不但欲存「紃」「璆」二字之異，且存兩種文義之賞讀。作「璆」意謂佩玉之多，作「紃」暗指佩劍之多，比喻玉聲琳琅。

　　這一例，也是「版本」與「文義玩索」的問題，無涉「乖謬」。除非李善所見唐本《楚辭》王逸注確無此或曰三十字，否則，《文選》保留舊注與今本不同者，即當加以研究，不可等同「自定條例」，乃竟忽略之。

　　它如〈九歌·湘君〉有句「蓀橈兮蘭旌」，善注存王逸注：「荃，香草也」，知蓀當作「荃」。今檢《楚辭補註》王逸注云：「蓀，香草也。」與善本所見不同。這一例，當也是非關「乖謬」，而實為版本之誤。

　　又如〈離騷〉有句「帝高陽之苗裔兮」句下王逸注「德合天地稱帝」六字，善注無。亦當非善所刪。而無有此「帝」字六字注文，關係「帝」之文義與帝在《楚辭》全書之作用甚有可說者。因為，帝字在〈離騷〉中除「帝高陽」之義外，尚有「帝

閭」乙詞，前者之所指，實指歷史上有的高陽顓頊帝，屈原自述
其宗族之始，出自帝高陽之後。後者之帝閭乃謂天帝之主門者
（王逸注），可知是神話或民俗宗教上的「帝」。二者當辨明。

　　不然，帝字到了〈九歌・湘夫人〉又有「帝子」乙詞，此
「帝」究為何指？即有天帝或堯帝二義之分。試檢王逸注云：
「帝子謂堯女也。」認為帝子是堯帝之二女子，即娥皇女英。若
然，此帝是堯帝。那麼，〈九歌〉帶有神話性質的意味，皆因
「帝」字有實指，可能失去其神秘之趣矣。

　　洪興祖有見及此，補注云：「此言帝子之神，降及北渚來享
其祀也。帝子以喻賢臣。」（《楚辭補注》，卷二頁九）若然，
則此帝為天帝，帝子是天帝之子，當然也是神。它與堯帝作為歷
史人物自是不同。其後，王夫之引申天神之說，注云：「帝子，
尊貴之稱。山川之神，皆天所子也。」（《楚辭補釋》卷二）這
樣注，幾乎像泛神論了，絕非堯帝之謂。

　　於是，在堯帝與天帝之間，一種折衷的注之意見，遂出來
了，如蔣驥注云：「帝子，謂夫人。」（《山帶閣注楚辭》，卷
二）戴震注云：「此亦託為巫與神期約而候之不至，故曰帝子降
此北渚矣。」（《屈原賦注》，卷二）此二家注，一則以為此帝
即堯帝，此子即帝之女子，即湘夫人，但此際湘夫人已為神矣！
所以，不能說是天帝之子。二則又不直謂即堯帝之女，而將之神
格化，以符合沅湘民俗祭水神之〈九歌〉內容主旨。

　　以上洪、王、戴三家之注帝字，與王逸之注實有不同。因
之，逸注之此六字甚關〈九歌〉與〈離騷〉文義理解。善注既曰
存舊注，則此關鍵之注文不當刪，今竟無此六字。可見它不只是
善注條例中「乖謬」、「具釋」等單純作法，而是版本所見，與

「文義格式」等注疏學的問題。凡此《文選》善注保留十二篇舊注所存在的缺失，幸經李詳提示，指出此一缺失之不可忽，其於文選注疏學之貢獻，功不可沒。

四、闡明注疏條例

古人注書，已起條例，最著者，如左氏著《春秋》立凡五十，散見各篇。王弼注《周易》，自設略例，經始之作如此。若集部之書，則李善注《文選》，應推首作。但善注條例，分文而繫。不經整理，慧心難尋。於是，綜集善注分散之注述條例，殆為選學之一封域。惟此條例鉤稽，亦自近代文選學始大興。

首作選注條例歸納者，即乾隆年間汪師韓。有《文選理學權輿補》，刊於乾隆三十三年，其卷四設「選注辯論」乙目，即依選注順序，集錄善注條例，共四十一例，次又有卷五「選注未詳」例，輯得九十九則，惜僅輯文，罕有加案語，以申考辨。

近代學者，另有錢大昕《曝書雜記》之書，亦嘗摘善注條例，此首用「義例」乙詞者，與汪師韓用「選注辨論」乙詞稍有別。李詳前賢之後，自云前賢未備為可惜，所以廣錢氏之采，加以案語，庶幾備選學之一稱云。（《李審言文集》，頁一五三）故而作《李善文選注例》乙書，以「條例」為學，遂為近代文選學之一法。可暫名之文選條例學。

然而，所謂文選條例學，實可分為二類，其一善自訂條例，其二補充條例。即善注雖未明言自訂，但其注例疊見複出，屢示其法，而分見各篇，可據以歸納，訂為一例，即補充條例，此例蓋出自後代文選學者整理。

　　自近代以來，此二類文選條例學，以前者為重。其有引申發明者，即略加綜合，以彼此互證。其法多用案語，以申明條例用意，分辨條例異同。[5] 李詳文選學之條例發凡，即屬之。茲錄善注自訂條例，李詳嘗加案語者如下：

（一）善注條例：

　　賦甲注：「賦甲者，舊題甲乙，所以紀卷先後。今卷既改，故甲乙並除。存其首題，以明舊式。」

　　李詳案：昭明原本三十卷，善注改為六十卷。疑昭明分卷為甲一、甲二、甲三，以下遞推，今不能明也。

（二）善注條例：

　　「朝廷無事」。注：「蔡邕《獨斷》或曰：『朝廷皆依違尊者，都舉朝廷以言之。』諸釋義或引後以明前，示臣之任不敢專。它皆類此。」

　　李詳案：前已見舉先以明後之例，此又舉引後以明前之例，統觀全注，此二例最多，實開注書之門徑。

（三）善注條例：

　　曹植〈洛神賦〉：「踐遠遊之文履」。注：「繁欽〈定情詩〉：『何以消滯憂，足下雙遠遊。』有此言，未詳其本。」

　　李詳案：此引同時人以證之列，善未表出。

（四）善注條例：

　　陸機〈演連珠〉：「絕節高唱，非凡耳所悲，是以南荊有寡和之歌。」注：「《宋玉集》：『楚襄王問於宋玉，宋玉對曰：『絕節赴曲』，云云。』

　　李詳案：善引《宋玉集》，不引本選宋玉《對問》者，以此有「絕節赴曲」，可證士衡祖述有自。此與〈琴賦〉引《對問》

「陵陽白雪」，各隨所用引之。可見善注兼收異本，不輕以未見、未詳所出了事。書籙之稱，信不虛也。（《李審言文集》，頁一五四－一五七）

合觀以上四舉條例，除首條外，皆善注「注釋學」方法有特色之例。此法首重語言文字之「歷史化」與「文化系統」之價值。即作家所用之語言，不必一定作家之獨創，實由作家接受前代語言文字，綜合化之重出。以此而論，語詞必尤其歷史之因也。

善注首揭「明前」「明後」之例，為文選學家所注意。所謂前後，即語言文字貫流於歷史文化之現象。不惟前後，又有所謂如李詳案語云：「此引同時人以證之例。」即同時並用同樣之語詞。如此有：前──現在──後之三段連續，乃並貫時歷時與當下之詮解悉有之。善注此三條例功用在此，而惟賴李詳以案語標出之。其中大多明前明後之例，李詳云：「統觀全注，此二例最多，實開注書之門徑。」下此結語，頗具提綱之功，亦惟有自比較其他注釋學之作，始可略識此門徑之價值。

試以同《文選》善注之時代言有孔穎達《五經正義》，是與善注《文選》為唐代注釋學史之兩大著作。但孔氏之法，恪遵「疏不破注」，以訓釋文意為主。善注則多用歷史法，以明詞語典故出處，雖少釋意，但「意」自在語言之歷史文化中。

以「注釋學」之類型分，據汪耀南之說，有（1）文字注釋類（2）章句類（3）義理類。（《注釋學綱要》，頁四七－六十）若然，此三類善注均有，已見於汪、駱二家之整理。然善注別創之「明前明後」以釋出典例，則至少到唐代為止，大多用之者不若善注之多。孔穎達注疏之法亦兼有以上三類型，惟如善注條例

之法，罕有之。故而李詳此條案語以為明前明後二例最多；實開
善注之門徑。此案語實有對善注條例具「開示」之功。[6]

　　不惟明前明後例，善注又有舉同時人語詞以證同時代之作，
此條例之要，特由李詳表出之。加上前後二例，則善注之條例，
頗具「歷史主義」傾向。據申小龍之說，歷史主義，殆為訓詁之
基本原則，（《語文的闡釋》，頁五一〇）因而以為：「認定語
言現象所處的文化意義場，將使訓詁獲得極強的解釋力與生命
力。」（同前書，頁五一一）善注之二條例可為此論之佐證。

五、文體學辯證

　　李詳文選學於注疏之外亦及於文體考辨，考辨之法，頗用他
書參證，這與直接援引同時間的文學或文體學稍有不同。除了可
見李詳博學之能，尚可賞其斷案之精。例如枚乘〈七發〉乙文，
於七體何屬？李詳云：

> 《論衡・書虛》：「江有濤，文人賦之。」蓋七亦賦體，
> 故次於騷。仲任所謂，即指枚發，非他人之賦也。（枚發
> 二字，見孟浩然〈自尋陽泛舟經明海詩〉）

這一條案語，扣住「文人賦之」一句之「賦」字，認為七發就是
賦體，以《文選》次七於騷之後為證。因為王充為東漢人，枚乘
〈七發〉作於西漢初，王枚雖非同時代，但至少是前後漢相近之
時代。以故王充以〈七發〉為賦體之見，反應了東漢學者對七體
歸類的看法。他與《文選》次七於騷之後，顯示賦與離騷為相似
文類的作法。有前後影響關係，雖不能斷言《文選》即本之漢
人，然亦不可否認《文選》之前有例在先。

　　這條案語，可見李詳斷語之快。據《論衡‧書虛》原文未指名道姓，只說「文人賦之」。此人一定是枚發嗎？又原文亦未舉實際篇名即〈七發〉，僅說「江有濤」而已。漢人作品描述江濤之險壯者，難道僅止〈七發〉嗎？李詳悉略此可能之疑，直斷王充所云即枚乘〈七發〉，此之謂斷語之快。

　　考《漢書》卷五十一有枚乘傳，不載〈七發〉乙篇。據吳福助統計今本《漢書》採錄西漢文章總數一千二百二十篇，扣除重複實得一千一百七十篇。將此千篇依體類分「詔令」、「奏議」、「詩歌」、「書牘」、「辭賦」等五類，其中辭賦類採錄十九篇，亦不見有〈七發〉乙文（《漢書採錄西漢文章探討》，頁一二－一六）可知至早到班固之前，〈七發〉乙文如何歸屬體類？不得而知。

　　今案〈七發〉最早被提及，始於《文心雕龍‧雜文》篇云：「及枚乘摛豔，首製七發。」劉勰以〈七發〉、〈對問〉、〈連珠〉並舉，屬之雜文體類，是文筆之間的一種中間文類。

　　細審劉勰別有〈詮賦〉篇，亦述及枚乘之賦，但不在〈詮賦〉談〈七發〉，改在〈雜文〉篇論之，可推想劉勰是將〈七發〉當作雜文看，而不是辭賦。

　　再據《全漢賦》登錄〈七發〉，採自《文選》與《藝文類聚》（《全漢賦》，頁一六－二一）知最早收錄〈七發〉乙文者，即蕭統《文選》。

　　然而《文選》分體三十九類，「七」體為其一。與「賦」、「詩」、「騷」、「七」、「詔」、「冊」……等為平行並等之獨立文類。不與「騷」或「辭」、「賦」諸類混同。簡言之，南朝時候，不論劉勰或蕭統，均不以〈七發〉為騷賦之體。較之王

充「江有濤，文人賦之」云云，李詳據以斷案〈七發〉亦為賦體之說，大相逕庭。

由此比較諸家之見，更可凸顯李詳對〈七發〉乙篇的文體辯證，頗具「快語」之功。

六、首揭義山詩證選

古代著作，經史子之餘，別集一出，多祖述經史子之典故事例，採擷經史子之詞彙語例，其屬於個人獨創之語詞，雖不能云無，究屬罕構。此別集之殊例。

別集既行，文世間作，代有其人。其中陳陳相因，依襲成詞，仍不在少數。故文集相資援引者有之，轉述變改者亦有之。總是推因導源，文集之承受影響，殆皆偏歷可見之實。

若然，則文集注疏，首要之務，即在揭明各家詞例，箸出詞句語源，此所謂善注「祖述」說首明之條例。〈兩都賦〉序善注云：「諸引文證，皆祖先以明後，以示作者必有祖述也。」誠哉此祖述之為言。凡文集別集之注，其不同於經史子者多在此。李善可謂首揭文集祖述說之選家者。

由此祖述說，引申之選學課題，即六朝之詩與唐人諸集之關涉，亦即唐人所祖述於《文選》者何？唐人文所祖述於《文選》者又為何？唐集與《文選》之影響承受乃演為選學之一大課題。

以近代選學而言，汪師韓已言及杜甫「熟精文選理」「誦子課文選」，故杜詩多祖選詩。又引述宋祁三抄《文選》，號曰選歌之事，則古文如宋家，亦未嘗不自選文影響。

惟汪師韓有論在先，究苦少於實例為證。李詳有志於此，特

揭「杜詩證選」之論，且遍覽杜詩，一一注出選詩出處。自餘，繼作韓詩證選，仿杜證例，以明示雖古文家如韓，作詩亦不初選詩藩籬。此可謂古代文集祖述例之明證，亦可評曰善注「祖述」例繼之而廣之者。李詳云：

> 杜少陵〈宗武生日詩〉「精熟《文選》理」，又〈簡雲安嚴明府詩〉「續兒誦《文選》」，後世遂據此為杜陵精通《文選》之證。自宋以來，注家能舉其辭者，已略得六七。然或遺其篇目，或易其字句，或多引繁文而與本旨無關，或芟薙首尾而於左證不悉，凡此皆病也。又少陵每句有兼使數事者，又暗用其語者，但舉其篇與略而不及，皆有愧於杜陵「精熟」二字，如〈客居詩〉「壯士歛精魂」，既效謝客「幽人秘精魂」句法，又用江淹賦「拱木歛魂」，不僅古〈萬里歌〉也。〈玉華宮詩〉「萬籟眞笙竽」，此用左思〈吳都賦〉「蓋象琴筑並奏，笙竽俱唱」語，故云「眞笙竽」，蓋引古自證也。如此之類，歷來注家，尚未窺此秘。（《李審言文集》，頁七一）

此序評杜詩各家注未能扣緊杜詩「文選理」之弊，因思有以補之，以「窺秘」自許，以有別於它注惟繁引杜詩出處者。由是可知，杜詩有語出選詩，典出選例者，它家未嘗不注引。然李詳不與之同者，在於「多引繁文而與本旨無關」，完此「本旨無關」句之「旨」字，可知李詳證杜詩出於選即本之善注「祖述」條例，凡有祖述之「旨」者，方有引述。此即注疏學之要也。今觀所證各條，大率不違此，可審知矣。

　　至於韓詩證選，同用「祖述」例。惜近代選家罕有關注此秘之論，其具體引證者尤尠。蓋多惑於俗論，以為韓文公文起八代

之衰，意在力反八代之豔駢，乃大倡古文於當世，如何可援韓詩
以比選詩乎？凡古文家論無不宗信此旨。清人承前代之惑而更
烈，治韓集者每昧韓詩祖述《文選》。近代選家亦如此。李詳獨
抒己見，於《韓詩證選》序云：

> 唐以詩賦試士，無不熟精《文選》，杜陵特最著耳。韓公
> 之詩，引用《文選》亦夥，惟宋樊汝霖窺得此旨，於〈秋
> 懷詩〉下云：「公以六經之文，爲諸儒倡，《文選》弗論
> 也。獨於〈李邨墓誌〉曰：『能暗記《論語》、《尚
> 書》、《毛詩》、《左氏》、《文選》。』故此詩往往有
> 其體。」余據樊氏之言，推尋公詩，不僅如樊氏所舉，因
> 條而列之，名曰《韓詩證選》。宋人舊注，如詮「賤嗜非
> 貴獻」及「徒觀鑿斧痕，不矚治水航」諸語，能以嵇康
> 〈絕交書〉、郭景純〈江賦〉證之。始知韓公熟精選理，
> 與杜陵相亞，此余之所不敢攘美。其爲余所得者，則施名
> 以別之云。（《李審言文集》，頁三五）

此序仍以文集之有祖述，韓集不例外爲論，舉宋人舊注首發之
「祕」而廣推之。遂謂韓公之熟精選理，與杜陵相亞，此可謂近
代選學家之獨見。

　　然而，杜詩可證選理，韓詩可推祖述。要皆前人多少已示
之，其證例未備，李詳乃遍舉以述。是可謂善述者，不可謂獨創
者。惟李詳別又有證，以李商隱詩探之，論謂義山詩亦多祖述
《文選》，與杜陵皆熟精善注。例〈西都賦〉有句「隋侯明月，
夜光在焉」，善注考辨夜光明月爲通稱，李詳復申論之，引李義
山〈判春〉詩有句「珠玉終相類，同名作夜光」即本之善注。李
詳云：

案：注辨明月、夜光爲通稱，此見善考據之學。李義山
詩：「珠玉終相類，同名作夜光。」即本善注。而注義山
者，概不知所謂。唐人如杜陵、義山，皆熟精善注。舉一
於此，以示準的。（《李審言文集》，頁一四七）

此條案語，可謂首發義山詩多祖述《文選》善注者，諸家治義山
詩者，若以清代程、紀、朱、馮等注為例，尚未得此論。於是，
唐人別集，多祖述六朝之語，自杜陵昌黎之餘，乃又得義山一
證。自善注首揭之文集「祖述」例，至此可云定論，且可謂古代
文論之大要。

　　惜李詳忽發此例，啟後學之一端，未進其詳，比照杜陵昌黎
之繁引而證選。今偶檢義山詩，果然多如其言。若〈題鄭大有隱
居〉首聯「結構何峰是，喧閒此地分」之「結構」乙詞，首見於
《文選》謝玄暉〈郡內高齋閒坐答呂法曹〉之「結構何迢遰」
句，李善注以說解訓之，並引〈魯靈光殿賦〉有「觀其結構」
句，同出「結構」乙詞為證。然一在詩，一在賦。

　　案此義山詩祖述《文選》，義山熟精善注之證，不惟清代諸
家治義山詩未明，即今人劉學鍇、余恕誠之集解，號為精詳，惜
於此句亦闕注。（《李商隱詩歌集釋》，頁一三四三）

　　又義山〈街西池館〉有句「國租容客旅，香熟玉山禾」之
「玉山禾」，即出《文選》張協〈七命〉有「瓊山之禾」句，善
注考據瓊山即崑崙山，次引鮑照詩「遠食玉山禾」句為證，然則
玉山禾即出選詩與選文可證矣。此已經清人朱鶴齡注出。

　　若然，義山詩之祖述《文選》，或注家已明，或注家闕注，
不論何者，諒必可說。要之，義山詩與《文選》關涉可試論之。
而李詳特揭此例，故可新立一課曰：義山詩證選。

較之近代治六朝文學專家，其有特重文集祖述與詞例依襲者，則劉師培可謂其一。劉氏云：「嘗謂五代以前，文多相同。五代以後，乖違乃甚。」（《漢魏六朝專家文研究》，頁二）斯言甚是，惟可再推究其同在何？或文體相同？或詞例句構相同？或謀篇相同？茲以李詳所證唐集三家為例驗之，一言以蔽之，可曰「祖述」相同，為文之本旨相同。

七、結　語

李詳之文選學，有創獲之見，已如上述，或自子學，或自史書，以旁參引校。然更有善用理校，於文意文理之勝者從之，不盡盲隨史書之異字，甚且版本亦不據憑。此類案語，雖亦可視為創見，但終以自意定奪，略兼理校太過之失。

如陳琳〈為袁紹檄豫州文〉於作者題下善注引《魏志》文，與五臣注引微有異。如近代選家已注意及之。梁章鉅引顧千里校云善注六十一字當改（《文選旁證》卷三六，頁八），又許巽行校云善注「矢在弦上，不得不發」二句當刪（《文選筆記》，卷七，頁三一）。李詳承前代之見，別引《後漢書·袁紹傳》章懷注引《魏志》，以證史書同無矢在二句，然又礙於流俗本所見，未定其可，遂以意校之。李詳云：

> 注：「《魏志》：『琳謝罪曰：矢在弦上，不得不發。』」詳案：《魏志·王粲傳》附陳琳，無此二語。《後漢書·袁紹傳》章懷注引《魏志》，亦無之。又云流俗本下有陳琳之辭者，非也。此二語雖流俗之本，然相承至今，未可竟廢，文人猶習用之。（《李審言文集》，頁

二四）

審此條校之意，乃以疑似之辭，苦於無更早之《文選》版本以證，乃從文人習用之例，定為當有此二句。誠然，有此二句，於意為勝，讀之為暢。

然考之宋本《文選》，奎章閣本、明州本善注無此二句，五臣則有。今陳八郎本五臣單注即有可證。知此二句原乃五臣翰注意增，刻意與善注不同。自贛州本則適相反，善注有，五臣無。叢刊本、茶陵本延其誤。尤本即據以增入此二句。明清流俗本俱從之誤。以故今所見《文選》注，反而善注本有此二句，五臣注倒無。蓋人多昧於五臣鄙陋之習見，斷然以為必五臣冒善注。殊不知兩注本自不同。

據此宋本之真相，則李詳以意定之，誠有太過。若從所校當有為順，則今本《魏志》並《後漢書》固有脫文，不然，必與五臣所見唐本有別矣。此李詳以意為校，所用理校法太過之誤例。

近代文選學家輩出，考據校勘各有創見。然共同之困，即格於宋本不多也。故而每有校勘之語，以理推測為是，於義審之為順。但終究因缺宋本輔證，不免稍嫌取信。李詳之文選學，亦間有此。

例於班固〈西都賦〉有句「眾流之隈，浒涌其西」，李詳案語云固傳無此二句，然《昭明文選》有，意當有，從昭明之錄文。李詳云：「後人以其無注，滋生異議，疑不然也。」（《李審言文集》上冊，頁一四五）

李詳此條校語，主當有此二句。較之近代文選學它家，可謂別有獨見。近代各家注，均主無此二句之說，孫志祖、胡紹瑛、朱蘭坡、胡克家等均考無此二句。所據者即《後漢書》固本傳亦

無此二句。此以史書作無，以為旁校之參考。案史書採錄文章，向來為選家所重，在無更佳之《文選》善本面世之際，持史書所錄文家篇章，以資參校，蓋亦不得不然。

惟考校之時，或從史書，或從《文選》，其斷案頗可見一家為學功夫。李詳此條校，即示獨見之眼。然惜無更佳之《文選》善本以證。近代選家之局限即在此。

若胡克家之考異，可曰近代選學之冠，然於此二句有無，亦不免從范書。胡氏云：

> 何云後漢書無此二句。陳云善此八字無訓釋，疑與范書同。案：各本皆有，恐五臣多此二句，合併六家，失著校語，尤以之亂善。（《文選考異》，卷一，頁一）

胡氏仍從范書，作無。然所云五臣亂善，恐因缺宋本為證，殆非事實。何則？此必《文選》有，兩注不異。今本范書脫，故《文選》所錄之文，反可校勘史書採錄文集。

據奎章閣本、明州本、贛州本、廣都本等俱有，且均不出著異同校語。知宋本《文選》固有此二句，兩注無異也。可再據陳八郎本五臣注，尤本善注等並有，證之。

近代高步瀛氏所據善本《文選》，惟楊守敬迻寫之日本古抄無注三十卷本。高氏考此二句，亦從胡克家說，並云：「古抄本無此二句。」（《文選李注義疏》，頁三四）今以抄本與宋刻本不同而觀之，古抄本必屬別本，雖然可持以證范書同無，但究屬孤證，且或可因此而質疑古抄本之白文無注，恐非抄自《文選》白文。

以上諸家均主無此二句，高步瀛氏獨舉古抄本對校，證無者是。而李詳之獨見，以為昭明所見集本有此，斯語可謂慧識。高

見超出近代諸文選學家，所欠者，倘更能以今見宋本所見，同有二句為輔證，則李詳之校美備矣。故李文選學所缺在善本《文選》。

　　同此優劣參半之校者，又見於〈東都賦〉有句「正雅樂」之雅字當作予字，引范書固傳同作予為說，謂此五臣本改作雅，李詳云：

> 案：雅，當從〈固傳〉作予。注謂依讖文，改大樂為大予。《後漢·明帝紀》：「永平三年八月，改太樂為太予樂。」注：「《尚書璇璣鈐》有『帝漢出德洽，作樂名予』，故據《璇璣鈐》改之。」此賦善注引《璇璣鈐》，作樂名雅，係涉正文而誤。《困學紀聞》云：「五臣本改作雅。」則善注本宜作予，明矣。（《李審言文集》，頁一四九）

此條校，近代諸家均從王應麟《困學紀聞》之說，以為善注作予，五臣注改作雅。李詳與諸家見同，蓋亦缺宋本《文選》為考也，故不免從前人之誤。

　　今據各本宋本，無論善與五臣，白文均同作雅樂，且未出著校語。可證諸家失校。此必善注引讖緯書有作太予樂者，以存雅樂有改名之實，審善注語，用意在此，非謂注文釋予樂，即據反證白文亦作予。注言甚明可知，無奈諸家仍曲為之解，蓋皆無宋本可參校之故也。近代諸家惟高步瀛所見不同，仍從諸本作雅樂，（《文選李注義疏》，頁一七三）然亦未引宋本為證。

　　又同篇有句「填流泉而為沼」，填字各家均從善注譚順解，李詳以為不當譚，謂必有一本作填者。李詳云：

> 注：「順流泉而為沼，不更穿之也。昭明譚順，故改為

塡。」案：下云「順時節而講武」，順字何以不諱？此必
有一本作塡者，善曲爲之說。與〈頭陀寺碑文〉諱衍字不
同。（《李審言文集》，頁一四九）

李詳校此句謂必作塡，乃別本也，惜無版本以證。今據明州本作
順，下著校語「善作塡」。叢刊本、贛州本作塡，下著校語「五
臣作順」。此互出校語異同，可證宋本《文選》已有塡愼之異，
如李詳所校云。知李詳所校爲是，所缺者，亦版本之輔證也。[8]

附註：

1　所謂近代現代當代文學分期之說，主要以年代及史事配合爲標準。
　　熊向東等人合編的《首屆中國近代文學國際學術研討會論文集》有
　　周林的講話，就明說：「所謂中國近代文學，一般是指 1840-1919
　　年五四運動以前的文學。」（頁四）至於施蟄存主編的《中國近代
　　文學大系》乙書十二集，也明訂時間是 1840-1919。據此，李詳的
　　生卒年是 1859-1931，正好是橫跨兩代的學者。

2　左思〈三都賦〉之舊注，今本如尤本、胡刻本《文選》善注，皆只
　　繫劉淵林注。然據善注云：「三都賦成，張載爲注魏都，劉逵爲注
　　吳蜀，自是之後漸行於俗。」可知三都實別有張載注魏都。今見各
　　本於〈魏都〉題下均脫張載注。疑當補。此前人考據未及之一例。

3　這十二篇古注，均有題名。另外據汪師韓《文選理學權輿》列舊注
　　有〈吳都賦〉劉成殷仲文注，〈魏都賦〉曹毗注，〈子虛賦〉張揖
　　司馬彪晉灼注，〈南都賦〉皇甫謐注，〈上林賦〉張揖司馬彪韋昭
　　注，〈甘泉賦〉服虔晉灼張晏孟康注，〈幽都賦〉曹大家項岱注，
　　〈答賓戲〉舊注，〈典引〉蔡邕注等。

4　此或曰三十字，尤本無，北宋刊本善注惜闕此卷，無得對校。但至

少到南宋尤袤刻善注單行本時已不見此三十字。可證善注本《文選》所存王逸舊注確無此三十字。今再檢六臣注本的善注，諸如奎章閣本、廣都本、明州本、贛州本、叢刊本、茶陵本、袁本等均無此三十字。可輔證善注無之說。

5　汪師韓、錢大昕所揭《文選》善注條例，多為善自訂者，近代別有駱鴻凱《文選學》，於「源流」乙章，盡取汪之條例而疏解，仍屬善注自訂者。（《文選學》，頁56）惟劉文典有《讀文選札記》，舉〈文賦〉有句「立一篇之警策」之「警策」謂「以文喻馬」，不合李氏注選之例。（《三餘札記》，頁141）此例即屬第二類條例學。有關第二類條例學之作法，可參黃永武〈昭明文選李善注摘例〉乙文，有具體例示。（該文收入《昭明文選論文集》，頁201-213）又李維棻〈文選李注纂例〉乙文則合自訂與整理兩類條例，王禮卿〈選注釋例〉以選賦為例，整理善注條例，均可參。

6　類似善注明前明後之注釋法，王寧用一名詞稱呼之，即徵引式注釋法。王寧分析李善以前的古書注釋法有三類型：說解式、直譯式、考證式等。而李善之「徵引式」開創了一種全新體式。（見王寧〈李善的昭明文選注與徵引的訓詁體式〉乙文，刊於《文選學論集》，頁56-67。）

7　善注引舊籍舊訓的目的，王寧別有乙文〈李善的昭明文選注與選學的新課題〉分析指出：「以前人表達的意境來啟發對選文意境的理解，以前代的歷史來加深對選文所言現狀的認識。」照這說明，善注之「歷史主義」傾向實為古代注釋學之一法。此論可並參。文刊《昭明文選研究論文集》，頁195。

8　王引之以為填當為慎，革書之誤，慎順古字通，故昭明改順為慎。（《證書雜誌》下冊，頁1049）此清代選家唯一作填慎之解。惜亦

無版本為證。但以通假字解，本不必理會版本。高步瀛以為據文意當作順。（《文選李注義疏》，頁 177）案：此用理校法，亦可不理會版本。

論劉文典的文選詮釋學

一、前　言

　　劉文典（一八八九－一九五八），安徽合肥人，字叔雅。為近代與現代橫跨兩代之學者。其學多方，門法嚴謹。雖自謂從儀徵劉申叔先生學，但術業專攻，頗亦成就一家。特別在注釋校勘學上，能結合校勘、訓詁，與文論三者於一爐，運用實證與課虛兩途，出入經史，變化新意，允為近代皖派學術殿軍。[1]

　　先生所著書有《莊子補正》，陳寅恪序言：「先生此書之刊布，蓋將一匡當世之學風，而示人以準則。」，可謂推崇備至。然此先生子學功夫也。至於集部之學，別有《三餘堂札記》，斠讀《淮南子》、《韓非子》、《文選》諸書。生前未刊布，今幸而有其門人整理出版，乃得以窺見先生文學門法。今以此書之《讀文選雜記》，較論其選學。蓋先生於選學鑽迷既久，所得往往邁出前賢，惜今世罕有詳論之者。嘗自言：

　　　　余束髮受書，即好蕭《選》。每弄柔翰，規模其體，然奇
　　　　文奧義苦未通解也。年十六從儀征劉先生游，少知涂術。
　　　　二十六而濫竽上庠，日以《文選》授諸生，于今垂二十載
　　　　矣。玩索既久，疑義滋多，偶有考訂，輒書簡端。《選》

學之源流，既命弟子略書其梗概，《楚辭》、《選詩》及校勘記，亦別有專書。其條流踏駮，無類可歸者，會而錄之，命曰《讀文選雜記》云爾。（《三餘札記》，頁129）

據此，知先生少好《文選》，且從名師指授，沉潛深造，積二十載之功，且以選學教授，教學相長，宜其為選學名家審矣。

但此序已言有選學源流之作，殆為通述之論。復有《選詩》校勘記，別為專書。今二者未見刊行，不免遺珠之憾。茲所能據，但惟管錫華校點之《讀文選札記》，請即據之以述先生《文選》之學。

二、參用近代西學

劉氏生當近代海運開通之後，聲氣所散，傳統舊學面臨新知考驗。時序既然，應之者，亦惟「拒守」與「參用」兩途。劉氏於《文選》之學，考辨音義，多擇參用之法，遂有見出於清代守古之儒者。其聲訓肯採西人拼音文字以共參即其例。

例如考〈上林賦〉有句「仁頻并閭」之仁頻何物，《漢書》顏師古注並姚寬《西溪叢語》皆已注云檳榔。信可從矣。此當今古名物之稱不同耳。然而，此又必有所據？蓋音訓不能通於拼音之文。劉氏乃據譯音以來，謂：

今馬來語謂檳榔為 Pinang，而爪哇語謂之 Jambi，仁頻蓋爪哇語之譯音。「檳榔」、「檳榔」則馬來語也。詳見 Crawfurd 氏所著之 Descriptive Dictionary of the Indian Islands，二七五。（同前・頁一三二）

如此一解，仁頻檳榔即非舊訓詁所謂「一音之轉」可說也，而當

改曰「音譯之轉」所變出。再如同篇有句「槭檀木蘭」之槭字，郭璞有音，劉氏另以梵音助解云：

> 典案：《漢書‧司馬相如傳‧注》孟康曰：「槭檀，檀別名」。郭璞曰：「槭音讒」。
>
> 后世謂之旃檀，實即梵文之Chandana也，又簡稱檀。（同前‧頁一三二）

此例亦非古人音訓之法，實乃音譯之說。若然，古訓雖已明，再得音譯助解，不惟無害訓詁，甚且理愈益明。此即近代「舊學新出」，參用西學，所例示之新文選學法。

　　此法若再廣伸之，復可引據西人之說，以地理學解之，以修辭學解之。下二例可見一斑。例〈西京賦〉有句「非都盧之輕趫」並「都盧尋橦」之都盧國，今當何屬？劉氏謂即今之緬甸，云：

> 典案：《漢書‧地理志》有「夫甘都盧國」，古無輕唇音，故「夫」一作「巴」，「甘」、「俞」亦聲之轉。此文之「都盧」，疑即「夫甘都盧」之簡稱。「夫甘都盧」，西文作 Pugandhara。考緬甸有河曰 Irrawddy，譯言黑水，其上游 Tagaung，左右有古都會遺跡，名 Pugan，或是漢代之「夫甘都盧」。其舊音猶可尋繹也。歐洲學者，有謂其地當在今馬來半島北端之卡剌地頸 Kra Isthmus。卡剌地頸，今屬暹羅。其說雖辯而無確證，未可徵信。（同前‧頁一三〇）

此解與單用「音譯」之法不同。乃先以「古無輕唇音」，故夫讀巴，次引今西語有地名巴甘，遂定今「巴甘」即古之「夫甘都盧」。於是，今之緬甸有其地，復有遺跡可尋。遂合「一音之

轉」與「音譯之變」兩途合施之。文選學之新考證法此又一例。

又有一例，用西人修辭學有擬聲辭之說，以類比〈海賦〉等賦體之作，每用同字連編之法。此可謂比較修辭學之運用。劉氏云：

> 典案：班固有《觀海賦》，王粲有《游海賦》，木玄虛《海賦》疑是仿依前人而作。《南史》稱張融《海賦》勝于木玄虛。此文惜今已佚，僅《北堂書鈔》引其片言只簡，梁簡文帝亦有《海賦》，《初學記》六所引亦非全文。木玄虛此賦，全用今之修辭家所謂擬聲辭 Onomatopoein，以字音摹擬自然之音。文中所摹擬之波濤聲水石相擊聲，無不畢肖，使讀者如聞天風海濤之聲。所用之字體既甚茂密，又多從水讀之，自然感覺大水汪洋、滉瀁、彌漫之狀。斯實吾國文學之特徵，它國文字所罕見者也。文中之雙聲疊韻字，大抵如此，不勝枚舉。（同前，頁一三五）

類如此解，則古人之賦實有通於近代之學，今古並參，後之證前，賦體為吾國先創之學，信可說矣。然而古人文論未必不有見及此，乃苦無「比較」以張其說。今劉文典能不避近代海通以後可以聞見之西學，援引入古，益證成說，不惟無架屋之嫌，且更得明而再明之功。近代選學家能若此「新舊」兼顧，變創學術者，洵不多例。

以清人而言，胡克家之《考異》，多見功於理校，何義門則廣用古學，時參章句之法。李詳信守祖述與條例，允為崇賢守護。孫（志祖）、胡（紹瑛）、梁（章鉅）、許（巽行），雖有補考訂正之作，要不出善注與五臣注之得失。由此較論，劉氏有

守有進，精於舊復勇於新，實為文選學由古歷今之一變也。劉氏
嘗引王充《論衡・謝短》云：「夫知古不知今，謂之陸沉。」，
以解〈七命〉有句「今公子違世陸沉」之「陸沉」。自謂：「然
則儒生所謂陸沉者也，是陸沉二字之真義。」（《三餘札記》，
頁一四九）信然。儒生豈能知古不知今？劉氏之自解可以用之以
名劉氏勇於援引西說之文選學。

　　此下即據劉氏「新」「舊」之學，各申其例，可見其「綜
合」與「補述」之法。

三、結合文心雕龍學與選學

　　《文選》與《文心雕龍》二書時代相近，可謂南朝兩大著
作，千古並輝。近代學者，研求六朝文術，喜合二書同觀，較論
其中影響關涉及其異同。劉文典之文選學於此域亦多見其例示。

　　例於曹丕〈典論論文〉有句「傅毅之於班固，伯仲之間耳，
而固小之。與弟超書曰：『武仲以能屬文為蘭臺令史，下筆不能
自休』銑注「休，息也。言其文美不能自息也」，劉文典駁銑注
之誤，再引《文心雕龍》說以輔證，謂下筆不能自休為貶意，非
美之辭。劉氏云：

　　典案：《文心雕龍・知音篇》云：「至于班固、傅毅，文
　　在伯仲，而固嗤毅云：『下筆不能自休。』」《文選》五
　　臣注本多荒陋，而銑注尤甚。若此文者，義顯意明，原無
　　待乎考釋也。（同前，頁一五四）

此條批語，引《文心雕龍》知音篇同載班固嗤傅毅語，以證「下
筆不能自休」語意是「斥其文字汗漫無統耳」。以時代相近之

書，又同載相同之故實，宜作相同之訓解，頗可取信於人。

又例如於同篇「徐幹時有齊氣，然粲之匹也」句下注齊氣，先引《三國志・魏志・王粲傳》注引別作「逸氣」為誤，再考之《文心雕龍・風骨篇》同作「齊氣」。劉文典云：

> 典案：《文心雕龍・風骨篇》作「時有齊氣」，與《文選》合。《藝文類聚》五十三引無「非」字，餘與《王粲傳・注》引文同。李注、翰注並以「齊俗文體舒緩」釋之，亦是望文生義，曲為之解耳。魏文帝《與吳質書》：「公幹有逸氣，但未遒耳。」雖言「逸氣」，然謂劉楨非謂徐幹也。（同前，頁一五四）

此條批語分辨「齊氣」與「逸氣」非同一氣，乃分指徐幹與劉楨，又指正「齊氣」非作「文體舒緩」解。惜劉氏於駁正之餘，未進一步明言宜作何解？

案說徐幹為有「齊氣」，語含貶意。故用「逸氣」以對之。黃季剛云：「文帝論文主於遒健，故以齊氣為嫌。」（《文選黃氏學》，頁二四六）此論最是。詹瑛引王運熙云：「徐幹，北海劇縣人，故有齊氣。」（《文心雕龍義證》，頁一〇六一）更可證明作「齊」字是，此兼含有文學地理區域特色之意。若然，李注與翰注以「舒緩」釋齊氣當為確解，劉文典駁難有失允洽。

雖然，劉氏於此解有失，但於考證「齊氣」作齊字時，據《文心雕龍》為證，可見其結合運用龍學與選學之用心。

關於選學與龍學互相參證，近代以來，要以黃季剛之文選學提倡最力。據黃氏評點《文選》經由黃焯過錄之本，有云：

> 讀《文選》者，必須於《文心雕龍》所說能信受奉行。持觀此書，乃有真解。若以後世時文家法律論之，無以異於

算春秋曆用杜預長編，行鄉飲儀於晉朝學校，必不合矣。
開宗明義，吾黨省焉。[2]

黃氏明示讀《文選》須結合《文心雕龍》，語至懇切。惟此話所
及文心之學，特就文心之文論而言。是否校勘與版本亦兼施用，
不得而知。

　　若推論黃氏何以特重《文選》與《文心雕龍》互相關涉之
學？恐亦受何義門之例示。凡例嘗引余仲林說：「義門當士大夫
尚韓愈文章，不尚文選學，而獨加賞好，博考眾本，以汲古為
善，晚年評定，多所折衷，士論其該洽。」云云，遂同此論，於
評點中屢見斟酌義門批注之語。

　　然而，何義門批注已及文心之文論，如於枚叔〈七發〉乙
文，何云：「劉彥和以宋玉對問，枚叔七發，揚雄連珠為雜文之
祖。」（《義門讀書記》下冊，頁九四七）據此以較《文選》立
「七」體，與當時之論如《文心雕龍》不合。此可謂龍學與選學
相比較之一例。黃氏或有見及此，加以引伸，力主文心與《文
選》同時持觀，以得其真解。

　　今檢《文選黃氏學》乙書屢引文心以參證，分辨《文選》體
類，每據文心以比較。可見黃氏結合《文選》與文心，不是空
論。

　　例如辨《文選》立「史述贊」一類，與史贊史評泥混，不免
失之。而文心不分，遂據《文心雕龍·史傳》篇之意，批注云：

　　述高紀第一，五字依別本移在後，下二首同。文心云：遷
　　固著書，託贊褒貶，又紀傳後評，亦同其名。而仲洽流
　　別，謬稱為述。失之遠矣。然則昭明承仲洽之誤也。
　　（《文選黃氏學》，頁二四一）

此批語指正昭明分「史述贊」一類乃承仲洽分之誤。仲洽者，摯
虞也。（？－三一一）所著《文章流別集》分體細密，為後來之
文論家所本。惜全書不傳，今據王運熙依現存佚文，分文體有：
頌、賦、詩、七、箴、銘、誄、哀辭、哀策、對問、碑、圖讖
等。（《魏晉南北朝文學批評史》。頁一二一）今再據〈史傳〉
篇，知「史述贊」亦為分體之一。

　　昭明編《文選》隨仲洽之分而分，劉彥和不分，乃有「謬
稱」之評。此二家分合不同，並出排比，較論得失，殆為治文選
學重要課題之一。

　　再以辨《文選》篇題為例。若〈過秦論〉不當有「論」字，
今《文選》有，黃季剛以為：論字後人所題。引《文心雕龍·諸
子篇》之說為證，黃氏云：

> 文心諸子篇有賈誼新書，而論說篇但云陸機辨亡，效過秦
> 而不及。蓋無專論過秦之詞，則彥和亦不題之為論也。
> （《文選黃氏學》，頁二四二）

此條批語，據文心題賈誼〈過秦〉無專論之名，以攻《文選》篇
題之誤。既不題「論」，則是否可入之「論」之一類，經此文心
與《文選》之不同比較，頗予人反省《文選》體類學之得失。可
知黃氏力主治《文選》宜參之文心，確有其必要性。

　　黃氏如此，劉文典之文選學亦同有此功夫。二家如當作近代
文論之於中古文學的一條研究趨向，則此結合龍學與選學的研究
方法，已動了現代與當代的學界研究路線。甚至影響到海外。

　　日本學者清水凱夫提倡「新文選學」，其治文選學之法，實
亦頗重視《文選》與文心之比較。曾有文比較〈明詩〉與〈書
記〉二篇所錄文章與《文選》同體類之異同，指出《文選》以文

學發展史為觀念（案：即文學進化觀念。）《文心》則以復古為基本理念，故宗經。（《六朝文學論文集》，頁一〇四）乃更進一步，細分「散文」與「韻文」兩部份，將二書詳細比較。

而大陸學者穆克宏自謂受其師羅根澤講漢魏六朝文學而重視文心與《文選》的啟發，遂決意兼治二書。其近作論集，即有〈劉勰與蕭統〉乙文，分從出處、品性、交遊、與學術淵源，較論二人異同，更從文心與《文選》二書權衡其體類與選文之得失優劣，最後歸結到二家都同受儒家與佛教之思想影響，此蓋緣於「時代」之沾溉也。（《滴石軒文存》，頁五三）

大陸第一次由長春師範學院舉辦之文選學國際會議，當代學者亦多有從文心與《文選》結合之角度，研究撰述。如馬積高：《文心雕龍》與《昭明文選》對「文」的看法的比較。有謂劉勰比較保守，蕭統則偏重抒情性文章。（《昭明文選研究論文集》，頁六二）

又如李暉：《昭明文選》與《文心雕龍》。統計文心論散文有二十九類，《文選》收散文分三十三類，謂二家不僅類目相近，主要類別名稱亦每相同。（同前書，頁六七）該論文即以此總論，舉篇章具體論證之。

大陸學界運用文心與《文選》二書相互研究之論，其餘尚有多家，最近文心雕龍學會編輯而成的《文心雕龍綜覽》大書，即列有龍學研究領域之一項「文史論與比較研究」，選學與龍學的結合研究，即歸入此類。[3] 可知，由近代學者劉文典與黃季剛所示範之龍學選學並參法，已由精要短論之示例，漸漸發展成長篇多面，體系完整之綜論。文選學之研究，遂又開出一條新路。

四、結合選學與經學

　　《文選》一書精選七代之文，入選標準，設曰「沉思瀚藻，流連哀思」。故凡經史子之書，例不入選。今觀《文選》千篇，大抵符合標準。惟少數幾篇，以其別有因素，而採自史籍之作。像〈史論〉〈史述贊〉為史部之文，而〈毛詩序〉〈尚書序〉〈春秋左氏傳序〉當冠三經之首。又束晳〈補亡詩〉所補者即詩三百之六首聲詩。

　　然則《文選》雖為集部總集，實亦兼採經史之作。論文選學之範域，當述及經學。劉文典於此關涉，特有具體例示。於任昉〈王文憲集序〉有句「攻乎異端，歸之正義」之「攻」字解，獨贊任昉用古說之論，以為此《文選》之文有裨解經者也。劉氏云：

> 　　典案：《論語》，「攻乎異端，斯害也已」，何晏《集解》云：「攻，治也。善道有統，故殊途而同歸。異端不同歸者也。」朱晦庵因何訓。惟孫奕《示兒編》謂「『攻』如『攻人之惡』之『攻』，『已』如『末之也已』之『已』。已，止也，謂攻其異端，使正道明，則異端之害人者自止。」錢辛楣先生謂此說勝于古注，且與「小子鳴鼓而攻之」之誼亦合。彥升此序「攻乎異端，歸之正義」，與孫說正合，殆亦本之古說。此《選》文之有裨解經者也。（《三餘札記》，頁一五二）

這條批注，認為任昉用詞本之古說，異端者，與正道相對，異端之為害，不可不止。故「攻」字當作如字解，不當作「治」訓。

由是推知，《文選》篇章用詞可有助於經書之意解。

試比較經注與此之異，即可知劉氏確有獨見。首先，此句「攻乎異端」之異端者何指？據何晏集解，引《易・繫辭傳》天下同歸而殊塗，一致而百慮語以訓解，何晏援《易》以釋《論語》，殆儒學玄學化之進路。然何晏之異端當指道之別塗。以何晏及其以前之思想史而言，此道者儒之道也。今何晏之訓解引易入道，與鄭玄引易釋《論語》有同趣。則此異端之道經儒之道再轉為易之道，已非儒家之徒攻治之者。[4]

降至宋代刑昺疏，則具體注出異端云：「異端謂諸子百家之書也。」（《論語注疏》，頁一八）以此諸子百家之書為相對於儒者之異端，持與易道分殊之異端，義稍有別。朱子之注，則更引伸至楊墨至佛老。朱子先據程子曰：「佛氏之言，比之楊墨，尤為近理，所以其害尤為甚。」（《四書纂疏》，頁一七九）然後進而闢佛曰：「佛氏所以差？曰從他劈初頭便錯了，如天命之謂性，他把這個便都做空虛說了，吾儒見得都是實。」（同前引書）審程朱此處之訓解，直以佛以楊墨為「異端」，故而攻之。

今較之劉文典據〈王文憲集序〉有句「攻乎異端，歸之正義」謂攻字當作如字解，意指攻異端之惡，使吾道明，攻即攻人之惡。則劉文典解此句之「異端」，不必一定如程朱與何鄭之異端，凡有不合吾道之善者，悉並而攻其惡，令其自止。劉氏之主張如此。遂斷言此選文之有裨解經者也。[5]

同此結合經學與選學之例者，又見於王粲〈登樓賦〉有句「懼匏瓜之徒懸兮」之「匏瓜」，當作星名，而非瓠瓜之不食。與經注家之見迴異。劉氏云：

典案：《論語》：「吾豈匏瓜也哉？焉能系而不食？」皇

　　侃義疏云：「匏瓜，星名也。言人之才智，宜佐時理務，
　　爲人所用，豈能如匏瓜系天而不可食？」宋《黃氏日鈔》
　　亦主此說。《楚辭・王褒〈九懷〉》；「抽庫婁兮酌醴，
　　援匏瓜兮接糧」。庫婁，星名。此文之「匏瓜」，亦當以
　　《論語》皇疏誼爲是。羅願《爾雅翼》八：「匏瓜系而不
　　食。猶言南箕不可簸揚，北斗不可挹酒漿也。按：《楚
　　辭・王褒〈九懷〉》、曹植《洛神賦》、阮瑀《止欲賦》
　　皆以『匏瓜』爲星名。」《洛神賦》：「嘆匏瓜之無匹
　　兮，詠牽牛之獨處」，《止欲賦》：「傷匏瓜之無偶，悲
　　織女之獨勤」，牽牛、織女莫非星名，則匏瓜之爲星名，
　　實無疑義。（同前，頁一三二）

此條所校，復出《論語・陽貨》云：「吾豈匏瓜也哉？焉能系而
不食？」意謂孔子不欲如匏瓜之久繫一處，遂不可食。孔子以之
爲喻，必欲行仁於東西南北，見用於世，有益於民。諸經注家若
何晏、刑昺、程朱大類如此訓解。若順此解，匏瓜即指有苦葉之
瓜，非星名。

　　但劉文典獨宗皇侃疏，謂匏瓜爲星名，匏瓜不食謂如系天之
星不可食。復引旁書多作匏瓜星名解，以資輔證。從而可知瓠瓜
當訓星名。

　　較論二注，異中微同。作瓠瓜者，意在「行仁」，有「止」
與「動」之對比。作星名者，意在「食用」，有可用與不可用之
分。劉文典擇後說，除了有旁書爲證，其主要靈感，來自《文
選》詞句之訓解。故而可說選文有裨經學者。

五、文意解讀法

　　《文選》之注，自李善注有「釋事忘意」之缺失以後，五臣即多訓釋文意。此為文選學最基本之兩類型注疏法。其中文意訓釋一途，實包含有「譯解」成份。惟因原文某關鍵字詞之理解，各隨注家之心而別有異說。遂因此異說而做出文意相左之白譯，關係《文選》篇章之解讀、劉文典之文選學於此亦多有示例。

　　例如魏文帝〈與楊德祖書〉有句「敬禮謂仆：卿何所疑難？文之佳惡，吾自得之，后世誰相知定吾文者耶？」此句之「相」字為關鍵，因不同解而有不同之譯意。劉文典先引何義門說，再加駁難，云：

　　何曰：「言吾自得潤飾之益，后世讀者孰知吾文乃賴改定耶？今人多因『相』字誤會，失本意矣。改定，猶言改正。按：《南史・任昉傳》：『王儉出自作文，令昉點正，昉因定數字。儉扑几嘆曰：「后世誰知子定吾文？」』語本似此。」典案：此乃深慨相知之難，非欲欺后世也。王儉、任昉事不得為比，何說非。（同前，頁一五二）

此條批語，先駁何義門譯解之誤，涉「相」字不當做衍文，再示以相字當作「深慨相知」之難，謂互相瞭解作文之難，非謂後世不知德祖嘗改定魏文帝之父。如任昉改王儉之例。

　　照劉文典之譯解，有「相」字才把「後世誰相知定吾文者耶」這一句講得通，否則，「相」字不得解矣。「相」字既非衍文，何義門且認為「相」字易造成誤會。因此，何義門為求文義

順解，乾脆曲解成無「相」字的此句文意。這一勉強作法，幸經劉文典駁之。仍從有「相」字的譯解，但作「相知」解，如此既符版本上原文的真實，又照顧文意通順，可謂文意解讀之佳例。[6]

　　試比較三家譯解，可略知其中優劣。黃季剛云：「意言子定吾文，吾可以自得其佳惡，後世既與余不相知，亦焉貴定吾文耶？其旨如此，非欲假力子建，以欺後世也。」（《文選黃氏學》，頁一九九）審此譯解，相字作相知之難，意近劉文典。

　　若張啟成云：「後世的人們有誰知道我的文章經他人改定過。」（《文選全譯》，頁三○○二）如此譯解，以相知之相字作相與知道改定文章之事，非謂相與知道文章好壞之難。類似之譯法，如趙福海云：「後世誰知道修改我文章的是誰呢？」（《昭明文選譯注》，頁六四○）審此白譯，同樣以相知為相與知道改定文章之事，非指相與瞭解作文好壞之難。如上數家說之異解，皆因相知之相字有兩義，遂引生兩種不同譯法。劉文典有見於舊說如何義門注之不妥，引《南史‧任昉傳》述任昉改定王儉文章之故實，以明「相知」乙詞出典，但王儉事不可比擬敬禮之言，因出案語駁難何義門注，經由以上較論，劉文典於《文選》章句之文義玩索，比它家之說有勝義。

六、補各家闕注

　　《文選》注經李善與五臣之注，釋事與釋意大抵兼備，其有不足，再經由清代選學家之補注、勘誤、增飾，可謂大備。近代選家所能添益，已甚難矣！因此，偶有創獲，彌值珍視。劉文典之補注《文選》即有此功夫。

　　例於魏文帝〈與鍾大理書〉有句「謹奉賦一篇，以贊揚麗質」之「賦」字何指？六臣無注，清代諸家亦無解。今人張啟成等人之《文選全譯》與趙福海等人之《昭明文選譯注》二書，亦無新注。可知魏文帝此書末之賦玉文，今本《文選》俱闕。善既無注，則唐人幾不可見此賦？幸《藝文類聚》卷六十七引〈玉玦賦〉文，劉文典因據以補注云：

　　典案：《藝文類聚》六十七引魏文帝〈玉玦賦〉：「有昆山之妙璞，彥曾城之峻崖。噏丹水之炎波，蔭瑤樹之玄枝。包黃中之純氣，抱虛靜而無爲。應九德之淑懿，體五材之表儀。」即疑贊揚此玦者也。（同前，頁一五一）

此條案語，引類書《藝文類聚》所收〈玉玦賦〉，疑即「奉賦一篇」之賦。雖未下肯定之辭，慎用「疑」字，玩索此賦所詠之物，頗與〈鍾大理書〉文意相合，故而可信。此亦「理校法」之類似判斷，以「文理」之恰當與否為考慮。

　　否則，賦字不解，此句白譯「謹奉賦一篇，以贊揚麗質」，即可能譯成「鄭重敬奉賦一篇，以此贊揚寶玦的美質」（《文選全譯》，頁二九九七），或者譯作「謹呈賦作一篇，以贊揚美玉麗質」（《昭明文選譯注》，頁六三二）此二家譯文所謂「賦作」一篇云云，殆無著落。

　　由是可知，劉文典補注《文選》引類書之法，不僅有助文意疏解，兼具輯佚並參之功。[7]

七、文體學辯證

　　劉氏文選學亦擅於辨體類。案《文選》繼摯虞《流別集》，

陸機《文賦》之後，類分文體，得三十九類。賦之下又次分十五，詩二十三分類，可謂總結蕭梁以前古代文體之類別。[8]

　　顧文體之學，亦至蕭梁而大盛。所謂「選義按部」（《文賦》），辨體之方，考究源流，殆為南朝文論風氣。昭明選文，一則於前代文體類說有所承受，稍加損益。二則受時代風氣推波，兼採互用，彼此影響。今自《文心雕龍》乙書之分體比較之，同異互見，可以知之。又任昉《文章緣始》，分體尤煩詳於《文選》，但亦多有同分者，足以覘一時代之通見。是以文選學之封域，文體文類學之辯證，殆為門徑之一。

　　劉文典自亦不例外，札記有及於「七」體，與「迴文詩」之考辨。質疑昭明原選，駁難李善注語。較之清代它家說法，頗見睿思。如辯七體云：

> 典案：七者，古賦之流也。崔駰既作《七依》，而假非有先生之言曰：「嗚呼，揚雄有言：『童子雕虫篆刻。俄而曰：「壯夫不為也。」孔子疾小言破道斯文之族，豈不謂義不足而辯有餘者乎？賦者，將以諷，吾恐其不免于勸也。』」可知當時作者亦以七為賦也。昭明太子于賦外別選枚叔、曹子建、張景陽文三首，區為一類，命之曰「七」已為巨謬。傅玄集《七林》尤為不識文體。洪氏《容齋隨筆》譏之謂「使人讀未終篇，往往棄諸几格」，未為苛論也。（同前，頁一四六）

此條校語主張七亦為賦體，昭明類分，與賦騷不同，未妥。這一意見頗有「復古」傾向。考七體源流，宜分「題名」與「實質」兩層次談。何則？《楚辭》收東方朔〈七諫〉，《漢書》亦不別分。知漢代人視「七」為辭賦一類，至少不與「騷」「辭」相

別。

　　然南朝文論，摯虞《文章流別集》書雖佚，據王運熙引嚴可均《全晉文》所輯，已有「七」體，與「賦」分開，王運熙以為此與文章實際用途頗有關係。（《魏晉南北朝文學批評史》，頁一二一）又任昉《文章緣起》也列有枚叔〈七發〉一體，明人陳棽仁採之而為之注。（《文章緣起注》，頁四九）可見，昭明之時或其前，「七」體已有分之。

　　較之《文心雕龍》，彼將枚叔〈七發〉，與連珠、對問之體，同置一編，視為雜文之祖。不與〈辨騷〉〈詮賦〉同談，知劉勰亦不認為七是古賦之流也。

　　由此可見，至南朝為止，七體或分與否，即為《文選》體類學討論之一。降至清代，諸文選學家大抵不出此正反兩種意見，各隨所意而增釋。

　　首先，何義門以為：「數千言之賦，裁而為七，移形換步，處處足以回易耳目。此枚叔所以獨為文章宗。」（《義門讀書記》下冊，頁九四七）讀此意見，殊不易解。既言〈七發〉為千言之賦，則七體實同賦體。但觀其末語又謂枚叔獨為文章正宗。獨字用得好，有首創之意。但何以不言為賦體正章？要說文章正宗。此文章即同雜文嗎？

　　況何氏解「七」體之名，頗與事實不合。黃季剛已駁之云：「此評謬，寧以悅觀者而裁為七哉？且何以知其必當作七段也。昭明題為八首，亦據傳本如此，非必枚叔之故。」[9] 照此批語，黃氏亦主「七」體為獨立一類，與劉文典視為古賦之見不同。

　　比較其它說法，清人朱蘭坡用五臣注之見，謂枚叔乃恐梁孝王反，故作〈七發〉以諫。（《選學膠言》，卷十五，頁二）此

與李善注云：「猶《楚辭》七諫之流。」之說自是不同。李善蓋從《漢書》不分，而朱蘭坡以為當分，遂考東方朔實在枚叔之後，如何可以顛倒影響？故朱氏以「七」以枚叔首創，即有「七」是一體之意。此與劉文典說不同。

　　近代選學家同考七體者，有李詳之說，仍主七亦賦體，並引東漢王充《論衡‧書虛》云：「江有濤，文人賦之。」為證，以為此文人即枚叔，此賦即〈七發〉。（《李審言文集》，頁一九）若然，李詳以七亦賦體之見，與劉文典所考相同。然則，近代以來，討論七體類別，或宗漢人之說，或述昭明原分，實各有主見。劉文典繼諸家之論復考之，主張七亦賦體，故曰有「復古」傾向。

　　下一例考迴文詩之始原及其本事，亦以《晉書‧列女傳》所載為可信，而唐代武后《璇璣圖序》云云，乃判為不足信之小說家言。其「復古」傾向益濃。劉文典云：

　　　典案：回文詩自蘇伯玉妻《盤中詩》為肇端，而實連波妻蘇蕙《旋圖詩》尤為奇巧，惟諸家傳本不同，讀法亦各異。奕代名賢，如秦淮海、黃山谷、蘇東坡、孔毅甫之倫，咸有題詠。宋桑世昌廣收各家之作，纂成《回文類聚》四卷，明張之象增訂重刻為一帙行世，清朱象賢又增達磨唐宗二圖匯刻之，其中所收雖非盡若蘭之作，然諸家考釋略備。近代泰西學者研究蘇氏《璇璣圖》者，頗不乏人。依吾國舊有之五色讀法，縱橫反復，得詩益多，不止前人所讀成之三千七百五十二首矣。然文皆牽強，多不成義。要之，此等詩皆傷于纖巧，大雅所不尚也。又此事當以《晉書》、《列女傳》為正，唐武后如意元年《御制

序》頗類小說家言，不足徵信。（同前，頁一四○）

此條批注，可謂迴文詩一體之簡要考辨，不惟增補李善注之疏漏，亦且總結清代以來有關此體始末之論。何則？李善注〈別賦〉此句下引〈織錦迴文詩〉云云，知善注與《晉書》合，以竇滔妻作。五臣注良曰亦題〈織錦迴文詩〉，知兩注無異，而晉人與唐人皆知有迴文詩。[10]

但迴文詩有早於晉人之作，此即《玉臺新詠》卷九所收蘇伯玉妻〈盤中詩〉一首。今人穆克宏從舊注信為漢人作，以為伯玉被使在蜀，其妻居長安，思念之因作此詩。（《玉臺新詠箋注》下冊，頁四○六）可知此體自漢時有之。但《文心雕龍‧明詩》云：「回文所興，道原為始。」道原者，劉宋時，賀道慶所作四言回文詩。故道原即道慶。然與竇滔妻不同者，即回迴字之異。

而所謂〈織錦迴文詩〉又有附圖，於是又名〈璇璣圖詩〉，自唐武后則天有序，詳序竇滔本事，有如小說家言，遂引起清代之討論，問到底迴文詩何者為先？

梁章鉅首就《晉書》引與善注同，而考武后序文多增「滔鎮襄陽及趙陽臺讒間之事」，然梁氏亦無定論，只云莫知所從來也。」（《文選旁證》，卷十七，頁十五）今劉文典考〈別賦〉此條注，歷述迴文詩本原後，即下快語，從《晉書》說，而不信武后序。

稍可議者，劉文典從嚴羽《滄浪詩話》說，以〈盤中詩〉為蘇伯玉妻作，固然。但伯玉妻之迴文詩，字句全屬固定，與後世回文詩如劉文典所舉黃山谷、蘇東坡之遊戲筆墨不同，今人陳香有考辨。（《異體詩舉隅》，頁八四）蘇黃之作或五言或七言，然不得迴環往復而讀。由是而知，迴文詩有前後發展稍異之分。

而伯玉妻所作，或為題名迴文之首作。即便如此，明人陳棅仁別舉溫嶠作迴文者，與竇滔妻同為晉人。但傅咸亦有迴文反覆詩，與嶠皆在竇妻之前。（《續文章緣起》，頁七六）

　　關於傅咸作迴文詩，即〈盤中詩〉，《玉臺新詠》有別本題傅咸作。前舉穆克宏校注不從之，又據今人何文匯考定，此實清人馮舒《詩紀匡謬》誤信吳兢《樂府解題》所致，又因《玉臺新詠》嘉定間陳玉父刻本偶俟題名，遂有此別本玉臺。（《雜體詩釋例》，頁六四）由此比較諸家說法，可知劉文典亦不從傅咸作，殆為定說，但既有兩題之疑，則劉氏於此條注宜稍增注，再下案語，益可取證。

八、它校法及其缺失

　　劉文典之文選學，因其精詳子學，尤其先秦漢魏子書。每據以引校《文選》選文，並李善注引書之正誤。此可謂「它校法」之廣用。

　　例〈求通親表〉有句「崩城隕霜，臣初信之」，善注云：「《淮南子》曰：『鄒衍盡忠於燕惠王，惠王信讒而系之，鄒子仰天而哭，正夏而天為之降霜也。』」但是今本《淮南子》無此文，梁章鉅《文選旁證》已考之。（見該書卷三十頁十七）劉文典則再下案語云：

　　　　典案：《北堂書鈔》百五十二、《藝文類聚》三、《白帖》二、《御覽》十四、二十三所引亦略同。《論衡‧感虛篇》：「鄒衍無罪見拘于燕，當夏五月，仰天而嘆，天為隕霜。」《論衡》所舉儒者傳書之言，多與《淮南子》

同，則此文亦必本之《淮南》也。（同前，頁一五〇）

此條案語，雖同意今本《淮南子》無善注引文，但別引它書，特別是王充《論衡・感虛》篇同載鄒衍事，以其相同時代之書，同載此事，遂斷案《淮南子》有此文。然則，經此一辨考，益信李善所見唐本《淮南子》當與今本不同。

又同此表有句「臣聞文子曰：不為福始，不為禍先」，劉文典引葉大慶考云：

葉大慶《考古質疑》云：「此所引乃《文子》第三卷《守虛篇》，而李善注云：『《范子》曰：「文子者，姓辛，葵丘濮上人。稱曰計然，范蠡師事之。」』」典案：今本注「范子曰」上又有「文子曰：與道為際，與德為鄰。不為福始，不為禍先」之文，疑出一書。又尤刻李注本注「師事」下脫「之」字，當據《考古質疑》補。（同頁，頁一五〇－一五一）

考此條校語，一則補善注引《范子》文脫「之」字，二則疑《范子》與《文子》同出一書。所據子書異文，校勘善注，也是它校法。惟劉文典所謂《文選》今本，未詳何本？今案《文選》各本，如贛州本、廣都本、奎章閣本、叢刊本、明州本等各本，范子上均有文子曰十六子。可補證劉說。而尤刻本師事下脫「之」字。各本亦脫，則有無「之」字，當不能以《考古質疑》孤證為是。

文子曰十六字，出自《文子・九守》之「守虛」乙節，今人校注無有異文。（《文字要詮》，頁七二）又今本馬總《意林》卷一，輯有《范子》十二卷，云：「計然者，葵丘濮上人，姓辛名文子，其先晉國公子也。」可知計然與文子同一人。又云：

「范蠡請見越王，計然曰：『越王為人鳥喙，不可同利也。』」
（《意林》卷一，頁十七）知范子與文子為二人。又云：「范子
問何用九宮？計然曰：『陰陽之道，非獨於一物也。』」范子與
計然一問一答，知亦為二人。然則，劉文典因《文選》善注同引
范子文子之說，遂疑同出一書，疑亦一時失考。

　　近代文選學，自何義門有讀書記之作，遍引它書以校《文
選》白文及善注，以定其正訛。可謂把文選學它校之法廣泛施
用。

　　其後，余、汪、孫、葉、梁、許等諸家繼作，引經史子集各
書，以參校選文並選注，殆成習慣。尤其史書，及史書所採錄之
文章，往往亦在蕭選之列。覽之對校，字斟句酌，每每有得。此
法至胡克家《文選考異》出，尤其見出功效。

　　此因胡克家所據《文選》善本不多，故而對校自校之論證結
果，與事實多有出入。比較可信之法，只好用心於史書引據，別
書旁參之它校法。今見考異有創見之校勘，大多在此一方面。

　　劉文典居近代之末期，延續清人之餘緒，其文選學方法之優
劣，頗類似胡克家之例。若陳孔璋〈為曹洪與魏文帝書〉題下善
注引《文帝集·序》有注文「上平定漢中，族父都護還書與余，
盛稱彼方土地形勢。觀其辭，如陳琳所敘為也」，據何義門校
「如」當改「知」，劉文典從之，但別有增考云：

　　　　何、陳（景雲）改是也。（《御覽》）五百九十五引《魏
　　　　文帝集》：上平定漢中，族父都尉還書與余，盛稱彼土地
　　　　形勢。觀其詞，知陳琳所為。是其確證矣。又案：《魏
　　　　志·曹洪傳》：累從征伐，拜都護將軍。則文選注作「都
　　　　護」是也。（同前，頁一五一）

這條校，結論甚確，無可駁難。觀其法，一引類書《御覽》，一引史書《魏志》以資旁證。殆即胡克泉它校法之善用。

但就「知」誤「如」而言，其實是何、陳所據本誤，劉文典亦無其它善本，遂承其誤。何、陳出校如當改知，是按理而校。劉文典更進其詳，引它書以補證，這是「理上加證」的充分論證。費了如此精力，倘有善本可據，何庸煩引？

今考何，陳所據本，為贛州本、叢刊本、茶陵本一系而下之善注《文選》本。並尤本、胡刻本、汲古閣本均誤知作如。然而，奎章閣本、明州本、廣都本等宋本《文選》皆不誤。可是，這幾個善本《文選》，不惟何、陳未之見，胡克家亦隻字未提。劉文典之文選雜記更闕引據了。這是近代文選學普遍存在的困境之一。

再如張景陽〈七命〉有句「若其靈寶，則舒辟無方」，句中「辟」字，或疑「屈」字，劉文典引段校云：

> 段校云：「《荀子注》引作『舒辟不常』。李善曰：辟，卷也。言神柔則可卷而懷之，用則可舒。」今注『舒，申也』下有脫文。」

> 典案：沈括《夢溪筆談》云，「錢塘有聞人紹者，嘗寶一劍，用力屈之，如鈎，縱之鏗然有聲，復直如弦。關中種諤亦畜一劍，可以屈置盒中，縱之復直。張景陽《七命》論劍曰：『若其靈寶，則舒屈無方。』蓋自古有此一類。」細繹《筆談》文義，則「辟」字疑「屈」字之誤。然《荀子》楊倞注、《北堂書鈔》百二十二引字并作「辟」，是隋、唐人所見本與李本合。上文「萬辟千灌」注：「辟，謂疊之。」又「《典論》：『魏太子丕造百辟

寶劍。（「《典論》」疑「《典略》」之誤。）王仲宣
《刀銘》曰：『灌辟以數，質象以呈。』』雖「辟」字指
鑄造劍法而言，然亦皆有疊義。此當是傳本不同，未可據
彼改此也。（同前，頁一四九）

這條批注，可謂精詳，能引沈括《夢溪筆談》同載靈寶一事之
文，別作「舒屈」，與「舒辟」異，遂兩存異存。次據別書，以
《荀子》楊倞注，及《北堂書鈔》百二十二字引，為相近時代引
文之同善注引為證，予以定正誤，仍歸之「辟」字，而有「疊」
意字訓。至此，劉文典所表現的它校法攻夫與字義訓詁能力，可
謂淋漓盡至。

可惜，劉氏所據之段校，與段校所據之善注《文選》，實為
誤書。因為段玉裁注所謂善注「辟，卷也，言神柔則可卷而懷
之，用則可舒」十六字。實非善注，乃五臣濟曰之注。各本善注
僅「舒，申也」，闕「辟」字訓詁。段玉裁之失校，首引於梁章
鉅《文選旁證》，復經胡紹瑛《文選箋證》加以辨難，已指正段
注失誤。[11] 惟胡氏雖知引注之誤，仍欠版本為校。今劉文典再承
梁胡二家之誤，終不免雪上加霜矣。此皆近代文選學乏善本以考
校之例。

九、結　語：

近代文選學表現於清人校勘之成績者，大大超邁前人。但到
胡克家之《文選考異》出，清人所能見之《文選》版本，最早之
本亦僅及於南宋尤袤刻本。然而尤袤當年刻善注，嘗取四明贛上
之本參校，即今可見之明州本與贛州本《文選》，此二本均為南

宋六臣合注本。尤袤必見之。但胡克家仿尤本刻時，已不可見此二本，今自《文選考異》全書引校各本，獨無據此二本可證。[12]

　　然則，胡克家做為代表清代《文選》考據最有成就者之大家，所見《文選》善本，除尤本宋刻之外，亦不過是茶陵本與袁本，此二家均為元明刻本。

　　劉文典所校之《文選》，正與胡克家同樣格於時代之限制：雖云校勘精審，若必欲吹毛求疵，責其完善；當然在它校與理校之餘，惜欠善本或更早之本以輔證，可謂為劉文典文選學稍不足之處。以下兩例可見一斑。

　　例一於陸機〈漢高祖功臣頌〉有句「韓王窘執，胡馬洞開」善注「此特萬世之事也」引胡克家《文選考異》云萬世當作一力士三字，《漢書》《史記》可旁證。劉文典下案語云：

> 典案：俞理初《癸巳存稿》卷十五《古筑兩孫君小傳》：
> 「孫學道，字立人，好學能博覽，其識通敏。《文選・漢
> 高祖功臣頌・注》：『此特萬世之事也。』友人質之，學
> 道曰：『「萬世」乃「万士」之訛，「萬士」乃「一力
> 士」之訛也。《陸機〈五等論〉・注》引《漢書》：「萬
> 士瞋目扼腕」，「萬」乃「万」之訛，與此同。』檢《漢
> 書》果然。」此可考「一力士」三字訛爲「萬世」二字之
> 由。（同前，頁一五三）

此條批校，用它校法，引它書以校。所引之書，除胡克家所引史漢可證，又舉近代俞理初《癸己存稿》卷十五之說為旁證，可謂作「一力士」三字可確信矣。

　　然而，《文選》注何以作「萬世」之誤？據胡克家《文選考異》云各本皆誤。若問各本為何本？則胡未說，劉文典亦未述

及。

　　今考所謂各本，如奎章閣本、明州本、廣都本、贛州本、叢刊本等諸善本均同此誤。是可知善注引書時已可能誤作「萬世」，與史漢不合。然而，此一引書之誤，若得更早之《文選》版本以校，則取信度當更高。

　　例二，於干寶《晉紀總論》有句「舉二都如拾遺」白文遺下脫芥字。劉文典云：

　　　　六臣本「遺」下有「芥」字，《晉書》亦有『芥』字。許巽行云：「諸本無『芥』字，《晉書》有「芥」字，流俗所增。《王粲〈從軍詩〉》『忽若府拾遺』、《陸機〈功臣頌〉》『拾代如遺』、《五等論》『易於拾遺』注并引梅福語而不引夏侯勝『俛拾地芥』語，知善本書無『芥』字也。」

　　　　典案：「擾天下如驅群楊羊」、「舉二都如拾遺芥」正相對爲文，無「芥」字則句法不一律，當以《晉書》、六臣本爲是。

此條批語，考《文選》六臣本有芥字，劉文典因據理校法，以上下文意句法一律權衡，當有「芥」字爲是。劉氏案語惜無版本以證，否則當更能服人。

　　今考清代《文選》考據家不只許巽行《文選筆記》有說，即梁章鉅亦云：「六臣本遺下有芥字，晉書亦有芥字。」（《文選旁證》卷四十一，頁三）知許、梁二家已先考之於前。

　　但是在考定「芥」字爲是之所據本僅以六臣本與胡刻本對校，更無別本並校。只好用它校法，取《晉書》有芥字爲證。這是清代考據家在無更早之《文選》版本可見之情況下，所能臻善

之事。而劉文典亦同受無版本之局限，也只好用句法律則，以文意玩索是否通暢加以重考。可謂它校之外加以理校。

其實，若以版本實際狀況而言，許、梁所據六臣本，當為叢刊本一系之六臣本，均有「芥字」。可是，在更早的贛州本同有「芥」字下，出著校語「善本無芥字」，今案之尤本，胡刻本即無芥字，再查奎章閣本，同贛州本，亦出校語。可見善注本無「芥」字，五臣本有。此必文選學向來存在的兩注本白文有異同的現象。果然，考之五臣單注陳八郎本即有「芥」字。

以上的版本事實，如能引述於劉文典此條案語，則作「芥」為是可定論矣！

由本論文前述各節之評述，劉文典之文選學，守法極嚴，不離崇賢之道。但因身處近代西學中學交會之際，遂以時序潮流之助，於古法中盡思變創。所謂文選學「通變」之途，劉氏可謂具體例示。至於劉氏以經學、以龍學、以文體文意學旁通選學，亦屬變通之用心，證如上。

附註：

1 所謂近代文學，以 1840-1919「五四」運動此期為界。據熊向東等人合編《首屆中國近代文學國際學術研討會論文集》有周林的定義即如此。（見該書頁四），又施蟄存主編《中國近代文學大系》，時間亦限此期。它如《第二屆近代中國學術研討會》書前弁言，有林平和之定義亦同。據此，劉文典生當 1889-1958，前段即屬近代，後段則入現代時期。蓋現代時期以 1919-1949 為界，此下即入當代時期。案：凡此近代現代當代各期之分，多半為大陸學者行文及出版物之所慣行。臺灣學界未見有對此詳述嚴限之論，今暫從慣說。

2　這一則置於《文選平點》書前之「凡例」，乃出自黃焯過錄之黃季剛《文選》評點。另有黃念容過錄之本，則缺此凡例。可知二家所過錄之黃氏文選學多有不同，其餘同例亦散見各處。

3　在此一項目中所收比較論文，大多從思想、歷史、佛學、玄學、文論等方面論述。其中亦收有臺灣學者齊益壽〈文心雕龍與文選在選文定篇及評文標準上的比較〉與舒哀正〈文心雕龍與蕭選分體之比較研究〉二文。（分見《文心雕龍學綜覽》，頁 285、頁 287）

4　鄭玄注《論語》，據唐寫本，並無「攻乎異端，歸之正義」注，然於「孝乎惟孝，友于兄弟。施於有政是亦為政，奚其為為政」句下有鄭注，引《易‧家人》卦象傳：「家人有嚴君。」云云為注，可知鄭玄引易釋《論語》。（《唐寫本論語鄭氏注》，頁 13）其餘引易注者，多散見。

5　詳劉氏如此斷言之口氣，當以攻即攻人之惡為正確。與劉氏約略之近代學者。如康有為於此句之解，則兩存訓義，並不專主攻如字解之義。（《論語注》，頁 24）此又劉氏與近代其它學者所見不同之處。

6　此條批語自「按《南史‧任昉傳》以下引文三十二字，當非何義門原來批語。查四庫全書本《義門讀書記》、廣陵書局刻本《讀書記》、及崔高維點校本等三種刻本，均無此三十二字。故當併典案二十六字合為劉文典校語。管錫華校點的《三餘札記》未細分，當是失校。

7　〈玉玦賦〉為明張溥收入《魏文帝集》，未詳出處。嚴可均輯《全三國文》，亦收此賦，注出《藝文類聚》卷六十七。（《全上古三代秦漢三國六朝文》，頁 1074）案：詳今見二本所收文帝賦，詠「玉玦」者只此一篇，再據今人宋效永校點《魏文帝集》，雖於張

集嚴輯之後，續有補遺，詳其所補篇目，亦無詠「玉玦」之賦。（《三曹集》，頁116-117）知今存可見魏文帝集詠玉之賦確實只此一篇。因之，劉文典據以為即〈與鍾大理書〉所指之玉，應可信。

8　此處用「文體類別」乙詞，簡稱文類。但文類一詞首見於《文選》張平子〈四愁詩〉序「豪右并兼之家」句下善注引李竟《文類》一書（或篇），惜李書不見，無以知其性質。現代所謂文類，蓋西方譯名。與古代文論之「體」「體性」「品」「體裁」「位體」等概念相近，但西方所謂「文類學」領域遠遠大過以上諸詞。本論文用「文體類別」，蓋專就文學形式結構之分門別類意思而言。

9　黃季剛此條批語四十二字，據黃焯整理的黃氏評點《文選》，成一書曰《文選平點》，頁195。另外黃念容也整理一本，見《文選黃氏學》。於同卷處並無此四十二字，可知兩家過錄之黃氏批語，互有詳略。

10　劉文典此條校語末有云：「又此事當以晉書列女傳為正」，楊家駱影刊上海涵芬樓石印本未加標點。而大陸學人管錫華則有點校本，誤讀成《晉書》《列女傳》兩書，（《三餘札記》（校點本），頁140）其實是《晉書・列女傳》乙書所載竇滔妻之本事，易生混淆，當記於此。

11　梁章鉅有考「舒辟」乙詞，全襲段注之語。未加考證。（《文選旁證》，卷二十九，頁18)胡克家無說。胡紹瑛始指正段注之誤。但所引五臣注濟曰，仍與贛州本、奎章閣本、陳八郎本之濟曰不同，省略甚多。（見《文選箋證》卷二五，頁18）可知胡氏所據《文選》五臣注本與今見各宋本不同。

12　近代文選學家珍視之版本，除敦煌寫卷外，當屬日本古抄無注之松

方伯爵家藏本，此本經劉師培、徐行可、黃季剛過目。而高步瀛之
《文選義疏》遍引以校，多從此本作字。近代選家苦無版本以證，
殆為共病。即如劉文典校〈神女賦〉玉王互倒，亦主日本古抄說。
（《三餘札記》，頁 145）案：王玉不必倒文，此必日本古抄誤
抄。蓋此本經日人清水凱夫考訂卷末有墨書元德二年，知為元代抄
本（1330 年。（《清水凱夫詩品文選論文集》，頁 301）。今據宋
刊文選如奎章閣本、廣都本、贛州本、陳八郎本等王玉均不倒可知
昭明原有如此。

《文選》評點與舊詩詮釋學

一、讀古詩的問題

　　詩，一個說不完的課題，研究不完的材料，解讀不盡的正文。吾人不讀詩，雖不至於像古代「不學詩無以言」這般嚴重，但讀了詩，又能怎樣呢？先不論讀詩的功用為何？詩的問題，是在讀而不是寫，是在讀與寫之間的互動。而這個互動，又決定於讀詩的方法。在未討論方法之前，吾人不妨先問方法所針對的問題對象有那些？這又可分古詩與新詩（現代詩）兩類問題。基本上，這兩者的問題層面各有同異。本論文僅及古詩的問題。

　　首先，古詩的問題在：

　　一、讀懂它。屬於字句訓詁，名物典章考證的第一義問題。

　　二、譯解的問題。用今語改述或解譯古詩。

　　三、興會感受的問題。也即是讀者讀出了什麼的問題。

　　四、詩學問題，亦即評價判斷詩的優劣好壞及地位的問題。以上四個層面，可再簡化為（1）訓詁（2）翻譯（3）意義（4）評價四類。這四類也即是今人在古詩研究上的四大部門。包括七十年代在臺灣興起的「賞析熱」與八十年代在大陸流行的「鑑賞熱」，其中所關涉的層面，類不超乎此四種。其實，這四種的問

題，對一個初學者而言，肯定會是問題，但假設對一個有相當「文學能力」或者「詩學能力」的讀者而言，這四種根本不構成問題。如果硬要再追索問題，則只剩下第三與第四兩種，而且，也只是這兩種中比較關涉讀者「主體性」的問題。本論文要探討的正是這一層次上的辯證。特別涉及讀古詩作為一種閱讀行動，今人的對應策略如何？今人與古人所能做的不同之處何在？以及今人讀詩評詩的一些外在干擾而不易被察覺的隱形因素是什麼？

二、解詩方法的問題

起先，吾人試引一首相傳無名氏所作的漢代古詩為例，討論解詩的不同看法。這一首詩是：

> 生年不滿百，常懷千歲憂。晝短苦夜長，何不秉燭遊。為樂當及時，何能待來茲。愚者愛惜費，但為後世嗤。仙人王子喬，難可與等期。

面對這樣一首漢代古詩，於今人而言，時空相隔不可謂不遠。怎樣讀它？能讀出什麼？又有何感受？首先，按照中國古代解詩的習慣性方法，先要「離經辨志」，一則在字句訓詁上考義，一則要以意逆志，去猜摹古人之意。為了這個逆的方便，孟子提示了「不以文害意」「不以文害辭」的原則，然後，又提出「知人論世」的途徑做為補充。此二法，以後大抵為中國詩評家所奉準而不違。今試以上引古詩，驗檢實例以核之。吾人即可看到李善注《文選》時，即就字句出典與訓詁方面下手的，特別是訓詁學上自鄭玄注經與裴松之注《三國志》所開啟的「徵引」方式，到了李善手中而大加發揮。這就是李善注《文選》有「釋事而忘義」

一法之淵源。李善分別徵引《孫卿子》以解「生年不滿百」之出典，引《呂氏春秋》以解「何能待來茲」，引《說文》以注嗤字笑義，引《列仙傳》以明王子喬之本事。（參《增補六臣文選注》，頁五三九）李善如此注詩，不可謂不詳。問題是，就此詩而言，以今人之能力，完全可以析讀字句，直接領會詩旨，不必然非依靠徵引而不可。就算徵引，試問此徵引有助於通解全詩嗎？試問知不知道生年一詞之出典在《孫卿子》一書中與解詩之為何有一定相干性嗎？這是解古詩時急待思考的問題。詩如果只做為提供文獻學上的材料而已，顯然已非詩之本義。當然，詩在某方面自然客觀的書寫而足以紀錄一時代之史料，以為文獻考證之張本，固是其價值之一面，但必欲求此之途而倒果為因，要在古詩中一一都以考證文獻，審核地理名物為首務，則非解詩之法。例如要在《秦婦吟》中找晚唐動亂時期的貨幣經濟現象，或者，要在杜甫詩中，盡考無一字無來歷之出典，像仇兆鰲《杜詩詳注》之所為，它如讀王維詩《同崔傅答賢弟》一首，連注蘭陵鎮，富春郭，石頭城諸地，審考地理名物，詳則詳矣，但終究於解詩一種沛然油生的興會超妙之感發，百無一助。可見訓詁與章句徵引不是解詩的唯一工作。可惜，在中國相沿已久的特殊的文化學術傳統中，出於對古人的尊重，對文獻古史的癖嗜，自有一種誇耀式的炫學心態，喜好比賽學問，展示博學，矜誇多聞，於是以炫學式為主的徵引訓詁方式一直佔有高評價，高地位[1]。並且，還借重官方在體制上的獎勵與鼓吹，而建構成解詩定法的體制系統。訓詁徵引，遂為傳統解詩手法上最常見者。這種方法的延伸，便是知人論世的徵引史料，把跟原詩內容所涉及的人、事、物的相關史料一一徵引，企圖收彙之以做為詩旨意圖之根

據。如或不足，即再輔以原詩作者身世背景之徵引，把跟原詩作者相關的人、事、物，一一盡其搜求所能而加以徵引，以做為詩意的根源。這樣，無論詩與作者兩方面，皆可以在徵引的有力條件下而得到「知人論世」的要求標準，能達乎此境，亦即古人解詩的第二常法。今試以李商隱詩的解法為例，最能看出這個知人論世手法的極致。顏崑陽《李商隱詩箋釋方法論》一書即專就此方面加以深入評判，而欲提出此方法上的調適意見。（顏崑陽一九九一，頁一六一一一九九）

其實，知人論世的徵引解詩有時幾乎是無效的。若李商隱及其詩，有名氏爵里可查，有時序風尚可觀，復有交遊著述可考，大抵知人論世一法猶有可施武使用之地，因之，知人論世解義山詩，多少有助鄭箋。倘臨讀現引的這首古詩十九首，其作者為無名氏，其詩作時間聚訟紛紜，漫無可考，勉強可定為東漢之作，其所持理由，則在詩作本身之用詞用語上推求，而非從知人論世之外緣上考證。在此情況下，試問如何知人論世呢？

即便非要知人論世不可，那麼，今人解古詩亦唯有亦步亦趨地小心揣摩了。於是，吾人便讀到大陸學者杜維沫對這首詩有這樣的鑑賞，他說：

> 但這首《生年不滿百》當不僅僅為財奴而發。我們知道，在東漢末年的黑暗社會裡，一般文人多因仕進無望、前途渺茫而憂心忡忡，故在這首教人及時行樂的作品字面背後所隱蔽著的，無疑是作者心靈深處的時代的苦悶。（魏耕原著，一九九〇，頁四五二）

這個意見，是就此詩的正面意反其意而說的，沒有徵引，只就詩旨本身的「言外」去推究。這是知人論世的變相方法，要用一時

代的風潮特徵來反證詩旨。當然，於此處，解此詩者，仍然可引
彼時史書材料，或者散藏於它書的證據，來證明這首詩所反映的
東漢末年的「黑暗社會」是有徵可尋的。唯既然直讀此詩已可領
會時代黑暗之意，又何需漫引呢？即此一例，可見，詩本身必有
潛藏意義以待讀者去開掘。這樣就慢慢引導出評點家勇於說詩，
如匡衡一輩之濫觴，進而將解詩之法推高一層。

　　在清人于光華所彙錄的《文選》評點意見中，吾人便讀到了
幾種不同的解詩，而並不依恃徵引與考求身世背景的手法。姑名
之曰：評點法。茲一一條例如下：

　　　孫月峰云：首二句道盡人情，苦夜長應起有力。下四句申
　　　秉燭遊意，末二句申不滿百意。

　　　邵長蘅云：多為藥所誤，為一種人言之，惜費，又為一種
　　　人言之。

　　　方伯海云：直以一杯冷水，澆財奴之輩。（于光華一九七
　　　七，頁五五○－五五一）

這三種解詩，大同小異，多就此詩的「愛惜光陰，及時行樂」發
揮，扣緊此意，而可兼及嘲笑守財奴，不懂遊樂，津津只為銖
算。於是，此詩一方面有勸人及時行樂之意，一方面又有詆笑貪
吝無厭之徒的雙重含意。自來讀此詩的，大都不超出此意義網
絡。根據張清鐘《古詩十九首彙說賞析與研究》一書所收集的諸
家異說，例不出此，即可明證，而今人張氏的解詩，更將此諸家
說解合一爐而冶之，美其名曰彙說賞析，但對這首詩的研究，可
謂了無新意，提不出今人的解悟與感受。（張清鐘一九八八，頁
九八－九九）我以為，今人解詩的最大弊病即在此。只把古人的
集評集說彙編，而悉不加辨證，只一一照單全收，然後做一種假

性綜合，打著統合前人的意見，採納眾家之長。增文解經，所做出的結果，要不是只重新複述古人的意思，就是稍加改譯為今人之白話，以孳乳文飾的說詞權充解人，這就是今人解詩的兩大問題，一是如何應用集評，二是如何改譯。調適此二法，正確面對之，從而提出有效策略，應是當今解古詩之急務。[2]

先從對待集評的作法來看，所謂閱讀行為上最常見的活動，有兩種，即再認與否定，後代讀者對待前人集說，無論然否，其必經辨解之過程，有此過程，就算認同前人說法，那也是一種有感的，有閱讀意識的行為，所謂「披文入情」的披字，即此意。因之，認同是再認的意識。亦唯有再認的解讀才是有價值的解讀。例如前引三種說法之外，別有張庚之說，特別注意末二句，他說結引王子喬而歎美之，一以喚醒讀者，一以自賢其所得。顯然把這首詩的旨意從「及時行樂」「譏諷貪吝之徒」的討論重心，轉移到對「神仙思想」的關注。一方面由末二句的提示，警醒讀者，一方面暗示自己頗自得於人生有所領悟。這一層意思前此三引之說皆不及，唯憑徵引，也不能奏效。它完全是融入詩境，交互思索辨證，所得出的否定（前說）與再認（作品正文）的綜合結果。張庚以後呢？對此說法還可再辨。於是有近人馬茂元的反論，他看出張庚的解詩在單句上說得通，但在上下文意格式上就有問題，且在閱讀之後的的思想結構上，互相牴觸。就是說不該有企慕神仙，嚮往長生不老的的念頭。的確，連愛惜費的貪鄙者猶可笑，更何況竊慕神仙的虛渺之想呢？一切免談吧！唯及時行樂，秉燭夜遊，聊可消憂。（馬茂元一九八八，頁一二二）由以上正反的討論，可知張庚有說，馬茂元又再認而反其說。解詩的活動於焉活絡起來，富於生機。今人的鑑賞在面對眾

多前人集說時，該如何對應呢？試看大陸學者在八十年代興起的鑑賞熱浪潮下，所做出的解詩成績。黃鳴奮如此解：

> 不過，神仙家不像佛教徒那樣只說信佛死了有個好去處，真假難以對證；而是說修煉可使人白日飛升，但此事終究無法實現，難免引起疑問。這一點《生年不滿百》在末二句中說得很清楚，它所倡導的享樂主義，在某種程度上是對神仙家"抱素反眞"而言的逆反心理。本詩批判了神仙思想，重視現世，這一點還是應當肯定的。（石文英，一九八八，頁二二〇）

黃氏之解，基本上並無超出前引馬茂元的意見，即否認本詩有企慕神仙之想。但在馬說未深明之處進而加以發揮，且以逆反心理說明反神仙之思，並用現世一詞替代及時行樂，縱使微言難別，不必強分，實亦有其自身解讀領悟之一面。至少，這樣的勇於發言，遠遠勝過前揭張清鐘賞析的混說。由此可知，閱讀行為中，很重要的再認與否定行動，是伴著解詩者領悟上的有感之「選擇」而來的。也即是說，今人在彙錄前人解詩之集評集說時，其對應態度，必然是「選擇」，亦唯有出於解詩者之喜好與偏見的有感選擇，才是今人解詩之急務。

　　以上所揭諸例，都在詩旨詩意的興會感發上，它是解詩之道中「意義學」的一面。非從徵引來，非自訓詁得。而是全然自閱讀行為意識中的有感說解。在吾國舊方式的解詩之道中，至此可大別為三：徵引，訓詁，說解。此三式又大抵不出經注史注與子注之範圍。譬如五經正義之訓詁，楊倞《荀子注》之說解，《詩經》毛傳之詁訓，《史記》三家注之徵引，與顏師古漢書注，章懷太子後漢書注之臚列。這些古代注釋學手法，各有特色，在說

解，直譯，與考證諸方面，亦各有側重。嚴格說來，集部的注釋雖然稍晚，但亦不出經注史注與子注的範圍。[3] 所不同者，集部作品的語言特徵，以形象語言為主，由形象而引生的圓喻圓義之聯想，使到集部注自然地要在經注史注與子注的手法上超脫出來，進行形象思維的感發活動。在前揭諸例中，便是由晝短，夜長，秉燭等形象之感受而引生不同之說解。在此形象的思考中，形象的設計，亦即詩的「技巧」，便成為集部注特別關注的課題。技巧討論因之便成古代解詩的又一別法。

　　大陸學者劉衍文，劉永翔父子企圖建立古典文學鑑賞理論時，便將重點放在字詞鍛鍊，修辭安排，與風格塑造的技巧分析上，指出對待古典文學的問題，歸結到最後，也只是個技巧問題。（劉衍文一九九一，頁一六八）並且，直率地指出今天我們的文學評論裏，最缺少，也是最貧乏的地方，就是對技巧的探討，分析和評論。這一點，在大陸的學界可以成其說，在臺灣四十年來的解詩成果上，就有待斟酌了。更且反諷的是，臺灣四十年的解詩成果，反而是在技巧上的分析討論上大有成就，姑不論是用西法或中法，倒是在技巧之外的，詩旨詩意之探求上，較少發揮，較少像大陸八十年代鑑賞熱之下勇於發言的情形，姑不論此勇言是否成立？是否有偏見？[4]

　　技巧論之分析與研究歸納，既然是集部注之特別處，其於解詩之道，亦不例外。但過去太多的技巧分析，只刻意在修辭技巧，篇章技巧，結構技巧，與比喻技巧上討論，又都局囿在孤立的某一方面之討論，如談杜詩的修辭技巧，只有分析歸納辭格使用的種類如何？那些詩用那些修辭技巧如何？等等諸如此類僅止於技巧現象的歸納分類而已，便顯得相當枯澀，而不具有解詩趣

味。

　　修正的方式，便是要將技巧分析與意義討論結合起來，使到技巧的領會，也是一種詩意義上的領會，如此技巧的分析才有意思。大陸學者周振甫在鑑賞「生年不滿百」這首古詩時，有這樣的技巧分析，他說：

> 這首詩在藝術上的特點，一開頭點明"千歲憂"，這個"千歲憂"跟"不滿百"構成對比，更強烈地突出"千歲憂"來。又用首尾呼應的寫法，"愛惜費"和求仙，構成"千歲憂"的原因，又成為不能及時行樂的原因。這種首尾呼應是寫得含蓄的，但用"愚者"來點破，構成含蓄與點明相結合。在"愚者"裡，不僅點破吝嗇的不對，也點破求仙的不對，更點明"千歲憂"的不對。這樣，這一點破具有畫龍點睛的作用，使全詩從及時行樂的消極性，轉向破吝嗇、破求仙、破百憂的積極了。（呂晴飛等，一九九○，頁一三五）

這段解詩，專就藝術手法上講，也即是技巧分析之一例，所不同者，這裏的技巧分析不僅止於把技巧孤立起來看，而是結合詩的意義上來看，說明用著兩兩對立的矛盾結構在全詩的意義領會上，有著從消極性轉運成積極性的作用，這樣詩的意義就又不等於及時行樂，也不等於諷刺貪吝者，更不是企慕或逆反神仙思想，而是介乎兩者之間的辯證思考，反省而領悟一種破迷信，破百憂的含意，指示此詩積極性的一面。這樣，兩兩背反的技巧就變成意義的一部份，總結一句，可謂：技巧即意義。吾人以為凡技巧的分析，其最高境界，應進逼此境，緊緊地與詩之意義互動起來，方不致落為純技巧的分析，造成見樹不見林的弊端[5]。再

者，一旦落實技巧即意義的理念，在實際批評分析時，也才有可能分析出不同技巧的多元含義。即如此詩之技巧，或有自語言技巧上分析，指出全首詩純用賦筆，或有自修辭結構上分析，如周振甫的意見，指出技巧上兩兩相反的手法。顯然同一首詩，可能有不同的技巧分析，這就跟同一首詩，可能有許多不同的意義之技巧也不是一定的，不是一成不變的，技巧一旦跟意義一併考慮時，技巧就跟興會感受的材料對象一般，會有否定，再認的辯證過程。而此過程中，亦同樣會有特殊的偏好祈向，因而會有裁減與選擇。一旦有選擇，必然有所漏，有所輕重，與有所補遺，一種對圓喻通解的苛求心態，其實也只是想想而已，理想上的盡其可能而已，勉強要做到一首詩的完全通解，殆為不可能，稍一不自覺，即會以前揭「假性綜合」的例子眩惑耳目，終究是無感無領悟的解詩。

以上大致理出古代解詩方法上的問題所在，其中訓詁與翻譯說解兩項，嚴格說，不算是有感悟的解詩，只有在意義的探求一項上，才是詮解古詩的困難所在。而這一項，還包括對詩技巧的分析討論。於是，吾人總結這一項的課題，不免要問：

1.為何他能解出不同的詩意？

2.不同意義的背後立場、角度、與視點如何？

3.什麼東西什麼因素，使到不同意義中的某一種特別受到認同？

4.解讀者的主體性與非詩因素的客觀性二者之間的互動實際狀況為何？

右列幾個問題即是今人在接收了「知人論世」與「以意逆志」的解詩方法之後，有待進一步深入分析追究的問題。不過，其中仍

以主體性如何對應的問題為最關鍵所在。顏崑陽《李商隱詩箋釋方法論》所要解決的困難，也正是主體性介入的可能。

三、主要問題：主體性感發之來源爲何？

在顏崑陽檢討李商隱詩箋釋學，既已解決諸多箋釋上之困難，然而也留下幾個問題有待進一步疏解。第一個問題是讀者主體性感發意義的來源何在？按照顏崑陽在該書所揭示的箋釋方法來看，箋釋雖不可以完全拿客觀事實做判準，但也不可流於自由幻想，仍須考慮被箋釋對象的客觀歷史情境。（頁一七四）準此，假如有人把「蠟炬成灰淚始乾」這句詩中的蠟炬意象之含射意義理解為男性陽具之影射，這樣地主體性意義之創發，合不合適？顯然，就顏崑陽的箋釋法來講是不可以這樣解的，因為它必須照顧到歷史情境及語言成規。歷史情境中的李義山找不出有此陽具影射的客觀事實可能，再從語言成規也考察不出向來中國詩歌語言蠟炬一詞有可能作陽具解的？如此的主體意義明顯超過浮濫想像。可是，假如把這句詩開放給它國文化的讀者去領會，在彼讀者並不熟諳中國詩歌語言之成規時，作此領悟聯想，在彼讀者所依靠的文化成規而言並無錯解，反而是想當然耳之客觀認定，即便不是異文化讀者，假如也有某一同文化成規之讀者在主觀意識上選擇異於同文化的語言成規進行解讀時，請問詩歌意義的存在又如何可能？說得簡單點，要是拿一套所謂的詮釋策略從事古典詩解讀，允不允許？不能之理由何在？以及不能之結果是否損及詩歌開放主體意義的本質預設？如果也允許策略的篩選，那麼其實有太多的策略是無須參考客觀事實與歷史情境，其情形

頗類似朱鶴齡馮浩一輩之所為，強將某種預先認定之基準植入詩正文中，而進行相當「偏見」的誤讀，試問在此狀況下之意義，可否承認？如果不可，那麼，口口聲聲強調主體感發之重要，又如何落實這種方法之調適於正文中，也即是說，意義從那裏來？如何生成？這些問題一再追究探源，結果會是如何？

四、否定與批判之必要

我現在要提出近年在詩學方面的觀察心得，我以為詩歌解讀在中國古典文論中要從理論與實際分開兩層次談，理論層次提供一名解讀者之文學能力與詩歌知識，以便從事實際作品正文賞解。實際層次則繫乎閱讀主體的感發領會，二者互為辯證關係，隨時要面臨制約與反制約之閱讀狀況。也即是說，理論之先前預設有時有效，有時無效，同此，閱讀行動有時死讀有時活讀，但無論如何，閱讀活動充滿私秘性潛藏性。閱讀者之基本假設在充分自由，也即此自由而歸趨於某種限定基準點之不自由。閱讀是自由與不自由之緊張性。閱讀的境界因此有三種跟閱讀對象的基本存在樣態：一是認同與再認同，二是修正與補寫，三是否定與變出，這三種樣態或單項進行，或二項兼行，而最高境界是三項疊錯並行。如果就評價之最後決定看，又以第三項之不得不做出結果為判定依據。也正是這三項層次才真正關係到主體性問題。由之而引生主體性定義與作法的歧義，是今天吾人對主體閱讀一詞概念之首要釐清者。

首先，吾人先談一種似是而非的說法，即上列三種閱讀層次的綜合有假性綜合跟真性綜合。假性綜合事實是扯爛污，完全沒

有主體閱讀者的意見，類似「抄書徒」「書麓」，其工作是這樣的：閱讀者善於臚列前人一家一家的評注，做出會評會注，集評集釋的排列，並且考訓語詞出處，訓解字句詞彙，然後在總案做出結論，結論是涵括前面各家說法，合一爐而冶之，表面上看圓賅周備，仔細拆下來，全沒有主見，是死讀法。但你不得不承認其考訂之精，排列之多，訓釋之詳，以及匯通之博。在此解讀模式下，絕對無涉主體存在。更別說當下閱讀情境。這類解讀者全靠「古已有說」者，因之考驗他解讀能力最佳方式，便是叫他去解讀「現代詩」，剛剛寫出來，他第一個閱讀的作品。試問在完全陌生的訊息之下，悉無可參之處，叫他直接解讀，他還能拿什麼去匯通呢？根本沒有可資匯通的材料。設若有此一例，此時此刻才面臨當下情境的主體感受。所謂真性綜合，也即是在不論有無資料訊息等前人說解之情況下，閱讀者皆能道出一己默會神領之所受，描述性靈感發，進而做出知識詮別，予以作品評價。明乎此，可知真性綜合能否為真能否成立，端視閱讀者有沒有自己的判斷，自己的描述，自己的心得。

　　若問自己的意義如何引生？就不得不把握住閱讀行動中的第一特質，即否定，否定舊說舊說，否定已說已解，先否定，再修正，即便最終可能還是「英雄所見略同」，那麼即此同之為認同，也已非第一層次之認同，而是經過疊合辯證之認同。否定，是閱讀成為一種事件的特質，標識著閱讀動力的根源，也是閱讀做為人文活動人文思考人文生機的基礎。閱讀來自否定。否定刺激閱讀，引發閱讀。並且，也由否定形成新的文本意義。這個觀念，在伊瑟最近一篇公開講詞，回顧讀者反應批評的文章中再度被提出來，他強調如果要獲得意義的話，文本的多重意義無可避

免地會被化約成單一的意義。（伊瑟，一九九一，頁九三）而這個化約的基礎在於閱讀行為中必然要由閱讀者建構某種意義的一致性。因之當此建構正在進行中，閱讀者只有透過排除文本意義潛能的其它可能性，才有可能建構成功，而唯有如此必然之建構，才會形成必然之意義。舉《小雅‧鶴鳴》與《謁山》二詩為例，毛傳鄭箋將鶴鳴建構在誨善納言，求訪賢士的意義上，為求此意意之一致性，自然要排除其他可能性之訓解，譬如就鶴鳴這個單項意象而言，在「求賢」意義之一致要求下，必然不會像朱熹一樣解作「誠」意之擬象。朱熹就此鶴鳴意象建構另一種意義，認為鶴鳴，一直叫個不停，且在九皋深遠處叫，一定有「誠之不可揜」含意，朱熹從象與理之間的影射角度切入，所以，看魚躍於淵，魚躍於渚，在建構「象——理」之一致性要求下，必然會說這是「理之無定」現象，其餘順此而推，讀到「爰有樹檀，其下維蘀」，就會說成「言愛當知其惡也」，讀到「它山之石，可以為錯」，也會說成「憎當知其善」，說穿了，朱熹整個閱讀旨趣是為了建構「天下之至理庶幾乎」之一致性與普遍性。（朱熹，一九七七，頁一二一）明白講，朱熹是以理學解詩，毛鄭是用政教補察觀點看詩。朱熹之成其為「朱傳」，先不論其閱讀之正誤如何？其開始處必從否定出發，假使朱熹不作否定，跟孔穎達之疏解一般附和毛鄭，美其名曰「疏解」，曰匯通，實際追究，全無主體閱讀意義之建構，試問這樣的解詩有效嗎？所以，否定是先決條件。朱熹否定毛傳，照樣有姚方否定朱熹，或者否定朱熹兼否定毛傳。總是愈到後代，閱讀經驗積澱多了，後來者有較多的參考訊息，於是否定可能已溶入再思考再認同，或者修正補充。像姚際恆閱讀《鶴鳴》一詩，就是有這三項複雜的

行動，但最終仍舊歸於否定，否定朱熹全部，以及否定毛鄭的一部份。毛鄭硬說鶴鳴是在「誨宣王」，姚際恆同意誨字有意思，該詩確有誨人求賢，誨人成德之意，但姚際恆否定只有誨宣王的意思。這是辯證參考之後的主體判斷。

至於朱熹的說法，姚際恆就全部否定，他說解此篇最謬者，莫過集傳。（姚際恆，一九七九，頁一九五）他否定朱熹亂比附，把此詩的意象描述亂比論語大學中庸的道理，說他「腐氣不堪」，並判定「此說詩之魔也」。至此姚際恆可以說徹底否定朱熹，揆其故，乃是他的意義建構之一致性不同朱熹，他反對以理學說詩。那麼姚際恆的意義是什麼？其附和者方玉潤寫《詩經原始》幫他點出來，說這一首鶴鳴詩是「此一篇好招隱詩也」。（方玉潤，一九八一，頁八一三）招隱跟求賢兩意相類，照理說，方玉潤似乎又回到毛鄭說法去了。若然，則方玉潤並沒有新解，是又不然。在此詩的說解中，方玉潤很自由地主體閱讀，有知識詮別，更有天馬行空的想像。完全是閱讀活動上列三種層次的運作，首先對毛鄭的部份，他否定「誨」字「教」字。不認為宣王有誨教賢士之可能，因此而改提出一個「諷」字，認為是詩人作此詩諷宣王以求賢士之隱於山林者。順此而推，方玉潤猜想詩人平日交遊中必有一位賢人，目前未被薦用。因此詩人用「賦」筆手法，實景實寫地寫出該隱士「出處之高超，德誼之粹然」。（同前，頁八一四）在這樣的理解之一致要求建構下，鶴鳴代表隱士，通篇是賦筆，為了「招隱士」這個意義之一致性，方玉潤不惜「師生」之所受，大膽地在筆法上否定姚際恆的說法，認為通篇不是姚所講的比意，若通篇作譬喻，章法雖奇，方玉潤卻認為「詩味反索然也」。他也在自己對此詩一致性建構的

基點下，改判此詩的技巧分類，說「此雅詩之近乎風者」，理由是全首詩所描寫的園景都是「實賦」，意即實際的描寫，因此才編入小雅，若是像姚際恆把它當作比體，豈非該改編之風體嗎？明顯地，在此解讀行為中，方玉潤對姚際恆做的是認同，修正，否定的綜合，其本質性有否定的存在，所以是真性綜合，所以也是有主體性的閱讀。反之，一種標誌「評注」「賞析」的現代人之閱讀，其解讀文字是這樣的：

> 方玉潤曰：「詩人平居必有一賢人在其意中，不肯明薦朝廷，故第即所居之園，實賦其景，使王讀之，覺其中禽魚之飛躍，樹木之蔥倩，水石之明瑟，在在可以自樂。即園中人，令聞之清遠，出處之高超，德誼之粹然，亦一一可以並見。則即景以思其人，因人而慕其景，不必更言其賢，而賢已躍然紙上矣。其詞意在若隱若現，不即不離之間，並非有意安排，所以為佳。」這樣是每章前七句詠隱者所居處之風物：園中高岸下有鶴鳥，水中有游魚，地上更有各種的樹木，樹下又是落葉鋪地。已點綴出隱者居處的高雅幽靜，也反映出隱者恬淡閒適的清高操守和自得其樂的物外心境。然而鶴鳥鳴叫，聲聞七、八里；魚兒潛游，有時也會出現在淺水之處：賢者雖隱居幽邃，而其名聲卻仍為外人所聞知；其賢德仍為世人所崇敬。因而詩人有最後兩句以「它山之石，可以為錯」、「可以攻玉」，以諷示招隱之得賢者以助己，則豈個人受益，抑亦國家之福也。（裴普賢，一九八三，頁一一七）

在上引這段文字中，只有引述方玉潤的說法，全面認同，加以複述，換一套淺白語體文轉述一過而已，如此的閱讀不具有三層次

的運作，便很難對作品正文作出新意義的建構，一切有關訊息資料至此也就變成一堆死物，閱讀者主控地位旁落，人文生機自由召喚也因之萎頓了。同樣類似之作，尚有一例如下：

> 詩序云：「鶴鳴，誨宣王也。」鄭箋云：「教宣王求賢人之未仕者。」詩序鄭箋之說，意似近之，惟未必為教宣王耳。朱傳云：「此詩之作，不可知其所由，然必陳善納誨之詞也。」詩無陳善納誨之意，朱傳語迂曲牽合，不可從。方玉潤曰：「此好一篇招隱詩也。」細審每章末兩句語，斯說是也，故後之解詩者多從之。詩則每章前七句詠隱者居處之風物，臬有鳴鶴，水有游魚，地上有雜樹，樹下有落葉。彼高雅幽靜之境，賢者自可樂之，故詩曰：「樂彼之園」也。園字貫串上下，覺禽魚樹石，無一非園中應有之物也。末二句「它山之石，可以為錯。」「可以攻玉」云云，招隱之意，甚為顯著。蓋人君若得此賢者，則必可為錯以磨治美玉，謂砥礪己行，而大有益於治國安邦也。情淡意遠，境幽調高，往復吟詠，韻味極佳。（朱守亮，一九八八，頁五二）

上引這段解讀，臚列前人說法，也都是認同多，否定少，最後採行方玉潤的意義建構，縱使寫了一段引申義，但總的看也沒有越出「招隱士」之解，更別說開創其它潛藏意義之可能。這關鍵就在沒有否定閱讀，可知，否定是一切意義建構之原動力，正如伊瑟說：「否定性是每個文本的主要成分，作品的事件透過否定性而變成讀者自己的經驗。」（伊瑟，一九九一，頁九四）的確，讀者經驗必須在閱讀終結後給出，讀者必須勇於否定。這一切都在在證明閱讀不得不推向事件，過程與乎交流溝通的本質。

　　然而我們馬上遇到一個兩難式困境,即閱讀到我為止,文本在我手上,它一定要有新義嗎?我若做不出否定,是否即表示作品應然地止於否定,反過來說,我的新意一定要來自否定嗎?還有第三,我否定之後,未來的閱讀必然會再否定?這一連串的問題性焦慮,使到閱讀者可能因承受不住焦慮的負荷,轉而藉「認同」或「匯通」的表面說詞,以便作為推卸開發文本新義的託詞。合理地解釋來說,每一次閱讀因為時間空間之差隔,閱讀者個人的習性以及主掌他決定文本意義的社會,文化規範密切相關。閱讀者除非打著假性綜合的招牌,否則閱讀意義必然有所篩選,既然有選擇,就表示有漏略,有排除,有以上諸種種,必然有程度深淺上的否定。在此狀態中的意義,很可能只是偏見,執著,我非要這樣反你不可,嚴格地,存心否定會因此而應然地繁衍下去。因之,此繁衍辯證否定下的文本意義實在不可能有什麼一定標準,做為客觀判斷。對於評價這一行為而言,確實是文本多元意義的一項考驗。

　　對,試問多種否定之後,那一種是對的呢?有沒有足供比較客觀判定的標準。根據本書第三章〈李商隱詩傳統箋釋方法的調適〉一文所示,顏崑陽提出三個詮衡的標準。那就是其一以典故的原始本義做基礎,然後由本義再作引伸或轉化的訓解。(顏崑陽,頁一九二)換句話說,閱讀者面對作品正文時若有否定前說,先決條件仍不能違反典故本義的訓解。其二以題材類型的辨認做標準,這一項原來是專對李商隱詩箋釋而發的,如果推廣他的說法,可擴大為對文類的認識,以及體類的劃分,是文類學的標準(同前,頁一九四)。其三是以語言型態做標準,分別比興的不同,把明喻性質的比體詩和隱喻性質的比體詩分開來,做不

同方法的箋釋。首先就要對何者為比？何者為興？有一個普通定義的共同標準。把這層意思推展出去，詩歌解讀無論如何做自由主體之延伸會意，至少語言型態與修辭技巧應有一定共識，不能隨便作主觀否定。（同前，頁二〇七）

　　仔細思考上面所示三種解讀標準，不可謂不具體精細，但是我擔心這可不可能做到，即使做到了，我更擔心到此地步，會不會還有可能做出否定，引伸閱讀主體的新意義？就典故而言，如果是單一出典也許好辦，設若有兩個以上的出典，則閱讀者之所以選此而棄彼，往往非一致標準之原始本義可限定，有時甚至沒道理，純然是讀者的嗜好偏見，或者被政治與意識型態左右決定。就文類學而言，體類之分與題材歸屬，差異性也很大，體類在實際閱讀中常有變創分合之例，外在表面形式之制約此時無效。至於語言型態與技巧分析，有人看作比體，有人看作風體，有人認定是反諷，有人說是張力等等，也可能意見不一，即便是在技巧方面讀者有共識無異議，那麼，充其量，這個落入技巧主義的判定，跟主體意義不太相干，扯不到主體的問題。在中國古代評點箋釋活動中，常見技巧的辨認，有否定前說，再發現新技巧之例，技巧與其當作標準，不如當作發現，是閱讀者的發現，代表閱讀者的文學能力，也代表著閱讀經驗深淺的不同。

　　照以上的反證，閱讀或箋釋很難有客觀標準。閱讀一旦受制約，主體性意義如何可能？否定行動如何發生？

　　根據前面論述假性綜合不能算匯通，不能算有新意，而假性綜合之所以不算有新義，實在是因為它裏面只是認同再認同，綜合諸家箋釋予以綜合認同，既是認同，當然無新義。因之假性綜合之所以演成假性之根本原因在沒有否定箋釋。然則否定箋釋乃

是作為再創造之原動力，否定箋釋的本質在去──取之雙重辯證，否定並非只有破，否定之終極目的與唯一任務是在「立」。否定因透過破與立之過程，使到文本之性質是動態的，讀者之於文本乃成為一樁「事件」的存在型態，至此閱讀也成為隨機性箋釋，這也正是顏崑陽要以隨機性箋釋原則以補助主體性解悟的方法策略。（顏崑陽，頁二一四）文本變為事件，事件之成立端賴讀者與文本之互動，此之謂互為主體，是讀者與文本的互為主體。因此文本做為事件之結果完成，只有靠讀者之期望，預設，解釋，乃至誤解誤讀。因之閱讀最有效時，乃是閱讀必要做為讀者的建構。是讀者建構了文本的世界。有關閱讀建構的結構組合是這樣的：

　　　1.作者的敘述文本　　　3.讀者建構的想像世界
　　　　　　↓　　　　↗　　　　↓
　　　2.作者展現的理想世界　　4.讀者的敘述文本
　　（托鐸洛夫，一九九〇，頁一〇五）

照這張簡圖看來，一名箋釋者之所以名為箋釋者，他要面對的是有二種層次的文本，或者三種四種五種⋯⋯。除非他是一篇文本的第一位閱讀者，此情形就像每日報紙副刊登出的作品，讀者第一次讀到一樣，他是第一位，他可以不理會別人的箋釋直接對文本建構，反之，一篇文本設若已經累積了多種箋釋，後來者之建構除非甘為前輩之追隨者，淪為懶惰的假性綜合者，否則誓必另作建構，而建構又不一定「前修不密，後世轉精」，因之愈到後來愈是積累多種箋釋的閱讀，對文本愈須要新建構，而其難度也相對增加。此縱座標的建構是歷時性的，它由讀者接受的程度與內容代代相沿轉變疊出，另一橫座標的建構則是貫時性的，基於

讀者當下情境的「選擇」加以延伸，就此縱橫交錯的建構圖簡單
標示有如下例：

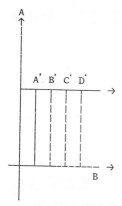

在此圖例中，後箋釋者不斷尋找交集點 A′ B′ C′ D′……。每
一次延伸之可以進展，縱座標固定，但橫座標一定要伸出新點，
才能交集成功。這也就表示交集有效成形必來自否定，否定再否
定。於是，吾人可將箋釋集評的閱讀性質，看作一張回文線條關
係：

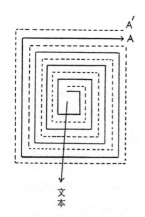

在此圖例中，Ａ與Ａ'同自文本起線，慢慢繞著文本擴張世界，建構新的世界，而Ａ與Ａ'永遠居於實虛（或陽陰或正反）的相對關係。總之，否定根本就是一種建構。再拿上舉《小雅‧鶴鳴》的箋釋加以說明，則毛鄭為第一位箋釋者，所建構的文本不受已建構者之影響，朱熹就不同了，他必須就其新一代讀者的習性，社會背景，文化規範，做出主體性解悟，設若他的建構等同於毛鄭，則其文本根本不成其為事件性質的文本，違反了閱讀有效的命題。此所以朱熹力駁毛鄭改持理學觀點解讀之原因。降至清代姚方之解悟，又須再一次建構，其建構內容當然因積累之多不得不有重疊之處，至最終判定其為有效閱讀，實在也是其中有很大成份的否定質素，得以建構新的文本藍圖。在文本鏡子前，我存在，因我努力去表演，文本鏡子隨機轉動，我的表演因之複雜多變，我存在於不是我的存在，如果我的表演停止，我存在，但我並沒有自己。因此，文本不斷演出我是什麼。擴大地講，文學不斷演出人類是什麼。（伊瑟，一九九一，頁九七－九八）

　　本乎此，正像伊瑟指出否定有第一次否定，本質否定，部份否定，與二次否定，否定本質乃是意義之辯證，否定之目的乃是要補足文本世界的匱缺。文本是一開放性的，未完成的，動態的，自身有著各種可能性的事件。文本不是客觀存在的事實。（周國良，一九八九，頁五○）這是文本的存在性質。假如文本也有作者，那麼，此作者亦即顏崑陽所強調的「箋釋效能性作者」之性質。（顏崑陽，頁二一六）也唯有文本基於以上的存在樣態，箋釋才有可能，因為否定做為箋釋，伊瑟把它看作是溝通文本的基本動力，由此而給定一種建構結構。在否定進行中，唯主體能做選擇，補充，從而給出文學意義，在面對文本可能的多

元意義之前（如以前的箋釋評點），每一種否定，皆是為了自己建構世界的穩定而要有所選擇，伊瑟進一步揭示此種選擇來自二方面的考慮，一是文本本身，一是讀者自己的角度。而角度往往就是讀者的「靈視」。（伊瑟一九八〇，頁二三〇）靈視一旦決定，其所以作此決定選擇或者須淘汰不合「互為主體」之切當義，或者根本連可資選擇的材料均告闕如。（如第一位箋釋者），因之靈視之決定全繫乎「互為主體」之考評。其中也包括對其它意義的否定，伊瑟說否定其它的意義，更加增強讀者的選擇效果。在此認識下，我要補充說明的是，否定並非不瞭解被否定者。正猶之乎程夢星、馮浩以知人論世之「靈視」，處處要強將現實環境中的李商隱相關客觀事實植入作品的意義，以建構一個假想的李商隱文本世界。而這樣的世界遭另一種箋釋者如紀曉嵐持不同的「靈視」加以否定，此紀之否定程馮，未必即表示紀之不解程馮，反而是由紀之否定更加突顯程馮之做為一種建構李商隱文本世界之補充，更加增紀與李商隱文本互動之閱讀力。並且也藉著如此否定更加考驗閱讀者之文學能力。總括否定之可能及有效，伊瑟認為乃是要靠讀者在已經建立的眾多意義規則之外，重新植入一種「隨機運而定」的程式規則（同前，頁二三一）因之，除非一種文本確實足以給定一個圈死限定的意義，否則，這種隨機性而發的文本意義之可能必然存在於多樣複雜的文本情境中。（contexts）[6] 至此，吾人已大致勾劃閱讀文本之性質，閱讀中否定存在之樣態，並且，肯定閱讀不能沒有否定，否定也是一切文本之可能意義的產生動力，最後，也瞭解否定之所以成其為否定，乃是讀者必然要在文本中植入新的「靈視」，隨機而建構一種解讀程式。

五、意義與評價之判分

　　由以上的論述，吾人已證成閱讀要成為有感的生命解悟，必須有讀者的靈視，靈視之進行落實，主要以否定為基本動力，要補充說明的，乃是此狀態下之否定，兼具補寫，修正，再認同以及再創造之複雜行為。一旦由否定出發之閱讀做為一種建構，則此建構必然是一種受制於讀者主體性認可之下所形成的「一致性」結構及意義。直言之，建構是主體性的一致，主體性在此建構過程中才叫作主體性，否則，很可能流入假性綜合。

　　剩下的問題待解決者如下：建構以讀者主體性為主則建構因讀者個別性之千奇百怪，而每一個千奇百怪又自然證成「一致性」的千奇百怪。因之建構顯然沒有一定標準。正如朱熹必以理學之一致性證成《小雅·鶴鳴》，而程夢星、馮浩改以「知人論世」證成一致性的史實意義。兩種解讀對立之發生皆根源於不同的「靈視」。然則建構無一定標準已然是閱讀過程進行中的一種緊張性，這正是顏崑陽在《李商隱詩箋釋方法論》一書極力批判知人論世之偏差，以及以意逆志之散漫，企圖提出這二種箋釋方法的正確之道，試著先拈示三種詩歌解悟的標準，（顏崑陽，頁一八一－二〇七）現在的問題是如果那三個標準鎖定，主體性解悟還有多少可能？文本還有多少開放空間？再說那三個標準是客觀限定的，前面吾人已舉出反證，說明在實際閱讀過程中，三個標準都有可能在讀者一致性建構的要求下而修改之或選擇調整之。但這種相對於標準的修改或漠視，並非即表示這樣的解讀者不通曉或不遵守眼前的標準。例如典故的訓解一項，以李商隱

《謁山》一詩為例，馮浩之所以會把謁山之山實指令狐綯，並非即表示馮浩不知道謁山詩所用的典故本義，如麻姑傳說與繫日神話。而是因為馮浩在自己主體性圈定的「知人論世」策略，本此「靈視」出發，必然性會對謁山詩之解悟作如此「隱指時事身世」的一致性解讀。此即解讀靈視決定意義之關鍵，張爾田透過否定另作解悟，把謁山的山指成是義山自謂，如此才能見出語妙。（頁一五六）至此吾人已明顯看出所謂詩歌解悟標準可能較適用於「技巧」或「詩歌知識」兩方面。也即是說涉足詩歌「評價」的行為與詩歌意義的解悟二者須要實際性地區別開來。當然，意義與評價又可能互為影響，意義建構中已含有價值取向，正猶之乎評價中必先已領受意義。不過，為了說明釐清，還是要預設意義與評價之二分法。

　　然則意義解悟何以向來都有「確解」與「誤解」互為對立的自成印證呢？那是因為這種印證以及由此而形成的定解權威，總是外在助力而成的。在古代，意義的生成組構可能透過官方頒定的刻本選本，或者在書院教育體制下的講授教材，一代一代傳下去，成為所謂的「家法師法」，累世遵守，相沿成襲，建構成一套內在一致性的詮釋體系，家法門法之內的解悟者因之成形為詮釋團體。伴隨官方系統還有一套考試制度做為輔助，強化意義建構的權威。此可以自歷代八股考試對四書經義的義理發揮藉由定本定解看出來。清代以後，民間普遍有以地理鄉土感情加上學問門徑類同孳乳而成的學派，像浙東之學，暢言公羊法，自孔廣森，莊存與以降，輾轉增益，自成一主流支派，而建構為一套詮解公羊學家法的系統（陸寶千，一九八三，頁二二七）經學箋注如此，詩學流派之互為牴牾攻訐，較量唐宋漢魏，以建構為一套

詩法之現象，早為前輩研究過，而獲學界普遍共識。可知古代詩歌箋釋方法與詩歌意義解悟在民間亦自然形成複雜系統。詩歌意義在某一相同詮釋門派以內的同門讀者，主觀外在受制於門派主張的約束，除非他敢背師門，離經叛道，否則對他而言，主體性解悟是很難發揮實現的。

再拿現代學術體系與現代教育制度作說明，也可看出人文思考普遍受制於意識型態跟教科書約制。如果縮小範圍到文學教育來看，中學課本在有限的純文學作品中，其箋釋方式，以字音字義，典故原始本義，語詞出處，繁演而成所謂的「定解」，再輔以考試制度的標準作答，這就建構成一套教科書正典意義系統。到了大學，區區臺灣一小島，各國立大學中文系已在行內人默會暗知的共識下形成學術派別氣氛，各自凸顯研究取向與研究方法，也因此而建構幾套不同的對中國文學解悟的系統。再經由課堂講授，研究所入學考試，而強化它，並擴大為循環式的師生相授，藉由指導論文，升等論文，通過取捨之際，設定為各自不同的評價標準，當一位準備升等的大學教師，在撰寫論文過程中，他考慮的重心，完全擺在資料的收齊，歷代箋注的臚列，儘量不作主體性解悟，以避免因為「新」而遭封殺。這是何等的意義萎縮。外在強植入一套體制與意識型態，透過評價的宰制主導一套文學正文的解讀系統，這才是意義寄託在偽裝的標準下演生而成的評價。於是吾人可得一小結論，即使評價也多半是外設的，意義一旦要做評價，意義必然與文學外在人為因素有關。這樣，吾人就此證成意義變成主體性的解悟之失效乃是意義被體制化中妥善維護或者強加保護，因之意義之要成為有感的文本閱讀，它必然要是反意義，順此而推，否定再次被證成。[7]

六、評價標準之權宜與未定性

以上吾人已把詩歌意義之主體化與詩歌評價判為二事，指出意義主體與一定標準之間存在著辯證之緊張性。尤其當意義建構由外力涉入時，像學派，體制，與意識型態等之介入，意義更加沒有一定標準可言了。現在，進一層論述與詩歌評價有關的問題。詩歌評價相對於意義解悟而言，可以承認是比較減少主體性空間，而有較可引起共識的客觀檢證標準。理論上抽象的原理原則姑且不談，即以實際施於詩歌正文的評點箋釋或案語而論，評價標準具體可見的諸項目，首先是技巧標準，對詩歌評價時，全看它詩中用典的巧妙與否，聲韻講求，對偶是否貼切工整，篇章佈局有沒有活法，結構是否富於變化，用字用詞是否辨虛實。其間又有專門以發現他人未見之技巧為獨門睿見。例如杜甫《閣夜》一詩起首兩句「歲暮陰陽催短景，天涯霜雪霽寒宵」，向來詩評家都忽略此二句的技巧，只談這首《閣夜》詩三四句，就是有名的「五更鼓角聲悲壯，三峽星河影動搖」這一句。從蘇東坡以下，方回《瀛奎律髓》，周紫芝《竹坡老人詩話》，趙翼《甌北詩話》等都集中談三四句。唯浦起龍《讀杜心解》發現首句之佳，他認為：「天涯短景，直呼動結聯，而流對做起。」（孫琴安，頁七五）指出首二句是流水對的技巧，即以此技巧之新發現判為佳詩。查慎行《瀛奎律髓匯評》也說到：「對起極警拔。」（同前）可與浦起龍之說並觀，不過所謂的警拔究竟是一種由詩句之設計產生閱讀上的風格感受，多少應與純技巧層次區分開來。這也就是技巧之後另一種評價標準。即風格標準。每一位箋

釋者在評價詩歌時常拿主體閱讀後的感受，以形象批評形容感受所得。由此作出判斷好壞，就是所謂的風格評價。仍以《閣夜》一詩為例。三四句「五更鼓角聲悲狀，三峽星河影動搖」最為箋釋者所賞鑑。蘇軾《東坡題跋》說這兩句是偉麗，他認為除了杜甫能寫之外，以後的七言就看不見，「而后寂寞無聞」焉。查慎行則說這兩句是「壯闊」，劉辰翁又認為「自是無窮俯仰之悲」，陸時雍說得比較籠統，他說「三四句意盡無餘」。（同前，頁七五）試共觀四組風格詞彙：偉麗，壯闊，俯仰之悲，意盡無餘。同中有異，異中又有幾分類似義。率由詩評家各自定為標準，以資評價。這第二項風格評價標準嚴格論之，仍是歧義紛生。如何詩必以偉麗為最佳？又如何詩必以自然沖淡為最美？再說，偉麗之定義有共識嗎？自然沖淡又如何呢？凡此若一一尋究其根本，則風格評價亦難有客觀標準。次論第三項詩歌評價可暫名之曰：炫學標準。即以詩中引事之博，詩中安章完句之有來歷，或者詩中可徵實歷史典章禮制，或者詩中可推求歷史事實與地理文物。凡此種種置詩歌為可「徵實」之材料，論其深淺信偽，以此做為評價的標準。此最明顯之例，可舉杜甫詩在用典使事兩方面被歷代詩評家極口推崇得到印證。仍以上引《閣夜》一詩的三四兩句為例，蔡絛《西清詩話》先訂下作詩使事的標準說：「作詩用事要如禪家語，水中著鹽，飲水乃知鹽味，此說詩家祕藏也。」（胡仔，一九八二，頁六六）有了這個使事用典要如禪家之不落痕跡的標準，再來詮評杜甫三峽五更句，他考證出「五更鼓角聲悲壯」的聲悲壯，出典在禰衡傳。而「三峽星河影動搖」句的出典在漢武帝故事，典故的意思是指「民勞之應」。總括這兩句暗藏典故，如繫風捕影，一點沒有痕跡。所以是好

詩。另外周紫芝《竹坡老人詩話》更從別的書引出典故出處，認為這二句的出典是《史記·天官書》的「天一，槍，棓，矛，盾動搖，角大，兵起」（孫瑟安，頁七四），因之這二句又暗含有「兵起」之意。然而杜甫也是暗用司馬遷語，作詩要如此做到令事在語中而人不知，此所以當評判杜甫此詩可以為工也，此處蔡周兩家的詩歌評價，明顯地拿「炫學」「博學」做評價標準。

　　除了以上三項標準之外，其餘尚有人品標準，道德標準，政教利益標準等。緣於這一類的標準皆非直接涉入正文相關之解讀，故而勉強可曰標準，實質上則不屬作品內在規律運作，茲暫勿論。[8]

七、大陸學者鑑賞論之修正意見

　　顏崑陽此書最大企圖，便是透過對李商隱詩箋釋方法上的方法論反省，重新檢討舊詩詮釋學的有效性。其欲「破」舊之心甚可敬，但其破之後的「立」，則是帶有濃厚的修正意識。明言之，他把重點擺在「知人論世」與「以意逆志」兩個方法上的修正，加進去主體性解悟的這一要素。基本上，將作品——作者——文化世界的舊模式，再串連上讀者主體的這個環節。如此一來，在整個舊詩詮釋架構上，就有了宏觀的照顧，它是骨子裏有著一種對舊詩方法上求得「圓通解」的渴望。研究祈向與問題取向兩方面，設定正確，無可疑議。

　　其實，對照大陸八十年代鑑賞熱的理論，也已有人提出類似的反省，做出了修正的理論。譬如陳新璋提出舊詩中有的作品，雖用比興手法，但由於資料闕如，在知人論世的手法上，派不上

用場，那麼碰到這種情況，則寧可失之膚淺，暫時只就作品表面意思鑑賞，切勿牽強附會，嘩眾取寵，故作深解。（陳新璋一九九一，頁一六三）譬如讀了韋應物《滁州西澗》：獨憐幽草澗邊生，上有黃鸝深樹鳴，春潮帶雨晚來急，野渡無人舟自橫。這首詩說寫春景即可矣！如無實在資料，何必定要引伸比興，像元代趙章泉把它解作是君子在下，小人在上之象。或者又有說它前二句比興安貧守節，後二句比興不得重用。這是就知人論世方法上的反省。

　　再如以意逆志一法也不可盡用，陳新璋指出讀者的欣賞，要從作品所提供的情景去發揮，去領會，而不可只從個別字句去講，破壞藝術的完整性。（同前，頁一六四）易言之，以意逆志的時候，讀者不可過於任意聯想。這就是一種逆志解詩的修正節制。

　　如以上所述的修正意見，確有其必要。現在的問題是，倘恪遵前述的約制，再去解詩，那麼在要求說出一些有創意的話時，請問還有可能嗎？還有多少空間呢？解詩者介乎其間，得有迴旋餘地嗎？試觀歷來有太多的箋注專書，要做到推陳出新，往往是不惜背反前述的修正原則，一俟異說已立，奇解已生，還可能博得一席之地。且如暫不論新說之是否，至少凡有新意的說法即算是閱讀意識的具體行動，多少都已含有主體性解悟的成份，而主體性的強調，不正是提出修正理論者所極力強調的因子嗎？既要主體性解悟，又要不致太過份地想像做以意逆志，既要求有新解，又處處要提防不可做沒證據的知人論世解詩，試問：二者之間在實際方法上的運作，如何取得方法焦慮的平衡？趙翼《論詩五絕》說得好：如：只眼須憑自主張，紛紛藝苑漫雌黃。矮人看

戲何曾見，都是隨人說短長。趙翼這裏雖說得是矮人看戲，引伸之，是指見識，學養，能力都不夠的鑑賞，但萬一同樣都是有詩學能力的非矮人，品評較論，難道就不會漫雌黃嗎？或者不須要漫雌黃嗎？

昔人論詩，亦頗講翻陳出新的重要，劉勰《文心雕龍·物色》云：古來辭人，異代接武，莫不參伍以相變，因革以為功。這是講變創的必然性，贊成進化變通的文史觀。所以作家要做到"望今制奇，參古定法"。可是，這個要變通的要求也只是對創作上講，至於在解詩上，是否必然性地也要求代代解出新意，要求一讀者有一讀者之領會，則付闕如。

不過，從《文心雕龍》以後，經過長期的詩學演變，讀者的地位是愈來愈重要了。這個說法，也有文獻上可徵的論述，足以提供佐證。首先，從劉勰《文心雕龍》〈辨騷篇〉的一段話，描述〈離騷〉這種文體，衣被詞人，造成百代以上的長時期影響，其被接受的現象是多方面的。所謂：才高者菀其鴻裁，中巧者獵其豔詞，吟諷者銜其山川，童蒙者拾其芳草。這種種影響後人繼作者，使各有領會學習之側重，就是說明了讀者對離〈騷解〉讀的反應與感受之多樣化，其次，又在〈知音篇〉指出：夫篇章雜沓，質文交加，知多偏好，人莫圓該，慷慨者逆聲而擊節，蘊藉者見密而高蹈，浮慧者觀綺而躍心，愛奇者聞詭而驚聽，會己則嗟諷，異我則咀棄，各執一隅之解，欲擬萬端之變。這段精彩的讀者影響論，再次提示影響接受的差異性，個別性之重要，進而推求，不即也是讀者主體性地位之強調嗎？雖然，劉勰此論之重心到底仍在接受與影響上，似無兼述解讀上異變歧義的意思，但這裡已稍稍點了一下，即是對解讀者妄想就一己之偏知好惡，以

代替「圓該」的企圖，實在不可能的。倘順此而推，不止是反面地說成讀者的「偏見」之必然性與合理性嗎？有了這樣進步的讀者主體地位理論，再經過明清兩代評點學的經驗，還有明清兩代民間社會自主性力量的擴張所帶動起來的文化環境，讀者的討論，順理成章地從接受與影響的層次推展到反應與漫評的「讀者反應中心」層次。於是大量的評點書，各分施於經評史評子評與集評，便反映了讀者地位的全面建立。吾人便可以讀到像譚獻《復堂詞話》云：作者未必然，讀者何必不然。這樣的開放式解詩理論。又如王夫之《姜齋詩話》所說：作者用一致之思，讀者各以其情而自得。像這樣的公開宣言讀者興會感發的作用之被允許。至此，評點的運作，與讀者理論的提倡，雙重激揚推展，理應可以建構解詩的開放性體制與意義多元的方法分析，使到舊詩箋注手法推進一層，並將這樣的手法標舉為典範，在今人的詩學詮釋活動中給予地位。可惜不然，有太多的複雜因素，糾結迷障，居然在現代學術環境上，不能給讀者地位的解詩手法留一片餘地。徒然叫炫學式，徵引訓詁式，與彙錄集說式的學者型解詩手法，在教育體制，升等拔擢，與獎勵標準，學位認可等種種非詩因素上，佔據主流地位，主導著一種偽科學理性解詩的學術進路。

　　基於此，可知讀者地位過去在解詩系統中之不彰顯，並非實質上的讀者消亡隱退，乃是非詩因素的，屬於體制與學術權力建構的因素之干擾。從此角度去反思，則顏崑陽此書刻意表彰主體性解悟的說法，就顯得更加重要，更有意義了。倘再對照大陸鑑賞熱的成果，英雄所見略同。兩岸的詩學實有相互發明之處。一九九一年張炳隅完成的《文學鑑賞學》，也是在讀者賞鑑地位的

闡揚上多費筆墨。賈植芳在該書序言中，指出他雖然深受闡釋學和接受美學理論影響，更從艾布蘭斯的文學關係圖上，把作者，作品與讀者的三環關係正式建構起來，由之而探討主客體相互作用的複雜現象。（張炳隅，一九九一，序）在劉書的第三章，就集中討論讀者解詩主客感受反應的課題，講到了類似劉勰所提讀者不免有「偏見嗜好」的鑑賞。劉書專從讀者心理上去分析，指出讀者的偏好，或出於門派社團或文學思潮的主張，像唯美派之反人道派。又或出於逆反心理作用，偏要這樣不可的感情用事，譬如偷讀"禁書"的心理。三如更嚴重的變態病態心理，像偏偏有逐臭之夫，或者像陶淵明愛菊，周敦頤愛蓮的心理。（同前，頁一五三－一五四）這種心理分析都有助於讀者地位的描述，更精細地說明讀者的複雜性，以及這個複雜性可能給予解詩過程的決定影響。接受美學認為在文學閱讀過程中，讀者的自身性格、愛好，美學觀點，生活經驗，乃至"期待視野"等種種因素，都有關係。照這個說法來看，則讀者主體性的牽涉因素又更多了，而不只是心理而已。[9]

以上闡明讀者地位之必然，又能認識到讀者現象之複雜性，則讀者所對應於作品解讀的動力必然也是活動性，未定性。這個看法，即直接地支持詮釋活動的未定性格，讀者即是一個待解的文本，解詩即是一種對話的互動，即是一趟訊息網絡的演練。既然如此，知人論世與以意逆志，以及此二者方法上的補充修正，也就不必然地非要牽制解詩活動不可。明乎此，鑑賞或詮釋才有可能是有感的，有意義的。解詩做為一項學術分析，才有可能不是純分析的，工具性地，假性客觀化地運作，而是領悟的，沈思默想的，一種感發創造的人文活動。

　　我以為，配合臺灣的賞析熱與大陸的鑑賞熱一起來看讀者的重要性，再參酌當代西方主體批評，接受美學，讀者反應，與意義學的理論，並觀其對主體解悟的分析，則對解詩方法的圓通境界，大致已得到有效的契合論基礎，可不必再煩辨多義與歧異之必然，古代集評集釋彙說之方法價值於焉確定。留下的問題應該是問這些：

　　1.什麼樣的方法，可以描述或規範眾多解詩途徑中的一種？

　　2.什麼樣的實值力量，決定了多元意義中其中一種意義的合法性？

這兩個問題，更簡化地說，就是要探討什麼方法為大多數解詩者認同？什麼樣的解釋為大多數認可的一致意義？所以，解詩的過程問題還在其次，更棘手的問題焦慮，其實是在方法上提出一種合理性與標準化的理論建構。也就是類如詩學講的“圓喻”，批評家講的“圓解”之為何物？葛洪《枹朴子·廣譬》云：觀聽殊好，愛憎難同。古代早已然其然，今人只是進一步明其所以固然。但自古及今，真正努力在做而沒做成的，卻是如何“同”的困難。如何統一解詩？如何統一意義？如何規範方法？諸如此類的問題才是歷代注釋學歷史上的問題所在，[10] 也是集部注的方法問題所在。

　　因為吾人倘自此逆轉以上的討論取向，回到意義詮釋的合理化建構，便可發現主體性解悟的讀者主體，甚有可能是一種非出於實值解悟的意義，反而是出於主體犧牲，自我隱退，或者權宜之計的解悟。茲再以“生年不滿百”此詩之諸家評為例，于光華的彙評中就錄有唐文宗李昂的一位侍讀大臣李石的說解，他說：

　　　人生不滿百，常懷千歲憂，會不逢也。晝短苦夜長，闇時

多也，何不秉燭遊，勸之照也，臣願捐軀命，濟國家，惟
陛下鑑照不惑，則安人強國其庶乎。（于光華一九七七，
頁五五一）

細讀這個解釋，不免懷疑李石的主體解悟真如此嗎？首先李石在
詮解時，就受限於聽者——是皇帝，詮釋預設是——講讀，是臣
下忠君勸諫的目的。明言之，李石為了貼近此刻的詮釋情境，他
對這首詩的「真正意義」，顯然已做了選擇與再認相干性的活
動。照意義學大師奧格登與瑞查茲的意義建構圖式，此刻的詩意
是跟詩的訊息，來自符號境域，行動，訓詁字義，當下字義，視
點，參考資料等綜合起來的訊息判斷，其間或直接，或迴轉，無
不要在“適切性”上求得意義的真。（奧格登・瑞查茲一九八
五，頁一一）所以，為了完成意義的“真”，李石將“象徵符
號”的含意指涉，加以修正，說夜長是指涉黑暗，秉燭是要皇帝
認得出賢者，光照野遺，而這一首詩總的“標準”意義是勸諫人
君要安人強國。夜，燭，這兩個形象符號至此有了截然不同的指
涉，與「及時行樂」或「貪惜之刺」迴不相干了。試問，這樣的
“標準”意義是出於李石個人的主體解悟嗎？如果不是，何以會
有這種意義釋出？周華山在《意義——詮釋學的啟迪》一書中，
提到意義的生產過程，首先就是分類，理解就是分類，每個詮釋
者都各自有一套複雜的分類系統，在進行詮釋時，必定蘊含選擇
性吸納與選擇性遺忘，而這是“人為加工過程”。（周華山一九
九二，頁一九八）這個過程充滿了不可理論的“排他性”，因為
一個沒有排斥性的概念，其實什麼也沒有包容，正如一個不能被
否證的論證已經不是一個論證。（同前，頁二〇六）在這樣的分
析結果，所謂意義的生產，實在是盲點，前設與排他性，偏見、

選擇的總結果。總之，意義是被閱讀和生產出來的。這個說法，已充分描述意義的"非理性"現象。但是並未述及意義的建構其實更是一種體制化與經典化配合起來"意義中之意義"。這個體制化建構有高度的宰制，包括教育系上的宰制，文化訊息上的宰制，以及意圖上的宰制。諸種宰制導致主體性解悟做出犧牲，瀕臨消亡，匱缺，卻又迫於宰制反抗的心理更違反直覺解悟，易言之，主體性解悟也可能是另一種的"假性綜合"，主體在那裏呢？

　　誠如理查茲的分析，意義一旦被經典化了，則解讀者不過在做符合"經典""正統"的簡化工作。因之，許多字詞的"含意"其實是冒著"正確"之危險性而被定下來的。（奧格登‧理查茲，一九八五，頁九二）當然，就"定義"來說，它也只是另一種"分類"的逃離。瑞查茲指明定義的完成中有三要素，其中之一是"集體"的用詞。（同前，頁二四八）這個集體，可惜理查茲未做進一步深入的討論，相對於六十年代末期的歐洲後現代思潮專注體制合理化與知識建構考古學的探討，便顯得語焉不詳。理查茲的意義學專書初版於一九二三年，要到一九八五再版，才趕上了詮釋方法論的學術風潮，如今移來做為中國詩學的方法論之參考，應可收他山之石攻錯之效，予吾人在解詩之道的反省。準乎此，回到李石的例子，加以引伸擴大，所謂體制化，是意義合理性建構的主要力量，它包括文化體制，權力體制，教育體制，學風門派體制，詩學內在體制，性格體制，注疏學體制，以及情感體制。這一切，吾人可總名之曰意義體制。其主要目的，是要完成意義的一致性，統一性，標準性。換句話說，就是"圓喻通解"。

　　因之，最後的主體性解悟，做為修正傳統詩箋釋方法的補充，明言之，不也就是體制化的企圖與焦慮嗎？謹以拙論就教於顏崑陽老師以及有類似焦慮的解讀者。

附註：

1　徵引訓詁的方式與興會感發的方式，大抵標識著古人解詩（包括解文與解經）的主要兩種模式。茲以文選學為例，李善注即屬前者，五臣注則屬後者。雖然此二方式非始於善注與五臣注之創發，但由善注集徵引式之大成，與五臣注集感發式之大成，可以有說。尤其自唐以後的文選學，歷宋元明清各代，官方與民間學術對待文選學的態度及對兩注的評價，更可以佐證徵引式訓詁得到體制上的保護。此所以李善注《文選》長期獲有歷史高評價之因素。有關徵引式訓詁之討論，及其在訓詁學上的地位，參王寧，李國英《李善的昭明文選注與徵引的訓詁體式》一文，收入趙福海 1992，頁56-67。該文結論認為徵引式解文是承先啟後之成就，是徵引本身價值的必然性。而忽略了自北宋仁宗天道以後國子監以善注為定本，在體制上的決定影響，且未顧及明代八股文盛行，及清代樸學大行，特別有助徵引式的滋長，凡此因素，固屬宏觀考量，皆為該文之徵觀討論所不及者。

2　茲錄張文之賞析文字，以做證據：
　　本詩與「東城高且長」「驅車上東門」兩首用意略同，皆教人及時行樂，唯本詩專對愛惜費之愚者而感慨。或以為係為貪吝無厭者發也。全詩分三部，首四感人生年促憂長，悟當惜陰夜遊。中四承上申明行樂當及時，愛惜費乃愚者之憂，揭明詩旨。末二以仙人難期，將人喚醒並兜應首句及「何能待」句作收。

首四句先感人生年促憂長，後悟當惜陰夜遊。言人生很少能有百年之壽命，但卻常懷千年之憂愁。其又何苦？況在短暫人生中，偏又時不我予，常受白天短而夜晚長所苦。若此則何不夜以繼日，秉燭而遊？中四句承上先申明行樂當及時，後嗤笑惜費乃愚者之憂，以行樂就趁此時，明年或明天將不知有何變化，所以怎能等到明年？錢財為身外之物，死又不能帶去，切莫當守財奴，否則徒讓後人笑其愚昧。末二句以仙人難期，將人喚醒並兜應首句及「何能待」句作收，言仙人王子喬成仙之傳說故事美則美矣，然非常人所能企慕，其難可與之同為不死也。因與起句相呼應，喚醒人們，生年不滿百，為樂當及時。

案：此賞析文字前半殆為諸家集評之總彙，即假性綜合之說。後末頗似直譯式之說解，將諸家的意思改用今人語複述，悉無引伸，興會與感發，更庸論主體性解悟之心得。

3　倘視《詩經》為集部總集之首，則注《詩經》之毛亨詁訓傳，可當做集部注釋體例與手法之最早者。而其手法即以單字單詞之字音字義考求為主。是屬於說解式之一法的。

4　大陸八十年代鑑賞熱說詩手法有利有弊，其普遍可見之一弊，即政治潛意識之作祟，無論何解，最終都必牽引到馬克斯美學的框架上，或者以唯物思考而強解詩。此鑑賞辭典之類似著作最常見手法，殊為可惜。即以此處所引劉衍文之專書，於鑑賞理論之建構後，竟然作如下之結語：

總之，我們所要求的也是當前應該具備的鑒賞和評論，務須以馬克思主義的美學觀為主導，以我們的民族特色為基礎，博采眾長，吸取歷史上所有的經驗和教訓，重視在思想性和藝術性兩方面進行具體、深入和細致的剖析。評論的目的決不是為了打擊，也決不是為

了吹捧，而是要有助於讀者的鑒賞和思考，有益於作者藝術上的理解和創作上的提高，促成文學理論發展的更加系統化、科學化和藝術化，從而有利於全人類對共同理想的不懈追求和生活情趣的不斷美化，而這也正是我們學習文論和從事文論工作時應有的抱負。

這一段話，即以馬克斯美學為指導，先立一偏見置於鑑賞之前，跟自己在鑑賞理論上要求以學養與廣識為基礎的說法自相矛盾，顯然是「別有苦衷之言」，大陸鑑賞熱的困境多半在此。另參陳新璋1991，頁98，也有同樣的論調。

5　此處筆者提出技巧與意義結合的看法，也即是把技巧融入鑑賞的過程中。陳新璋1991，頁97，對技巧與鑑賞的結合及其在晚近詩詞鑑賞史上的地位有精到說明：這就說明了，"意境說"鑑賞者必須十分注重技巧的運用，所謂技巧，主要是指語言運用、表現方法和體式結構。王國維深知其中三昧，所以在《人間詞話》中一而再、再而三地舉例說明上述三項技巧的各種突出形態以及他個人的新穎見解。半個多世紀以來，大量詩詞賞析文章，就多注意對作品意境的描述和技巧的揭示，反映了鑑賞者獲得的不僅僅是教育的作用，還有美感的作用和知識技巧的組織作用，而且三者互相聯繫，建立在感受、體驗——美感的基礎上，這是詩詞鑑賞史上的一大進步。

6　跟伊瑟不太一樣的否定觀念，還有姚斯提出的「曲解」與「質疑」，他認為緊跟在第一位箋釋者之後的解讀之可能乃是基於解釋領域的豐富，解釋領域有補充，延伸，再強調，與新發現。而第二次閱讀的邏輯必然是曲解，但所謂的曲解並非表示對文本的歷史與客觀事實之誤解，曲解是基於一種對合法性解釋的質疑，是為了詮釋上的新啟發，必定要走另一條路，以證明文本有另一次閱讀反應。他強調反應的意義如果僅是對歷代箋注的認同印證，那麼閱讀

能提供文本什麼呢？他結論說任何藝術作品的解悟都要有反思。（參姚斯，1983，頁 185）

7　有關意義的建構之外在因素以及人為造成，是接受美學與讀者反應理論熱門的話題。姚斯在《朝向美學的領受》一書的第五章就詳細地討論十九世紀法國詩人波特萊爾一首《憂鬱》在歷代諸家箋釋因不同的基點之轉變而生成意義。他指出開始時，十九世紀普遍的詩學，是如何把作品當作作家生活來瞭解，慢慢演變成本世紀現代讀者如何在《憂鬱》中找到疏離感，而賦予該詩現代性的解釋。姚斯所談的材料類似中國箋釋集評的內容。他強調意義之新生皆要透過合法化，以教條方式給予「真」的地位。（姚斯，1983，頁 173）有關意義與政教體制化的論述，中國學者有葉維廉寫的《美感意識意義成變的理路》一文。（參葉維廉，頁 38-41）

8　中國古代文論中有關作品評價的說法，分別見於各家專著如《文心雕龍·知音篇》，或者書牘序跋題記與評點箋釋。總的看，每一家理論之主張即為該門派評價作品的標準。不論各家說法如何？評價必然非絕對標準，已是不辯自明之共識。譬如堅持技巧理論者如李東陽李夢陽之流，其評價標準講體式，字法，必迥然異於內容有實用功能的儒家文論。正猶如講妙悟觀的詩學一定不同意講道德教訓與社會批判的標準，因此，概括而精約地歸納古代文論，實在是瞭解評價的首要條件。請參劉惹愚，1977 與 1981。又以現代人觀點重新整理中國古代文論中的評價問題之專文，可參看黃啟方，1976，頁 135-150，龔鵬程 1985，頁 194-233。

9　對閱讀活動做為心理反應現象加以說明的理論，除了劉書講到偏好與變態，接受美學講到的性格心理之外，情感與認同作用，同化作用的心理現象，可參霍蘭德 1991，頁 315，頁 317，與第十一章的

論述。

10　有關歷代注釋學史的描述，以唐代啖助說春秋，韓愈的解《論語》
　　為反對統一性的開端，至宋疑經風氣起而有了更大發展。其中李善
　　注文選學又為集部注反統一解的承先啟後之作。可參考汪耀南
　　1991，頁 322-345。

《文選》及其評點所見漢詩學

一、序論：漢詩問題之所在

　　《文選》為中國古代文學作品第一部總集。所收三十九類文體，[1] 首列賦，其次即為詩，再次為騷。而樂府不與詩別，只廁列於二十三詩類之一。可見《文選》分體與《文心雕龍》不同。《文心雕龍》有〈辨騷〉，其為文體論，與詩，賦分別。或為文原論，與經書緯書，聖道鴻教同為文學根源，向來固有二說之異。故而討論《文選》所收詩類，當為中國古代文學重要課題之一。

　　倘再對觀《文選》與文心所謂的詩，則《文選》之詩，不包括今之《詩經》，此蓋受限於編輯標準已明說於序言中，謂經書與史書子書皆不收。三百篇既登為《詩經》，自不在選列。只選漢代束皙的補亡詩六首。然則，《文》選所收詩，當始於漢，故而，漢詩是選學關涉重要課題之一。

　　當然，《文選》所收漢詩，僅為白文，無得由見所謂漢詩之學。漢詩之風格、體製、特色、以及品評等第，皆不能自《文選》所載漢詩白文得之。然而，《文選》成書后，歷代注釋點評之作，無慮百數，其中，流行於明清兩代之評點。於選詩多有評

說，凡此意見，皆可為漢詩學一解之助。與它書所見，或專著所發漢詩學，異同並見，所以，整理選詩評點，詳析其意見，甄別其高下，及至比較它說之可否，即是選詩所見漢詩學。

茲錄出《文選》所收先秦兩漢詩作品如下，存疑者亦暫列：

（一）雜歌；荊軻一首、漢高帝大風歌一首。

（二）辭：漢武帝秋風辭一首。[2]

（三）勸勵：韋孟諷諫詩。

（四）雜詩：李陵與蘇武詩三首、蘇武古詩四首、古詩十九首、張衡四愁詩。

（五）樂府：班婕妤怨歌行、無名氏古辭樂府三首。

在右列五項中，只有雜歌一類，載《漢書・藝文志》。漢志將三百篇入之六藝略，另立詩賦類，專收屈原宋玉及漢人所作賦，可見漢志對騷、辭、賦皆不分。但在詩賦類中的詩，只以歌詩為主。首舉高祖歌詩二篇，清人王先謙引王應麟說謂即大風歌鴻鵠歌，（《漢書補注》，頁九〇一）今大風歌收入《文選》。據此，漢志所見漢詩，皆指可披管絃之歌詩或樂府，[3] 而不及五言詩。《文選》則相反，在五類漢人作品中，雜詩以五言詩最多，超過歌詩或樂府，顯然《文選》於詩類分體選錄作法上已反映漢代詩學的新看法。其相較於文心與詩品之見又如何呢？

《文心雕龍》有〈明詩〉與〈樂府〉兩篇。〈明詩〉講詩的起源，詩的定義，隨講詩史之流變，自《詩經》講起，下起四言五言之分，有雅潤與清麗兩體，而終止於三言四言六言之雜體。其中五言詩，即舉古詩十九首為例，疑枚乘之說，但「比采而推，兩漢之作乎」。可見，文心所謂的詩，是包舉《詩經》三百篇而言之，而五言詩固在其中。所以，文心所見漢代詩學在此點

與《文選》相類。

可是，文心所謂的詩，究竟與漢志的「歌詩」性質不同。文心之詩，除三百篇非民間歌詩本來面目，而實即改造過的「歌詩」之外，加上漢五言詩如古詩十九首，與及玄言詩山水詩之在六朝。凡此諸類，皆不可當作歌詩。因之，文心之詩非漢志詩賦略之詩。文心因而另立〈樂府〉一體，在定義詩與樂府，分舉《尚書・虞夏書・堯典》帝曰：「夔，命汝典樂，……詩言志，歌永言，聲依永，律和聲。」（《尚書集釋》，頁二八）[4] 割裂前後兩段，分置於〈明詩〉與〈樂府〉之篇首，這就不免令人聯想文心立詩與樂府為兩體，是從《尚書》舜云之說。

然而，實際於〈樂府〉篇末文心已明言立樂府一體之由，是出於：昔子政品文，詩與歌別。故略具樂篇，以標區界。於是，引起范注，黃注之一段辯論，詩歌別不別，各自立說。（詳下文）至少，文心明謂從漢志之分略。今見漢志詩賦略所指為歌詩，六藝略則涉三百篇，可知文心不誤。唯當再細究者，漢志並不在六藝略談樂府，而改於〈禮樂志〉說之。歌詩為可歌之詩，樂府當然更可歌了。然而，樂府與歌詩又有不同。漢志分立旨趣，非盡如文心之說。此又不可不再辨。

據此點以驗《文選》，則《文選》所見漢代詩及歌詩，近似漢志之意。何則？雜歌與辭兩類即漢志之所謂的「詩賦略」之歌詩一體。韋孟〈諷諫詩〉是「漢初四言」，匡諫之義，繼軌周人。是漢志六藝略所謂的「周詩」一系。漢志六藝略云：誦其言謂之詩，詠其聲謂之歌。明知漢志有詩歌之分說。韋孟四言詩，是可誦之一類。

再看樂府一體，《文選》所收漢人之作兩種，可歌與否，不

見於著錄。《文選》既題為樂府而收入此兩種，又總括於「詩」類大分之下，可見《文選》與文心看法稍異，而與漢志之「歌詩」說略近。何以見得？今審漢書論及詩學，主要見於〈藝文志・六藝略〉與〈禮樂志〉兩篇。所舉漢詩互見於兩篇者即〈泰一雜甘泉壽宮歌詩十四篇〉與〈宗廟歌詩五篇〉，此二種在〈禮樂志〉因為「不序郊廟，故弗論」，但據王先謙補注云：藝文志所載即此十九章也。（《漢書補注》，頁四九六）而〈禮樂志〉所收漢樂府大別為安世房中歌十七章與郊祀歌十九章，倘加上郊廟十九章，則這一類作品，殆即漢詩中宮廷樂府的大部份了。今觀兩志所收作品，漢書均用「歌詩」或「詩歌」之詞範之。更於兩志中，皆舉漢武帝立樂府以采歌謠乙事，明知《漢書》所謂之「詩」，實即樂府。

尤其〈禮樂志〉說樂之定義、功能、性質，幾同於詩之為用，其關鍵字句分見如下：

> 先王恥其亂也，故制雅頌之聲，本之情性，稽之度數，制之禮儀。（《漢書補注》，頁四八三）

> 自卿大夫師瞽以下，皆選有道德之人，朝夕習業，以教國子。國子者，卿大夫之子弟也，皆學歌九德，誦六詩。（同前，頁四八四）

> 故聞其音而德和，省其詩而志正。（同前）

> 夫樂本情性，浹肌膚而臧骨髓，雖經乎千載，其遺風餘烈，尚猶不絕。（同前，頁四八五）

> 高祖既定天下，過沛，與故人父老相樂，醉酒歡哀，作風起之詩，令沛中僮兒百二十人習而歌之。（同前，頁四八六）

乃立樂府，采詩夜誦，有趙代秦楚之謳，以李延年爲協律
都尉，多舉司馬相如等數十人造爲詩賦，略論律呂，以合
八音之調，作十九章之歌。（同前，頁四八七）

細審此諸句，上下文意多詩與歌並舉，其中，說樂本情性，與詩
之持人情性，詩樂之陶冶性情具同功之妙。而情性或性情之論，
爲漢詩學之流行概念。（說詳下）

　　由前述，可知劉勰認爲子政品文，詩與歌別，諒非漢志之
意，因爲漢志之詩，置於六藝略而言三百篇，漢志之歌實即混雜
真樂府與假樂府兩類，而包舉朝廷之制與民間歌詩。是以，漢志
例用「歌詩」或「詩歌」乙詞以名樂府，頗與先秦用「詩三百」
乙詞之概念有別。因之，劉彥和的子政詩與歌別論，要不別有立
說，否則，必涉〈樂府〉篇兼論漢以下，曹魏與兩晉之作，因而
有詩樂分論。然而文心以後世觀點說作詩樂分論，並不能即此而
遽謂劉彥和踵子政之意，如王更生認爲這是文心宗經說，所表現
的「正末歸本」的一貫濟世精神。（《文心雕龍讀本》上篇，頁
一○四）反而，應該說是文心不從漢志之漢詩學歌詩論，而遽以
曹魏兩晉之後世擬仿不入歌之文人作爲見解，遂混言漢志云云。
依此，黃季剛先生札記，認爲文心此說雖據〈藝文志〉爲言，但
〈藝文志〉之所以如此分詩與歌詩，那是因爲在〈六藝略〉已言
「詩」，當然不可能把歌詩附於詩之下。若然，黃先生以爲：非
子政果欲別歌於詩也。（轉引自《文心雕龍注》，卷二頁三七）
其實，黃先生的見解，倘再參考上舉〈禮樂志〉說樂的幾句關鍵
字詞，就不難理解，漢志的歌詩不分，確然示人矣！吾人更可再
加一說，即漢志所見漢詩學皆樂府詩，而不及五言。然則，《文
選》次樂府於「詩」一大類之下，暗含詩與歌不分之意，《文

選》於分類中，實宗子政品文，而文類所反映之漢代詩學之一
面，實與漢志所見並無出入。此自《文選》詩類以驗漢代詩學之
一例。

　　所餘者，就是置於雜詩類下的古詩十九首了。

二、古詩十九首之影響論

　　古詩十九首既首次編錄於《文選》，則凡注選詩與評點選詩
之各家說，皆可參考之而歸約其有關漢詩意見。首先就十九首之
創作年代，李善作注已考定十九首辭兼東都，不可能盡是西漢枚
乘作，持論略同《文心雕龍》明詩篇說法，皆推知「兩漢之
作」，而不必定指枚乘。其餘諸家說不一。或疑西漢史傳莫見五
言紀載，或指枚乘詩不避諱而斷為晚出，或指修辭例用緯書，所
以作於漢末。

　　劉持生臚列諸說後，終亦從文心與《文選》，認為五言不一
定興於西漢景武之世，但不能說西漢無五言詩。（《先秦兩漢文
學史》，頁二八五）

　　時代既定，今改用「漢詩」乙詞以替西漢東漢之別，則古詩
十九首做為漢詩有別於樂府與四言之新體，淵源所出，影響承受
等，見之於選詩評點者有如下諸條可述：

　　　1. 比興意多文情便深厚，此風人嫡派。（行行重行行）
　　　2. 形容洛中富盛處語不多而蒼勁濃至，絕可玩味，鮑明遠
　　　　 詠史自此來。（青青陵上柏）
　　　3. 此全是賦。（今日良宴會）
　　　4. 全是演毛詩語，得末四句，直截痛快，振起全首精神，

然亦是河廣脫胎來。（迢迢牽牛星）

5. 獨宿以下只是夢見覺失，意自長門賦變來，而寫得濃至，質饒古色，自是高妙。（凜凜歲云暮）

6. 秋多句精絕，四五字變得巧，三歲字不減尤奇峭。總是險勁調，蓋公幹太沖所自出。（孟冬寒氣至）

7. 清切獨勝，是魏文所祖。（明月何皎皎）

觀此七條批語，大別可皆三類內容，其一是前影響，如145三條，其二是後影響，如267三條，其三是文類互為交溶的平行影響，如35兩條，乃就古詩十九首的立意與技法說明與漢賦的「類同」之處。

就前影響而論，二則批語均指出十九首與「詩經」國風的「類同」現象。這是貫時性的類同，由相隔的前後兩代時間而產生。另一則是並時的「類同」現象，由同時代中（同在漢代）不同文類的相互滲透而產生。這二則批語說明了漢詩影響，尚未有外來接觸做媒介（如異國文化），而純由本土文化文學的接觸產生影響。

再就後影響而論，漢詩影響後世的詩人及作品，分別有鮑照、劉楨、左思、曹丕等。這一現象，說明了，「類同原則」，經過分化與再影響，遂有不同詮釋之可能，因而產生同祖一源，卻各如其面的分歧「類同」。如後影響的這三條批語，同出於「類同」的古詩十九首，卻因再讀與再詮釋而分別影響了鮑劉左曹等四家之詩。然而，吾人不能即此類同就認為此四家詩即類同。四家詩亦可能復因解讀者之主體解悟不同而出現不同的「類同原則」辨認。譬如《詩品》就認為鮑照源出於張景陽張茂先，而不是古詩。魏文帝則源出於李陵，而又兼有王粲的「體則」。

這樣，證實了影響理論中可能有的「誤釋」與「誤讀」，因為，一個詩人的前影響可能是兩種，而且，隨著歷史的推移，後影響也可能多種。布魯姆有名的「影響焦慮」理論，強調了詩歌既是收縮又是擴張。所有的修正前人作品如果叫收縮運動，則創作本身是一種擴張運動。這樣，布魯姆對影響做了正確解釋，即影響是收縮運動和向外擴張耳目一新的「辯證關係」。（《影響的焦慮》，頁九五）

注意布魯姆講的前影響之收縮與後影響之擴張不是一定的，而是辯證關係。只是這個辯證之後的判定，當歸屬於何者？在此，吾人即以十九首的批語為例，補說了布魯姆影響理論的這一項質疑，提出「評點」做為解悟判定之價值，對影響理論提供了一個本土文化文學實際現象之一例。

再者，吾人當注意這七條批語所使用的批評詞彙，如〈行行重行行〉乙首用「比興意多」，是講技法與國風比興之類同，而「文情深厚」，應是詩者持人情性一概念之相關意涵。這一「類同」的批評詞彙，又見於《文心雕龍·明詩》篇說古詩「怊悵切情」，扣一「情」字，與《詩品》說古詩「文溫以麗，意悲而遠」的意悲，即情感之悲，今人王叔岷認為此兩個批評概念，「亦相關」。（《鍾嶸詩品箋證稿》，頁一三五）所謂的亦相關，即可視之為「類同現象」。

假使再找後代其它賞讀者所使用之批評概念，則有陸時雍說：一句一情、一情一轉。又劉光蕡說：情致纏綿。（轉引自《古詩十九首彙說賞析與研究》，頁四頁五）而方廷珪則謂：頓挫綿邈，真得風人之旨。（轉引自《詩品注》，頁五二）以上這三家所用的批評辭彙，縱使不盡然相同，但都有「情」字概念，

不失為「類同原則」，因此做出影響論之檢證判斷。建立在這一
實際批評手法所得出的「證據」，無寧是漢詩學影響論方法之具
體示例。這樣又可補說布魯姆影響理論移用到本土文化文學之研
究上的「類同原則」，而不僅止於對異國接觸或相異原則有效
用。簡言之，同一文化文學系統也可適用「類同原則」之影響，
而其作法如何？透過選詩評點對古詩十九首的批評詞彙之「類同
現象」，發生效用，因而獲得檢證。

　　十九首之外，尚見於其它《文選》所收漢詩之批語，關係到
漢詩學問題者，詳述之如下：

三、樂府詩之體格論

　　《文選》於二十三詩類下，分有〈樂府〉乙類，次於〈郊
廟〉之后。選有古辭樂府三首，即〈飲馬長城窟行〉〈傷歌行〉
與〈長歌行〉等。[5] 對此三首之批語，分別用了「雅味」與「風
骨」「骨力」等術語，持與它處所見賞讀不同。可視作選家對漢
樂府體格論之一見。原批如下：

　　　孫曰通篇不屬對且句句有味有力，不淡不弱，然是高妙，
　　　但細玩卻是兩句一意耳。（〈傷歌行〉眉批）
　　　孫曰雅味中有骨力。（〈長歌行〉眉批）
　　　孫曰質而含濃色，風骨甚勁。（〈怨歌行〉眉批）

先說骨力乙詞之概念，自《文心雕龍・風骨》揭示骨力與文骨之
說，有關文章之「骨」，遂廣為引說。但文心用骨采、骨勁、骨
鯁、骨髓諸詞，各施於〈碑誄〉〈章表〉〈奏啟〉〈風骨〉等四
篇，而不及〈樂府〉與〈明詩〉。章表奏啟於文體屬「筆」之一

類，即所謂「無韻」之筆。有韻的「文」如樂府與五言詩是否適
用「骨力」等批評概念，文心既未明舉，則骨力用之於樂府，當
屬文心之後晚出說法。

　　與風骨各指文章的「情」與「辭」兩方面，析辭必精，是鍊
骨的成功，述情必顯，是深乎風力。劉勰於此二詞向不含混，用
於實際批評者，凡屬於「筆」而以文辭為講究者，例用「骨」及
此字的連綴詞說解（如骨髓）。反之，若屬「文」之一類而以情
韻見長者，例用「風力」如何如何以評判。例如說：潘勗錫魏，
思摹經典，群才韜筆，乃其骨髓峻也。相如賦仙，氣號凌雲，蔚
為辭宗乃其風力遒也。（《文心雕龍·風骨》）這裏舉潘勗的
〈賜魏公九錫文〉，是「筆」。司馬相如的〈大人賦〉是「文」
之同性質。文心之以風對情說，骨對辭言，分判明白有如此者。

　　然而降至明清，文論家延展「骨力」說，多用於詩歌評賞之
詞。宋人許顗《彥周詩話》載韓秀實判讀元稹艷詩與韓偓《香奩
集》的艷詩，高下之分，正在一個是「麗而有骨」，另外一個是
「麗而無骨」。（《彥周詩話》，頁一七）此處已用「骨」字說
詩。於是，明人謝榛《四溟詩話》用「精技有骨」摘句批評，清
人周濟《介存齋論詞雜著》用「究苦無骨」評驚李清照詞，而沈
德潛《說詩晬語》說劉夢得「骨干氣魄」高於隨州。至此，論詩
詞之「有韻為文」的一類，已兼用原先文心專屬於「筆」之「骨
力」說。顯見，「骨」字批評概論已分化，或與其它批評術語合
流了。它如清人劉熙載《藝概》用骨力乙詞評論書法，則又更廣
為傳說了。[6]

　　茲者，孫評用骨力風骨說樂府，可謂與明清說詩風氣同流，
倘又與其它評樂府此類古辭之說相較，則孫評不重在意旨思想，

而重在風格品評，對樂府詩此一詩類之解讀，方法已變，那麼，骨力做為一批評概念，實際運用已普遍化了。

今以長歌行為例，吳兢說此首言當努力為樂，無至老大傷悲。（轉引自《樂府詩集》，頁四四二），朱止谿則謂此首思立業，李子德把它聯想成是描寫西京吏治文章。（轉引自《漢魏樂府風箋》，卷二頁一五）照以上說，此詩一在自勉，一在勉人。劉履就如此讀。（《選詩補注》卷一）這個綜合意見，又為今人畢桂發採用。（《樂府詩鑒賞辭典》，頁三三），然而，諸家說亦僅止於此，若問樂府之風格，則孫評曰骨力，可助一解。

再如〈怨歌行〉乙首，歷來說解，無不集中於此詩主旨之「怨」，而此怨並無明說，乃藉團扇出入懷袖以比喻女子之命，歲時之變，命亦如之，這個形象顯明的比喻，一直是說詩家津津樂道者。推此而外，王夫之將此詩類比國風，是文類辨異，（轉引自《漢魏樂府風箋》，頁五四）沈德潛則再提一句曰「音韻和平」。更有將怨字引伸，說成「怨而不怨」者。如吳伯其之說，以及今人之說解。（《樂府詩精品》，頁一三六）唯終究不越出「怨」字說，所以，《樂府詩集》從《文選》做同樣的篇題，而《玉臺新詠》乃逕改題曰怨詩。並附錄短序，云作者班婕妤「作賦自傷」。（《玉臺新詠箋注》，上冊頁二六）如此，篇題與主旨扣緊，此首之妙盡於斯。

而孫曰云云，說此首的「質」，意指此首含怨而委婉道之，說此首的「濃色」，是善用四時物色，以為「情往似贈，興來如答」的興起作法。這二說，大抵不離諸家已揭者。唯獨著一「風骨甚勁」之語，乃合併此首之「情」與「辭」配合而言。樂府詩本以接續國風，為民間歌詩之流，《詩經》多用比興，樂府不惟

比興，又加風骨，然不然，姑無定論，至少，孫評的解讀對漢樂府而言又進一說，頗資再讀者的辨證反思。

其餘用「味」說，先秦兩漢固有其例，特別是鍾嶸《詩品序》標五言詩為眾作之有滋味。則「味」字說詩，孳乳而有文心的「情味」，司空圖的「味外之味」，以至明清詩家常言的神味、風味。凡此，可知「味」字施於講音韻講言深旨遠的詩詞，已成批評之定式，此處孫曰用味字評樂府，不若用骨力之有變創，但合「味」與「骨」兩字批評概念說樂府，則可視為新解讀之一法。

四、歌詩不同論

《文選》二十三詩類分有樂府，挽歌，雜歌，明知樂府與詩有類屬關係。《文選》所謂樂府又與郭茂倩《樂府詩集》之樂府所包含體類有寬窄之別。

再者，劉勰《文心雕龍》立〈辨騷〉〈明詩〉〈樂府〉〈詮賦〉諸篇，顯見劉勰亦分詩與樂府。今觀其〈明詩〉篇講詩的起源論，採用詩言志，持人情性之說，是宗法先秦兩漢詩學者。[7]次論詩史發展，分四言與五言，又各以清麗雅潤為風格之異。說到四言，首自詩三百之言志說而起，所謂「春秋觀志」即是。惟此言志之詩三百篇，既已列入〈宗經〉所規限之六經，然則，有別於「詩經」以經為定位之詩，又自何始呢？文心舉「秦皇滅典，亦造仙詩，漢初四言，韋孟首唱」為例，揆其意，即謂四言之詩，不同於《詩經》地位者，斷自秦始皇的〈仙真人詩〉與韋孟〈諷諫詩〉。因為從此以下之詩，不再具有如三百篇之「經」的

地位。這是「經詩」（自撰之詞）與一般通義的詩之區別所在。

　　〈明詩〉順此發展，特標建安之初，是五言騰踴的時代，於是，後世所謂的「詩」從此大加發展。至於三六雜言，離合體，回文詩，與七言的柏樑連韻，並四言五言都是「情理同致」，因而也可總歸「詩囿」云云。

　　由此可推知《文心雕龍》所講的詩主要是五言詩。而於〈明詩〉篇之外，另立〈樂府〉，明見詩與可歌之樂府實判分兩途。乃於〈樂府〉篇末引劉向別錄劉歆七略之說，贊同「詩與歌別」，故「略具樂篇，以標區界」。

　　劉氏父子之說見存於《漢書・藝文誌》，今細審〈六藝略〉〈詩賦略〉幾條重要關鍵句，可驗漢人詩歌分合之學如何，其句有如下：

　　　其一：詩言志，歌永言，故哀樂之心感而歌詠之聲發，誦
　　　　　　其言謂之詩，詠其聲謂之歌。故古有采詩之官。
　　　（《漢書・藝文志・六藝略》）

案：此處詩歌分立，區別在兩者之依隨關係。但先決條件是必先有詩，而后詠其聲始謂之歌。據此三百篇皆得謂之有聲之詩。問題是，無聲之詩又如何？以及本為歌之目的而填辭之詩又如何呢？此二問題引生詩三百，特別是國風，是否是民間歌詩本來面目之討論。於是，牽涉下謂古有采詩之官的采詩所採是否原貌之辨。當注意者，六藝略此處所言「古有」之古，定非漢武帝所立樂府官，而是指《禮記・王制》所載古者天子五年一巡守，命大師陳詩以觀民風的太師采詩之官。孫希旦注《禮記》引鄭玄注謂：陳詩是采其詩而視之。孫注又謂陳詩之目的是因詩可以貞淫美刺。（《禮記集解》，新編頁二九七）這一說法，不出儒家詩

教之旨，可由此反證，六藝略所講的采詩是古大師所采，而所采之詩即今見《詩經》之詩，簡言之，國風與小雅佔大多數。六藝略涉六經之「經」的概念，凡詩六家之詩蓋指《詩經》，而不指《文心雕龍‧明詩》所講的漢四言詩與建安之初的五言詩。

其二：傳曰不歌而誦謂之賦，登高能賦可以爲大夫，言感物造端，材知深美，可與圖事，故可以爲大夫也。（《漢書‧藝文志‧詩賦略》）

其三：古者諸侯卿大夫交接鄰國，以微言相感，當揖讓之時，必稱詩以諭其志。（同前）

其四：春秋之後，周道寖壞，聘問歌詠不行於列國，學詩之士，逸在布衣，而賢人失志之賦作矣。（同前）

其五：自孝武立樂府而采歌謠，於是有代趙之謳，秦楚之風，皆感於哀樂，緣事而發，亦可以觀風俗，知薄厚云。序詩賦爲五種。（同前）

案：細讀詩賦略這五條資料，可知漢人所立詩歌二途，其發展趨向是：先《詩經》、次漢賦，次漢樂府，而屈原，孫卿的賦，雜廁《詩經》之后，謂其「咸有惻隱古詩之義」。然則，五言詩，以及非《詩經》地位之四言詩，不與其列。因之，詩賦略所謂之詩，蓋指「歌詩」收錄歌詩二十八家，三百一十四篇，據王先謙補注，所舉二十八家之詩，皆在《樂府詩集》可見，則《漢書》之歌詩，即樂府詩，且歌詩與詩判然兩別。其二句謂不歌而誦謂之賦，明知賦確爲新興文體，與《詩經》之詩有別，亦不類歌詩（樂府）。其三句所指「必稱詩以諭其志」，所稱者即《詩經》，其四句明示詩言志，賦亦言志。其五句明揭樂府官立始於武帝，樂府詩之名自此出。樂府詩之功能亦同《詩經》，都

在觀風俗之厚薄。如是云云，可知《漢書》所反映的先秦兩漢詩史，其次序是《詩經》→《楚辭》→漢賦→樂府。五七言詩與非《詩經》之四言詩，並不在其討論之列。

　　據以上所論，則《文心雕龍‧明詩》篇所謂的詩與歌別一語中的詩，在〈明詩〉專講五言詩之立意看，以及文心另立〈樂府〉之用意，可推想文心此語所講的詩與歌別，是指五言詩與樂府詩之別。但若謂詩與歌，是出於「昔子政品文」之見，則甚謬矣！因為《漢書》詩賦略所及詩學內容只言歌詩與賦兩體，而不及五言詩如〈明詩〉篇所指涉者。這就引來有關先秦兩漢詩學中「詩」「歌」分判與否？乃並此分判與否關係詩本質與評價詮釋諸問題。

　　首先，范文瀾於注解〈樂府〉篇「昔子政品文，詩與歌別」句下，引黃季剛先生批語謂藝文志所以分歌詩與詩異類，乃因部居所拘，蓋因有六藝略詩賦略之分，不得不將歌詩別出來。其實非子政果欲別歌與詩也云云。（《文心雕龍注》，卷二頁三七）范文瀾據黃說復加發揮，斷曰詩與歌本不可分，故三百篇皆歌詩也。而後世無聲樂之詩，徒供目賞，僅存空名，詩與歌遂分途，如韋孟〈諷諫詩〉之流，范文瀾認為此種離絕三百篇理想，不具聲樂的「詩」，遂「陳熟可厭」。顯然寓有褒貶評價之意。於是，表彰漢志獨錄歌詩，認為「具有精義」，乃修正黃季剛僅為「部居所拘」之說。（同前）

　　范、黃二家之論，病在混言詩賦略所講的歌詩與後世所謂的詩為一系。其實如上文引句所示，詩賦略並不及五言詩，只專意在歌詩（即樂府詩）與漢賦。因之，若問《漢書》對五言詩與樂府詩，或五言詩與《詩經》有別否？不啻是緣木求魚，終不可

得，蓋空文闕如也。

於是，再回到《文選》的詩類之分，明顯可見，《文選》於賦詩騷三體分之，不特立樂府，因此與《文心雕龍》分法不同。《文選》復於詩類下次分二十三類，才有樂府之設，但樂府之外，又分挽歌與雜歌，軍戎與郊廟，反與郭茂倩《樂府詩集》以樂府詩為總稱之名不同。然則，《文選》是否反映了「詩」與「歌」不分別的詩學觀呢？今試論之如下：

《文選》二十三詩類，首標補亡詩，蓋補《詩經》今存六篇有目無詩之作。作者束皙，《晉書》有傳，《文選》題補亡詩六首，下有束皙序曰：皙與同業疇人，肄修鄉飲之禮，然所詠之詩，或有義無辭，音樂取節，闕而不備，於是遙想既往，存思在昔，補著其文，以綴舊制。（《評注昭明文選》，頁三七三）據此序可知束皙所謂的詩即《詩經》，而《詩經》之詩，義辭之外，兼以音節，束皙遂有存思慕想，因而補作亡詩，模仿《詩經》做到「詩」與「聲」之結合。自序用心如此。

結果，經評點家解讀，並不理想，先是何義門眉批云：「首之以補亡詩，編集欲以繼三百篇之首，非苟然而已也。」（同前）這話在解釋《文選》詩類首編補亡詩理由，認為《文選》編者有意把《詩經》以後發展出來的漢魏五言詩，看作是接續《詩經》的詩史地位。因為《文選》選錄標準不含經史子，《詩經》當然不選，就此而言何義門之意見，說出了《文選》編者不選《詩經》但又不得不選非「經」地位之「詩」。一則表示尊經，二則提升漢魏新興「詩」體的雙重意義。然而，雖言如此，六首補亡詩的成就實不及《詩經》。何義門又批云：「試以此置之三百篇中，當自有辨，三百言外之意，令人深思，不如是之一覽無

餘，恐笙詩未可補也。」（同前）這段比較評價之見，明言《詩經》是「笙」「辭」兼美，不可補也。《詩經》之技巧可做到言外之意，六首補亡詩則不如。類似評價，孫月峰也說「意似太露」，「情旨欠屬」。（同前）甚至直接指出這六首補亡詩「全是晉人語，豈可補三百篇」（同前，頁三七四）

　　據何、孫二家評點，詩經與「詩」在比較解讀中，雅有異同高下之分。其別關乎技巧優劣，但另有于光華摘錄沈曰：六詩不類周雅，然清和潤澤，自是有德之言。（同前，頁三七五）這意見就有可論矣！沈曰云云，用風格比較法，分出《詩經》的「雅」與六首補亡詩的「清」，持以驗對《文心雕龍・明詩》云：若夫四言正體，則雅潤為本，五言流調，則清麗居宗。可知，沈曰見解不出文心之說，這樣，就應和了一個理解先秦兩漢詩學體系的共識，選詩評點即在此實際作品解讀中進行此一體系之見證。然則，《文選》所謂的詩與可歌之「歌詩」（樂府）究竟分出來了嗎？

　　《文選》二十三詩類於樂府下，次以挽歌與雜歌，其中雜歌收漢人作兩首，即〈荊軻歌〉與〈漢高祖歌〉，何義門批語云：二歌不可以詩格論。（同前，頁五四四）此意見，明謂歌與詩不同法。其風格特色，亦各有品評，如孫月峰評〈荊軻歌〉云：此只兩語，卻為不盡慷慨激烈，寫得壯士心出，氣蓋一世。（同前）這是說此歌在「氣勢」上之表現。

　　至於漢高祖歌之點評，諸家亦每多在「氣」上發揮。如鍾曰雄大不浮，又曰氣大，而孫月峰合此兩歌下評云：此與荊卿同調，雄豪自肆。（同前）方伯海亦云：數句中有千萬言氣勢。（同前）總之，作為「歌」的性質，此二首之特色，無非是：氣

勢雄豪，氣勢雄大。這樣的批語，頗類《文心雕龍・樂府》評魏之三祖所用「氣爽才麗」之辭，都同時注意到了「歌詩」的「氣」之把握。然則，由選詩評點可知兩漢樂府之品評，重在「氣」，其風格重在「雄豪」，兩者構成樂府詩學的兩大辨識特徵。

五、雜詩類所反映的兩漢詩學

　　《文選》二十三詩類中雜詩乙類，最能反映兩漢詩學「新體」創生的事實。前述已知漢志之詩即歌詩，文心之詩則三百篇與漢魏五言混而談之。甚至於四言五言，寓有高下之見，〈明詩〉篇即謂「四言正體，五言流調」，流調即使做「流行之調」解，與「正體」一詞使用份量之輕重，自不能比。因之，五言詩做為漢代新興詩體，相較於劉勰宗經思想的三百篇之地位，不及遠甚，只因劉勰雖尊經，但亦重視「通變」，所謂「詩有恆裁，思無定位」是也，故於五言流調兼述而並備。而《文選》特設雜詩，標以「雜」字。不宜視作「流調」之見解，當以《文選》認為此類詩既五言七言均收，（如張衡四愁詩）且題旨情類非可劃一，自劉楨、曹植、嵇康、張華、陸機等皆用「雜詩」做詩題，再者，古詩十九首，不名作者為何人，以上諸種因素，乃有「雜詩」之設。其所謂雜，斷非樂府詩性質的雜歌之雜。這一類的雜，五言為大宗，只有近似七言的一首張衡四愁詩例外。此一現象，不即暗示《文選》視漢代新體即為「詩」之一類，反映五言詩在兩漢之地位。使到向以三百篇為詩之「經典」地位的正宗詩學，回歸到「非經」色彩的「原詩」本來面貌。因之，《文選》

首次登錄五言新體的古詩十九首，為總集之創例，亦為漢詩學之
反映。

　　《文選》這一作法，倘據撰成成書年代看，頗與鍾嶸《詩
品》所見略同。[8]鍾嶸《詩品序》明言：五言居文詞之要，是眾
作之有滋味者也。王叔岷先生解釋眾作，是包括七言而言。
（《鍾嶸詩品箋證稿》，頁一五）這是出於鍾嶸獨標五言之故，
而彼時鍾嶸必及見七言，只是七言尚未成為「流調」，故有此
說。《文選》既成書於《詩品》之后，且鍾嶸身歷齊梁二代，卒
年在梁武帝天監十二年之前（西元五一八）。雖不致必有與昭明
太子或十學士集團之關涉，但鍾嶸嘗為衡陽王晉安王記室，又有
建議梁武帝興革官制品第之舉，因之，《詩品》成書，或流傳於
公卿，而編《文選》之蕭統，與幕下文士討論，或未必不參考
之。[9]

　　唯鍾嶸專五言，《文選》則置五言七言與樂府或它體（如補
亡詩之四言）之間而並列，總冠於「詩」大類之下，此又不同於
鍾嶸。《文選》如此體類作法，雅有對兩漢詩學「普遍關照」的
宏觀視野，這個意義，應予注意。

六、四愁詩評語之價值

　　雜詩類另收有張衡四愁詩，字句七言，除首句第四字兮字不
計外，其餘六句，為完整七言，形式整齊，倘再加一句，即為七
言古詩之句數，是漢詩中少數特例之一。

　　孫月峰施於眉批有謂：立格奇，構詞麗，祖〈離騷〉而稍易
其貌，委為高作，第體方境狹，所謂不可無一不可有二。（《評

注昭明文選》，頁五五六）這一批語，用類似《詩品》講的溯源法，認為四愁詩自〈離騷〉來，但稍易其貌，又不全是襲仿〈離騷〉。這一祖一易，即詩學影響之舉證。可自影響論觀點看，知所謂影響，其實包含變創與修正改易。但此一影響有無之舉證，悉憑之閱讀感受之主體領會，因而主體辨認不同，其影響之說亦異。

例如同首末批有浦起龍云：

> 英瓊瑤告以精誠堅結，雙玉盤晶以虛受兼容，明月珠期以照察無隱，青玉案喻以倚任可憑，溫柔敦厚，三復之餘，忠愛之心，油然而生。是亦國風二雅之遺。（《評注昭明文選》，頁五五七）

這條批語，前半講詩中意象所比喻之含意，而就比喻手法之委婉，得出「溫柔敦厚」之感受，與孫月峰的總感受「體方境狹」不同。因之而推演此詩影響所自，認為「是亦國風二雅之遺」。這樣，一說〈離騷〉影響，一說風雅之遺。各自成說，而別具一理，既不妨此詩之解悟，實增此詩之多義，及至清代沈德潛的評語，遂綜合二說，而總曰：風騷之變格。沈德潛云：心煩紆鬱，低徊情深，風騷之變格也，少陵之七歌原於此。（《古詩源箋注》，頁七九）這一批語扣緊「情」字，強調讀後「心煩紆鬱」的感受，究與孫浦二家之感受不同，因而得出不同的影響論。初看之，沈評似有綜合之功，然而孫批選詩早施於前，已示源流論與風格品評手法，對漢詩學與先秦詩學之淵源影響做了實際解讀之例示。

這一解讀示例，不妨可視作漢詩學的一個影響個案加以討論。關於影響，它主要在比較文學的範疇內之一支學科，而有所

謂的影響研究。「接觸」與「影響」是檢證的開始，接觸又可分外來接觸，如異國文化與文學影響，至於本土接觸，即本國文化與文學之制約，就後者而言，中國古代文論中的「溯源論」與家法門派，應是作品前後時代不同之間最有可能產生接觸影響之例子。當然，貫時性的影響之外，並時性的影響，即同時代之間作家與作家，作家與時代風潮或思想潮流等諸因素之互動，亦為影響接觸之大可能。以漢詩學為例，《詩品》已明言古詩十九首，其源出國風，這是說古詩十九首在貫時性之一面受前代作品如國風之影響，但這一影響之檢證，則很難是客觀的，而必須加上「解讀者」之主體辨認，譬如《詩品》就用「文溫以麗」「意悲而遠」「清音獨遠」等這些閱讀感受之描述，權充檢證之證據而加以辨認漢詩學新體五言影響之所自。

　　倘換一讀者，其主體性之移位，則影響之共識或承認仍然不變，但檢證之例子與檢證過程，便由不同的主體感受而隨之改變。如選詩評點諸家對古詩十九首之影響檢證即不同於《詩品》。

　　現在，《文選》對漢詩影響之意見，一則見於選錄作品之有無，如張衡〈四愁詩〉，《文選》收錄，但《詩品》或以其七言新體而隻字未提。可見，二書對漢詩學之現象看法既異，自然不可能有同樣的影響檢證。而《文選》既選之，後代選詩評點對〈四愁詩〉亦因評點家各自主體之不同而作不同的溯源，如浦二田孫月峰二家之見。

　　誠如古添洪在做胡適八不主義與外國意象派詩之影響研究乙文中指出，接觸與影響之指陳與檢證，有點像我國「考據」之學。又說影響檢證不免只是一種「建構」，未必與事實相符，在

此困難之下，古添洪提出「類同原則」做為標準。（《從影響研究到中國文學》，頁二一，頁三五）確實「類同」之兩作品，究難脫影響干係，但若質問類同之各點，則主體解悟還是左右一切，否則，何以有不同影響所自之說法？又何以判定熟是熟非？就此點而言，選詩評點之最大價值，無寧是對漢詩影響論做一「類同」之實際檢證。而且，選詩評點不僅做出「前影響」，即前代之影響，更且指出「後影響」，即漢詩新體中古詩十九首對後代之影響。

七、小　結

本文至此大致已將《文選》所收漢詩做一論述。所餘者，次於古詩十九首之後的〈李陵與蘇武詩〉三首與〈蘇武古詩四首〉合共七首未論述。其原因是此七首在創作年代上爭議較大，又有真偽之辨。以至有關這七首的《文選》評點主要集中在此兩問題上，因著不同的詮釋理路而找到不同的時代定位，並以合理性將詮釋理由予以合法化。這一問題之層面，宜援引詮釋學與版本考據學證論之。本文暫闕，將另文討論。

本文主要將《文選》所見漢代詩學，分從《文選》白文與評點兩路看，就《文選》白文而言，《文選》是一部文學總集，其選錄標準及文學觀點僅憑一篇〈文選序〉的說明誠然不夠。但又沒有選文之序錄或如今人寫書的「題解」之作，因之，《文選》反映的漢詩學，唯有細審其分體之法，類別之歸，並揆測「選文以定篇」之各篇為何？綜合而判斷，以得出《文選》所謂的漢詩是什麼？本文經過《文選》的詩類之分，看出置樂府於詩之大類

下，與《文心雕龍》不同，而實暗合《漢書・藝文志》之歌詩觀念。

　　復由《文選》首錄古詩十九首，並收唯一的一首近似七言體的張衡〈四愁詩〉，指出《文選》重視漢詩學「新體」的價值與地位。這點反而又與漢志不合，而間接與同時代的《詩品》特標五言的地位有關，以質疑漢代由官方制作樂府一體的地位，這一點可視作文選對漢詩學的新詮釋，將「詩言志，歌詠言。聲依永，律和聲」的先秦兩漢歌詩一體的典律詩學，扭轉到詩與歌逐漸分途的五言七言新體，以便為魏晉南北朝大量流行的「俗調」之五言鋪路，而把漢詩的影響擴大加遠。以上這些研究成果，是從《文選》白文所收漢詩之分類作法上得出，當屬「選詩」本身反映的材料意義。

　　其次，再就選詩之「評點」，探討選學家在漢詩作品上的批點意見，持與原選意圖相互參證比較，結果發現評點與原選對漢詩學之看法不謀而合。然而，選詩評點之最大價值，不在於遵奉原選用意而重複陳述，乃在於選詩評點做為漢詩學之「實際批評」示例，具體地補足了原選企圖的檢證效果，以及批評辭彙與觀念之運用。這一部份，本文特拈出漢詩學中「前影響」「後影響」與「平行影響」的諸般進路，試借用當代文論中的影響論加以說明，由漢詩學的這三條影響進路，吾人可視為漢詩學的「影響圖式」[10]

　　因為影響論是比較文學課題，本文借用之，若可說而適切，則宜視作影響論與中國古代文論的相干性，為影響學說做為「理論旅行」[11]的一次案例，找到漢詩學領域的一個落腳之處，因而提供了對漢詩學的實際批評運作。當可視為本文第二部份的論述

成果。

附註：

1　目前各家對《文選》分體，多認為三十八類，筆者另提出三十九類
　　說，詳辨在〈論文選之難體〉乙文中，收入《魏晉南北朝文學與思
　　想學術研討會論文集》第二輯，頁 259-289。

2　《文選》於辭之一類，僅置漢武帝〈秋風辭〉，與陶淵明〈歸去來
　　辭〉兩篇，辭之一體，以《楚辭》為主，當與詩有別，本論文既談
　　漢詩，不宜入列。今視辭為古歌詩性質，如徐師曾《文體明辨》卷
　　一置辭於「古歌謠辭」一類。（冊一，頁 168）又簡宗梧亦云：
　　〈秋風辭〉是《楚辭》式的歌。（《文學的御花園－文選》，頁
　　46）本文採用此說，所以，把〈秋風辭〉列入漢詩。在六朝時，辭
　　賦並舉，如《文心雕龍》比興與指瑕兩篇的「辭賦所先」「辭賦近
　　事」云云。《文選》既立賦之一類，又別設辭之一體，明見《文
　　選》與文心於辭之性質看法不同。

3　《漢書‧藝文志》立詩賦略，此詩字取「歌詩」之意，蓋目三百篇
　　為六藝，故詩廁之「六藝略」，而另立歌詩乙類。此賦字包「騷」
　　與《楚辭》，不僅指漢賦，可知漢志將騷賦作一體看。而所謂的樂
　　府詩，《漢書》別於〈禮樂志〉說之，明知《漢書》視樂府詩為音
　　樂。所以，披之管絃的詩，才叫樂府詩。〈禮樂志〉云：郊祀歌，
　　即司馬諸人詩也。這樣一比較，樂府詩與「歌詩」應該再分，至少
　　《漢書》的本意是要分的。

4　《尚書》這一段話，范文瀾注引《尚書‧舜典》，今查《尚書》此
　　話載在《虞夏書‧堯典》，唯〈堯典〉合堯舜之事而記之，屈萬里
　　以為「雖以後代觀念記事」，但究非偽書。（《尚書集釋》，頁

6）但各家注，如楊明照、王利器、周振甫、王更生等，皆從文心「大舜云」之說，注曰出〈舜典〉。這是因為〈堯典〉此話列在舜云之後，自舜云以下皆記舜事。所以，文心逕曰大舜云，實則此段話在〈堯典〉，今按屈萬里新校本改題。

5　《文選》收此古辭三首，或作四首。四首者即於〈飲馬長城窟行〉後次以〈君子行〉。今見叢刊本，尤本，胡刻本，俱闕。廣都本、明州本、陳八郎本、袁本、茶陵本、奎章閣本俱有。而凡六家合注本並無出校善注與五臣注異同。知此首當三十卷本昭明原編有者。又查贛州本亦有，贛州本善注在前，五臣在後，且詳前略后，叢刊本、茶陵本晚出，皆從贛州本源出者，竟刪此首，殊不合刊刻體例。今據諸宋本《文選》，可證此首當有。〈君子行〉郭茂倩《樂府詩集》置卷三十二，屬相和歌辭平調曲。

6　案骨力說用於書法品評，最早應自衛夫人《筆陣圖》提出多骨豐筋說開始，而唐代李世民首言學書不在形勢，惟在求骨力。（《唐人書學論著》，頁73）。骨力於書藝之說，本文暫略。

7　詩言志之說出於《虞書‧舜典》，代表先秦之通見。持人情性說則漢人多有此說，《白虎通》立情性乙條，《漢書‧藝文誌》有方技略立房中八家云：房中者，性情之極。王先謙補注：官本作情性。（《漢書補注》冊二，新編頁914）可知情性即性情。

8　據《南史》與《梁書》本傳，皆言鍾嶸卒年在沈約之后，《詩品》亦始於約卒后，王叔岷先生據之訂為天監十二年（519）。可知《詩品》成書必不晚於是年。（《鍾嶸詩品箋證稿》，頁12）又王運熙亦同此說，唯訂其生卒年為（468-518）。（《魏晉南北朝文學批評史》，頁493）案：當是算法加減之誤，並無別。

9　其實像古詩十九首同類之作，實在至少有二十四首，明知已經蕭統

擇選過。而且，自晉至梁，擬作十九首者已多，可見十九首一類之「古詩」流行已廣。反證漢詩此類早獲士人重視。此問題可參何沛雄〈古詩十九首的名稱和篇數〉乙文。

10　這個「影響圖式」術語，也是由布魯姆於 1973 年出版《影響焦慮》，又於 1975 年出版《誤讀圖式》乙書的主要觀點，布魯姆提出「影響即誤讀」說，認為詩人之間的影響，不是時間先後的遞續，而是一位詩人對另一位詩人所作的批評與誤讀誤解。本文借用其理論時，稍加轉義，指出漢詩學的誤讀不是由詩人去做，而由評點家指出來，當然，評點家其實也多少具有寫詩人身份，在「創作」上之經驗與批評上之誤讀，應一同看待。另外，本文所用「前影響」「後影響」與「平行影響」諸語，乃是方便說明而杜撰者，非來自布魯姆。

11　「理論旅行」這一術語首由薩依德在《世界‧文本‧批評》乙書中提出。（1983，劍橋：哈佛大學出版社）而由米樂到中研院歐美所的一次講座中加以引述並引伸後結集成書叫《文學批評運作的形式》，由歐美所出版，意指理論之用於作品，由一個國家轉到另一個國家，猶如旅行一般，旅行過程中，不免出現誤解理論，或加以修正的情形，因之理論遂不能真的明確定義。（《文學批評運作的形式》，頁 5）而且理論之被扭曲乃必然之勢，（同前，頁 25）只是這個扭曲源於閱讀活動中的機制性。（同前）本文借參理論旅行的概念，認為選詩評點對漢詩的影響之論述，即有「影響論」之現象，可視作該理論本土化之例。

《文選》及其評點所見之賦學

一、序論：從〈遊天台山賦〉說起

　　《昭明文選》乙書分體三十九類，選賦之下又分十五支類，十五支類中有「遊覽」賦，共收三篇，孫綽〈遊天台山賦〉即其一，餘如王粲〈登樓賦〉，鮑照〈蕪城賦〉。

　　〈遊天台山賦〉的作者是孫綽（三一四－三七一），字興公，太原中都人（約今山西平遙西北），卻長期居住會稽。官至廷尉卿，曾參與王羲之召集的蘭台詩會，以文才著稱於世，詩、文（碑）、賦皆擅長。此文〈遊天台山賦〉，據《世說新語》文學第四載孫興公與范榮期的對話，孫綽自許是「作金石聲」之作。

　　誠然，此金石之作，為昭明太子品題，收入《文選》。而孫綽其人，在魏晉文學史之地位與評價，多就其「玄言詩」之代表作家而論，則孫綽與「玄學」有涉，已成定論。試看《世說新語》文學第四簡文稱許椽云云劉孝標注引檀道鸞《續晉陽秋》云：

　　　　詢有才藻，善屬文。自司馬相如、王褒、揚雄諸賢，世尚賦頌，皆體則詩騷，傍綜百家之言。至及建安，而詩章大

> 盛；逮乎西朝之末，潘陸之徒，雖時有質文，而宗歸不異
> 也。正始中，王弼、何晏，好莊老玄勝之談，而世遂貴
> 焉。至過江，佛理尤盛；故郭璞五言，始會合道家之言而
> 韻之。詢及太原孫綽，轉相祖尚。又加以釋氏三世之辭，
> 而詩騷之體盡矣。詢、綽並為一時文宗，自此作者悉體
> 之。至義熙中，謝混始改。」（轉引《世說新語校箋》，
> 頁二〇五）

這段話的內容，在說兩漢至東晉義熙年間的文學史變，以「賦」
「詩」兩類文體為例，先說司馬相如、王褒、揚雄諸賢的賦頌，
特色在體則《詩經》〈離騷〉。此後西晉之潘岳陸機等作家，也
以詩騷為宗。看來，論者有宗經祖騷的評價標準。

自正始以後，王弼何晏的老莊玄學興起，整個文風才一大轉
變。所謂詩騷的準則，也因此「體盡」。體盡是指舊體結束，新
體起來。然則新體又為何？照檀道鸞的意思，即「玄學」的流
行，玄言詩的大量創作。

但是，所謂的新體，不惟「玄言詩」，因為過江以後，佛理
尤勝，佛理不是玄理，盡人皆知。所以，郭璞會合道家之言，是
合「玄」與「佛」乎？這是一大問題。

再者，過江以後的文風，與江右時期的玄學之大不同處，即
玄加上釋。孫綽許詢兩家的作品即置放於此通變中而加以定位。
因之，眼前的問題要問：

其一玄言詩的定義為何？一般以易、老、莊之學為玄學。老
莊或者有以黃老替之。無論如何，罕有加入釋氏之說，而稱之玄
言詩者。

其二孫綽的文學地位是在玄言詩，若問「賦」的作品又如

何？是否同樣以玄理入賦，而稱之「玄言賦」呢？

其三賦體的流變，除了體製篇幅大小的改易，技巧修辭繁簡的增損，是否必要再加入「思想」「意念」的考慮？

二、〈遊天台山賦〉的評點

對於第二問題的探討，不妨先看〈遊天台山賦〉的直接解讀意見為何？天台山在今浙江臨海，僻處江南，東晉因政權南遷，文人才士逐漸南移，慢慢發現台蕩諸山的美處。〈遊天台山賦〉以描寫天台山之美景為主要內容，深合此時風氣。因有「遊」字，昭明太子收入《文選》，而歸之「遊覽」賦。但是遊覽只是此賦的外衣，真正要表現的，當為賦中的思想與內容。今據于光華所收集的批語摘錄三家意見，可見一斑。

1.孫月峰云：指在求仙。

2.何義門云：此仙都之境，殆非凡筆所能及。所謂馳思運想，若已再升者也。

3.又云：前段遊是實境，此段遊是遙想。極遊仙之妙趣，且以表天台之奇勝耳。

4.又云：非賦山，乃賦遊耳。山為實，遊為虛。運實於虛，特為精妙。中興才筆，興公為冠。

5.方伯海云：

> 晉人祖述老莊。以清虛為學。以無為為宗。此賦借天台以談元理。非僅寫游屐之樂也。前由下望上。意其中必有靈境。先從險處漩起。寫其一路艱危益求長生北用勇猛工夫。何處求進步，後復從平處游起。寫其一路開曠，蓋求

長生。既矢堅固願力。自然日就坦途。由是精進不已。不
覺身躋頂上。俗障頓空。超眾有俱於結段處。和盤托出。
（《評注昭明文選》，頁二四七）

以上三家的評點意見，共同之處，都認為此賦在寫遊「仙
都」。仙都為道教之理想長生之地，仙為長生之人。仙為宗教家
之道教所標榜。但老莊之道家，並非如此。確然，莊子言真人、
神人、至人，但此為道學之哲學意味的理想性格，究竟與養生長
壽之想的大人仙人有別[1]。

所以玄言中的「道家」與「道學」稍有區別，各有指涉。然
則，玄言與「釋氏」又如何呢？三家批語中的方伯海即略談及
此。方氏的批語前半仍謂晉人祖述老莊，以清虛為學，而此〈遊
天台山賦〉借天台以談玄理，正是晉人習尚。可是，玩索賦末一
段「散以象外之說，暢以無生之篇。悟遣有之不盡，覺涉無之有
閒。泯色空以合跡，忽即有而得玄。釋二名之同出，消一無於三
幡」云云，就不止是玄理，已加入佛道了。亦仙亦釋，是道是
佛，方氏批語的後段點出此意，以為〈遊天台山賦〉至此可謂
「俗障頓空，超眾有而入真無矣」，這句中的「俗障」「空」等
詞語，其實俱佛家概念。於是，〈遊天台山賦〉的思想主旨，一
篇大意，都在此末尾結段中和盤托出。試問：托出的是玄理嗎？
或者是已加入佛氏的玄道？

三、孫綽地位的評價

此一問，即牽引出序言所設三問中的第二問題，乃不得不考
查對孫綽的文學評價為何？今既知〈遊天台山賦〉在思想上，以

「玄言」為要？此玄言又非僅限於易老莊之玄，而有了佛理的滲入。那麼，孫綽的「玄言詩」是否也同樣有此現象呢？對孫綽的玄言詩地位之評價，是否宜分開「賦」與「詩」的不同？又是否也因此當檢討賦體流變中「玄言賦」的發展現象為何？先看對孫綽評價的五條資料如下：

1.鍾嶸《詩品・總序》云：永嘉時貴黃老，稍尚虛誕。於時篇什，理過其辭，淡乎寡味。爰及江表，微波尚傳，孫綽，許詢、桓、庾諸公，詩皆平典，似道德論。建安風力盡矣。

2.劉勰《文心雕龍・明詩》云：江左篇製，溺乎玄風，袁、孫以下，雖各有雕采，而辭趣一揆，莫與爭雄。所以景純仙篇，挺拔而為峻矣。

3.又〈時序〉云：自中朝貴玄，江左稱盛，因談餘氣，流成文體。是以世極迍邅，而辭意夷泰，詩必柱下之旨歸，賦乃漆園之義疏。

4.蕭子顯《南齊書文學傳論》云：江左風味，盛道家之言。郭璞舉其靈變，許詢極其名理，仲文玄氣，猶不盡除。謝混清新，得名未盛。

5.沈約《宋書・謝靈運傳論》云：在晉中興，玄風獨扇，為學窮於柱下，博物止乎七篇。馳騁文辭，義殫乎止。自建武迄於義熙，歷載將百，雖比響聯詞，波屬雲委，莫不寄言上德，託意玄珠。遒麗之詞，無聞焉。仲文始革孫許之風，叔源大變太玄之體。

以上五條資料，四家見解，立意大致相同，都以為「江左」是玄風。而此玄風之「玄」，不出道德之旨，即老莊之言。只有鍾嶸用「黃老」代替「老莊」，這是因為晉人語氣上習慣沿襲漢

初「黃老」之言，凡晉人之黃老實即指老莊。[2]

再者，四家論及東晉玄風大暢，孫綽與許詢例多並舉，而桓溫則又與庾亮並列。[3]可見此四家之作為玄風代表，已為當時文論共識。那麼，只要擇其中一家作品，詳細閱讀，觀察其中所含「玄風」為何物？即能驗證江左文風的玄言特色。

但這個玄風文體，五條資料都集中在「玄言詩」，只有《文心雕龍‧時序》的一句「詩必柱下之旨歸，賦乃漆園之義疏」略提「賦」之玄味。惟此二句上下對文，柱下對漆園，即老莊。而詩對賦，是否即指兩種文類之對，抑或只是為了避犯重，上言詩，下必改賦字以對。則劉勰本意已不得而知。

今據近人諸家解釋，均作「賦體」解為勝，將此二句譯作「作詩必以老子的宗旨為依歸，作賦則無異於莊子一書的註解」云云。[4]可知乃以「詩」與「賦」兩種文類對舉，若如此解，則以上所引四家評述江左玄風，只有劉勰在玄言詩之餘，尚注意到玄言賦，其它三家之說，是否認為江左玄風不僅於詩，且及於賦，則不得而知。

茲結合此五條資料與檀道鸞《續晉陽秋》的那一段話一齊看，當下之問題，即在有關「過江」或「江左」的玄風（或玄理玄談）的敘述，遂有了兩種說法：其一江左玄風，指玄言詩為主，玄言賦包括否？其二，所謂玄，老莊之餘，是否加進「佛理」？

對於第一問題，應從賦學去考查。第二問題，宜自玄學含義加以論述。但不論何途，皆當歸之於實際作品的驗證，並輔以評點解讀的結果。

四、賦體流變與《文選》分類

　　今請先述賦學源流。賦學所講的玄言賦，《楚辭》系統有〈遠遊〉〈招魂〉等篇，漢賦系統則首推漢初賈誼〈鵩鳥賦〉，枚叔〈七發〉[5]，其後則有司馬相如〈大人賦〉，再下則揚雄〈太玄賦〉，直接標示「玄」字，而桓譚〈仙賦〉，為賦仙人之首[6]。如此一看，至少到東西漢之交，哀平之際，以「體物言志」為主的漢賦，所言的「志」，有玄志，仙志，但不及玄佛之合志。

　　而不論何志？就《文選》十五賦類考查之，只有「志」類反映了玄言賦存在的事實。但吾人要質疑者，除了志類之外，其它類是否尚有玄言傾向呢？正如前文分析〈遊天台山賦〉所得出的結果，此賦之志有玄佛道三意之多，然而卻不歸「志賦」，而列入「遊覽」。蕭選分類作法如此用心，其深微之旨何在？

　　再者，十五賦類之末即情賦，收宋玉曹子建等四篇賦，此四篇賦亦各有其寄託之意，蕭選卻另立情類安置之，可見《文選》有「志賦」「情賦」兩類，分類本身即是一種賦學的表現。那麼，《文選》的情志涵意，究竟為何？頗值一探。

　　今請先探賦學源流本身的情志論。

　　賦者，古詩之流，因此而有詩人之賦。又由於「賦詩言志」的「志」之強調，所以，賦的基本文體特質是「體物寫志」。自〈離騷〉出，依詩取興，引類譬喻。但與詩的寫法大大不同。那種上下求索，四方時空的轉換，神話王國與仙巫靈域的顛倒嚮往。既有文采，也有別一種世界。這是詩人之賦以後的騷賦。其與詩之同，同在「言志」，王逸《離騷經序》云：「哀其不遇，

而憨其志焉。」正是這個「志」，更加強賦體的「體物言志」定型模式。

然而，到了漢大賦，以「諷諫揄揚」為新特質的辭人之賦，在兩漢政教環境的時序造勢之下，又走出了一條新的賦體源流。這就是諷諫賦的建立。後來，此一諷諫特質不免「諷一勸百」之失，正因為「勸」文助長了漢賦夸飾鋪寫的一面，於是講究辭藻之美的抒情之路，漸漸到魏晉南北朝的小賦而奠立新體。此即賦體的「抒情」特質。

如是，言志，體物，抒情三者殆為六朝為止賦體流變之三大系。此三大類賦體都已在《文選》十五賦類中設立。今所要細究者，即分類立體之內容含意各為何？吾人當分析志賦之志為何志？情賦之情為何情？

茲者，自六朝以下，唐宋賦體有所謂的「主刺言理」一派之說。試以曹明綱〈論唐宋賦的尚理傾向〉乙文，有云：

> 然而魏晉以降，文學創作中雖有以說理為主的玄言詩出現，賦卻未受波及，繼續沿著體物，抒情一路發展，少有說理之作。為什麼時至唐宋，說理又重新闖入並占據了賦場呢？（《賦學研究論文集》），頁二五二）

此一評論似是而非。關鍵在彼以「尚理」之理字代替言志之志字。詳其文中所謂唐宋言理賦之佳者，如〈秋聲賦〉〈赤壁賦〉，以其或言五行之理（如秋聲），或述莊子「變」與「不變」之等齊哲學，所明之理，不正是諸子之學嗎？而《文心雕龍・諸子》云：「諸子者，入道見志之書。」用一「志」字以說諸子之理。道理合言，亦多有其例。所以體物言志之「志」，即有「主刺尚理」之理意在。

依此定義理字義而觀六朝之賦，則言理之作，不惟玄言詩，即如玄言賦亦頗多見，如前文〈遊天台山賦〉即是，怎可謂六朝不尚言理之賦呢？

故而以「主刺言理」與「抒情小賦」做為唐宋與六朝兩代賦之畛域，正是賦學論述的一般看法。如前引曹明綱說可為代表。而其論述盲點，正坐此「志」「理」二字不明之失。其實，賦體本身正有其文類學上的「未定性」特質，形式之創如此，賦文之「旨」尤然。一篇賦如何歸類，一篇賦其言何志？述何理？均有其「意義」上的多元可能。端視研究者如何解讀而已。此即蕭子顯所云：「少來所為詩賦，則〈鴻序〉一作，體兼眾制，文備多方。」（《梁書·卷三十五》，點校本頁五一二）今此賦惜未見，但可想蕭氏已揭出賦體多元並茂，及其多元意義之特質。

當然，做為描述唐宋賦之特色用語，立意要與六朝或漢大賦有所區別，採用「主刺言理」，自與沿襲「體物言志」更有其理勢之必然。今之要務，應在知其異出所源。對此，不妨回到古代文論去檢視材料吧！

五、《文心》詮賦篇的情志論

考六朝及其前代已成形之「詩言志」「詩緣情」，可視作古代文論的兩大總綱。二者之側重，或二者之合說，遂為後代文論辨說之對象。今以《文心雕龍》所述為例。

文心在講文術論的下篇，自〈神思〉以下，以〈體性〉〈風骨〉為文術之總樞。風骨謂風情骨辭，標示「風情」，顯示文心對「情」的看重。〈體性〉則以身體性情，並品貌風格之要素，

關係一作家之文體特色。標示「性情」「情性」，亦顯示文心之
重「情」。

於是，在〈情采〉〈鎔裁〉兩篇實際講文術時，特以三理與
三準為具體名目。三理是「情文」「聲文」「形文」，以五性為
情，即情性論的張揚，可見文心之主「情」說。三準是「設情以
位體」「酌事以取類」「撮辭以舉要」，第一準之「設情以位
體」，首揭文章位體與作家個別情性要相配合，不正是「體性」
之說的落實嗎？再次印證文心對「詩緣情」的鍾愛。然則，文心
是否因此可判定主情而忽略「志」？

抑有不然。自〈詮賦〉篇的論述及重要批評用語，不難看出
文心的尚「志」論。〈詮賦〉首先定義賦為「鋪采摛文，體物寫
志」，上一句即〈情采〉篇的形文聲文。但「體物寫志」之強調
「志」，則不見於三準與三理。可見文心之說「志」，須自它篇
以索義。

在〈詮賦〉所講之「志」，每與「理」字相近。例如：

> 夫京殿、苑獵，述行序志，並體國經野，義尚光大，既履
> 端於倡序，亦歸餘於總亂序以建言，首引情本；亂以理
> 篇，迭致文契。

這一段話，以漢大賦為例，如京都、郊祀、耕藉、田獵等。其形
制，賦前有「序」，賦末有「亂」，而序之寫作，用在「序以建
言」，作法是「首引情本」，詹鍈注云：「謂首先引出作賦的本
情。」（《文心雕龍義證》，頁二八五）玩此「本情」之詞，宜
作「情實」之情，非同〈體性〉講的性情，也不是詩緣情之情。
所以，王更生注云：「言首先引出作賦的緣起。」（《文心雕龍
讀本》，頁一三八），逕以「緣起」注「情」，可助詹鍈之「本

情」解。

因之，此段話之批評用語，以「志」以「理」並言。如說賦的結尾要「亂以理篇」之理志，與京殿賦的「述行敘志」的志字，這「理志」一詞用來說漢大賦的作法，顯見，有別於三理與三準之強調情字，這段話反而以「志」為重。

要到實際品評歷代十家賦及魏晉八家賦首時，〈註賦〉才出現「情」字說賦之語，並以「情理」「情韻」並言。此即「賈誼鵩鳥，致辨於情理」一句之「情理」，與「彥伯梗概，情韻不匱」之情韻乙詞。其餘諸家之賦作體要，皆不用「志」字「情」字說之。

照這樣看，文心既以「體物寫志」定義賦，但是實際批評賦作之語，卻又不全用「志」尤其說「魏晉賦首」竟無一「志」字者。至於漢大賦的「述行序志」，與說賈誼鵩鳥的「辨於情理」，以「理」字跟「志」的關係而言，實可曰「情理」即「情志」。若然，文心實際批評賦體之要，只有賈誼一例，是「情志」並重。

如前所悉，〈詮賦〉篇之主情？主志？或主情志兼用論？實頗難論斷。但至少已提出「體物寫志」之志，與「情理」用語，已有出現「尚志」說之端倪。今要再問者，即此志為何志？

考文心專論志者，在〈諸子〉篇首云：「諸子者，入道見志之書也。」，此志與「詩言志」之志同乎？又是否與漢大賦「述行序志」之志相近？均待索解。按文心之意，此志即思想序志即表現一作家之思想。故詹鍈引朱遏筆記云：「是子書者，凡發表個人意見者，皆得稱之。」（《文心雕龍義證》，頁六二三）這話裏的「個人意見」，也可視作思想之域。李曰剛直解云：「諸

子之文，乃進入道術表現思想之著述也。」（《文心雕龍斠詮》，頁七二二）此解更廣伸志之義為道術。綜言之，作家個人之意見，殆為作家之思想環節所出，作家之有此思想，當亦可歸入諸子道術的派別。所以說，序志即表現思想道術。然則其必與「緣情」為本之文不同路數，斷可知矣！

然而若以文心有尚志論，舉賦為例，當如何自實際作品以驗證？今自《文選》於十五賦類分出「情賦」與「志賦」，即可助一解。何謂志賦？李善注云：

> 漢書曰班固作幽通賦以致命遂志，賦云覿幽人之髣髴，然幽通謂與神遇也。

觀此注，以致命遂志為「志」，則此志有「個人意見」之意。次云幽通即神遇，則此神字，有玄學之想，此「志」當又有「思想表現」之功。據李善注，《文選》的志賦一類很合文心〈詮賦〉所講的志。又何謂情賦？善注云：

> 易曰利貞者性情也，性者本質也。情者外染也，色之別名，於事最末，故居於癸。

此釋情字，以易之性情為解，一則有玄風之意，二則又切合文心的體性含意。亦切合文心〈詮賦〉所說的情理。但於情性情理之餘，帶出色字，引申為「情色」頗與既有的情性情理之「情」字解不同，此即李善注有創見者。

依以上善注情志二類賦，義界不可謂不明。《文選》特立志賦與情賦，乃可視作文心〈詮賦〉理論的實踐。但接下之問題，是要問情賦類何以多有「志」？反之，志類賦亦可有情乎？

六、〈高唐賦〉評點

今請以〈高唐賦〉評點為例。此賦歸之情類，但是卻可見選家評點另以「玄志」說之。例如何義門評〈高唐賦〉為玄風之宗，兼有「諷諫之志」，而不依違《文選》情賦的歸類。何氏云：

> 鋪張揚厲。已為賦家大暢風詞尚風華。義歸諷諫。須知賦之本意。義本於詩。而體近於騷。故有屈之離賦近質宋賦多文。宜賦家之獨宗宋。也[7]

順此評語，以「玄宗」之志讀〈高唐賦〉之情，驗對賦中有「若生於鬼，若出於神」之描寫玄秘異物，又有「醮諸神，禮太一」的民間宗教儀式敘述，可證「玄志」之不假。至於遊高唐，上至於天，下至於淵，略仿《周易・乾卦》龍潛與飛天之象。次寫會神女於巫山，著一「巫」字，道教意味甚濃。賦之末，以齋戒淨身，差時擇日，表現敬慎畏神的禮儀，有接受神旨啟蒙之誠。凡此，俱可驗〈高唐賦〉趨於玄宗的作法，宜乎以「志」視之，何必一定按到情賦一類之下？

若以屈原〈遠遊〉對照，〈遠遊〉之作，王逸章句云：「遂敘妙思，託配仙人，與俱遊戲。」試改這一句的仙人為神女，則〈高唐賦〉可說是託配神女，以遊巫山。玩此「託配」一詞，知所謂遊者，實各有本志，這個本字，若以〈遠遊〉是遊仙之始，則〈高唐賦〉可看作玄風之宗。〈高唐賦〉的神女之情不是主要，反而是藉神女而對高唐之境，巫山之玄，起一種無限的嚮往之志。故而其重點在志，雖不必側宋玉於諸子之列，但諸子之

志，上焉者入道，下焉者明志，純駁邪正姑不論，要之，類近於「入道見志」之書。〈高唐賦〉自此角度觀，實可歸之「志」賦。

而今所要再論者，即此志何志？是道志仙志，抑或玄志？《文選》賦類十五，只要「志賦」有道有仙有儒。而有佛的〈天台山賦〉反而歸入遊覽類。現在，情賦一類如前所分析，實也有道玄之志。那麼，其餘各類雖不以「志」名，是否仍然暗藏道玄隱微之志呢？如能證成此推論，則文心的尚志與主情兩派理論，用之於《文選》選賦，即有相同程度的「契合」效果。

可是，《文選》的志賦不明設何志何道？《文選》的二十三詩類則專設有「遊仙詩」，遊仙之志，必始於玄宗之道，所以仙詩與仙賦何涉？宜先明之。

七、仙詩與仙賦

仙詩起於何時？頗難定言。但從嚴可均輯全上古三代文，就列有「僊道」乙項，收彭祖〈攝生養性論〉〈養壽〉〈養生要〉等篇，可知仙道之作品，由來已久。

但仙道之文與仙道之詩，雖同仙思之想，一詩一文，體類有別。「仙詩」乙詞又當始於何時？以現存資料看，劉勰〈文心雕龍・明詩〉有云：「秦皇滅典，亦造仙詩。」這裏的「仙詩」，可看作最早出現仙詩的詞彙。

向來龍學專家注解此句的仙詩，例引《史記・秦始皇本紀》文中始皇三十六年東郡墮石，始皇不樂，使博士為〈仙真人詩〉之典故，以實其事。然而，〈仙真人詩〉今已不傳。無得考見仙

詩的形式作法及定義為何？

　　秦始皇時代，僊道作品，〈仙真人詩〉不可得見。今據嚴可均輯全秦文，僊道一類，有安期生〈留書報始皇〉與徐市（福）〈上書請求仙〉二篇。前書云：後千歲，求我于蓬萊山下。只殘二句。後書云：海中有三神山，名曰蓬萊、方丈、瀛州。僊人居之，請得齋戒，與童男女求之。

　　觀此二篇，均屬上書文體，亦非詩。可知秦代仙詩，如劉勰所云者，今皆不傳。然則劉勰所謂仙詩到底為何？

　　〈明詩〉於「秦皇滅典，亦造仙詩」句後，言及仙詩者，僅「至於張衡怨篇，清典可味。仙詩緩歌，雅有新聲」此句再用「仙詩」乙詞以指稱張衡〈同聲歌〉。然而，劉勰此句的「緩歌」是否即指同聲歌？亦有不同解。范文瀾注云「仙詩緩歌」無考。黃叔琳注引張衡〈同聲歌〉實之，紀評譏之。總之，〈同聲歌〉是否即仙詩有兩派正反意見。姑不論如何，今據逯欽立所輯漢詩之張衡〈同聲歌〉其詞如下：

邂逅承際會。得充君（玉臺作過得充）。後房。情好新交接。恐慄（玉臺誤作暸）。若探湯。不才勉自竭。賤妾職所當。綢繆主中饋奉禮助烝（樂府作蒸）。嘗。思為（廣文選作惟）。苑蒻席。在下蔽匡床。願為（廣文選作得）。羅衾幬。在上衛風霜。灑（玉臺、樂府作洒）。掃清枕席。鞞芬以狄（詩紀云。一作秋）。香。重戶結（廣文選作納）。金扃。高下華燈光。衣解巾粉御。列圖陳枕張。素女為我師。儀態（廣文選作容）。盈萬方。眾夫所希見。天老教軒皇。樂莫斯（廣文選作思）。夜樂。沒齒焉可忘。（《先秦漢魏晉南北朝詩》，頁一七八）

審讀這一首〈同聲歌〉，實為情歌，非關仙詩。《樂府解題》云：同聲歌，張衡所作也。言婦人自謂幸得充閨房，願勉供婦職。不離君子，思為莞簟。以喻臣子之事君也。據此可知此歌不及仙意。然則，張衡〈同聲歌〉亦非仙詩之始，仙詩究何所云？8

〈明詩〉篇此下言及仙詩又有兩處。其一云：正始明道，仙雜仙心。其二云：所以景純仙篇，挺拔而為俊矣。此二句用「仙心」「仙篇」，略與「仙詩」含意相同。顯然劉勰之意，以為魏代正始年間，流行「仙詩」，而東晉郭璞的「遊仙詩」為仙詩的代表作品。

劉勰若以為「正始明道，詩雜仙心」的仙詩為遊仙詩類的開始，這個看法，把仙詩當作漢代以後的事，立論並不新奇，劉勰之前，或與其時代相同的一般見解大都如此。問題是：仙詩在劉勰的理解裏，多與「玄詩」合義。玄詩即仙詩，道家即道教。如此混言的結果是：到底仙玄之類的文學作品，始源於何代何人之手？

其實，仙詩未出之前，已先有「仙賦」之作。兩漢賦篇，首用仙名者，當屬桓譚〈仙賦〉。而不以仙字為題，但篇中大多「玄」「仙」之想者，至少有：賈誼〈鵩鳥賦〉、董仲舒〈士不遇賦〉、揚雄〈太玄賦〉、班固〈幽通賦〉、張衡〈思玄賦〉等諸作。因之，欲理解所謂的遊仙文學之「仙」字含意，須先研究「仙賦」之作，觀其形式制作與體物言志之法，再參照「仙詩」之作，二者較其異同，得出結論，始能理解「仙詩」之作何以呈現今存面貌，並對仙詩雜「玄」，仙玄混同的「言志」之作有所澄清。

八、其它情賦類批語有創見者

以上析論〈高唐賦〉做為情賦類，雖曰情，而多少實含「志」，可以〈高唐賦〉為代表。情志之餘，又有情色，即照李善注謂色即情之別名。可以〈神女賦〉〈登徒子好色賦〉〈洛神賦〉為代表。

這三篇賦，與〈高唐賦〉在寫法上，最大區別，是寫「女色」筆墨的輕重。〈高唐賦〉據于光華的集評引何義門說云：「會神女只兩句。」案即「霓為旌，翠為蓋」兩句，寫神女之容服。而〈神女賦〉則不然，不但寫神女之音，兼寫貌、目、眉、脣、身、志、意等，逐件描寫。甚至連骨相面相都寫到，如「骨法多奇，應君之相」即是。其它有關神女之言行舉止，衣服動作，乃至性情，亦均述及。整篇側重寫神女之色，而非神女之志。故曰情色。

〈登徒子好色賦〉尤然，審其篇題以「色」名篇，略可知半。而〈洛神賦〉，據孫月峰的評點云：「極力步驟神女，而更加精刻。」（《評注昭明文選》，頁三六八）可知洛神是自神女的進一步鋪寫張揚。審讀篇中自「其狀若何」以下，即大事描寫洛神的精神體態，凡洛神之肩、腰、頭、髻、眉、脣、齒、目、靨、情、態、言、骨、衣、飾、琚、金、珠、履、裾、腕等，無不備述。正如孫評所云：「于錘百鍊，語精而細。」（同前，頁三六九）由此可知，〈登徒子好色賦〉〈神女賦〉〈洛神賦〉這三篇如果也算是情賦，但此情當作情色解，而非如〈高唐賦〉之作情志意。這樣看，《文選》的情賦實有二類，細分之，有情志

與情色。

　　情志合流的文學理論，可由文心的三準與三理，並〈詮賦〉與〈諸子〉兩篇所闡發者印證之。就此一路而言，《文選》的情賦與志賦兩類，可視作文心理論的實際運作。然而由情賦的另外一途之情色賦，以《文選》所收〈登徒子好色賦〉等三篇為例，則非文心情志理論所有。也即謂賦學之情色類，首由《文選》收錄之，並按以情類而實含「色」字意，標誌了《文選》在賦學分類上的價值。這一情色賦論的創見，蕭選既選，而讀選者由實際解讀，見諸於評點，予以闡發，即所謂「文選評點」在賦學上之可參考。

　　抑有進者，上言情賦有情志與情色之細別，但別又有合，於是構成情、志、色三者之溶合特色。因為〈高唐賦〉太偏於「志」，不露情色，故得「古賦」之雅稱。〈登徒子好色賦〉又過於「遊戲」，乃遭陸雨侯評云：「鄙狎無復君臣之禮，得無愧靈均乎。」（同前，頁三六八）於是古賦至此稍一變，情色賦初見面貌。至〈洛神賦〉出，則救兩弊之失，而有情、志色三者之合流。此論可以何義門評語示之，何云：

　　　　離騷經云。吾令豐隆乘雲兮。求宓妃之所在。植既不得於
　　　　君。因濟洛川以作為此賦。托辭宓妃以寄心文帝。其亦屈
　　　　子之志也。自好事者造為感甄無稽之說。蕭統未辨。遂類
　　　　分入於情賦。於是植幾為名教之所棄。而後世大儒如朱子
　　　　者。亦不加察於眾惡之餘。以附於楚人之辭之後。為尤可
　　　　悲也已。不揆狂簡。稍為發明其意。蓋孤臣孽子。所以操
　　　　心而慮患者。猶若接於目而聽於耳也。（《評註昭明文
　　　　選》，頁三七一—三七二）

此處何評洛神最重要的創見，是反對洛神作「情賦」一類，而主張洛神乃繼屈原離騷之「志」。當歸入志賦。黃季剛相當贊賞何評這個辨體之明，謂：「洛神，子建自比也。何焯解此文獨得之。」（《文選黃氏學》，頁一〇五）信然，何評可算是對選賦情類與志類有深刻之見者。

若再細問之，何以洛神被誤歸情賦之由？就是「感甄」一事的理解。而感甄的寫法，因其在「色」的著墨太濃，於是雅有情色傾向，蕭選因此入之情賦。故在蕭選心中，洛神為情色，而洛神之後世解讀者，可讀出子建寄託之「志」，一賦而竟兼兩義，正是選賦評點提供的賦學辨體價值。

總之，蕭選情賦一類有情、志、色三種含意，洛神一賦之評點意見，適足當解。順此理解，也可推衍到〈高唐〉〈神女賦〉在結構上，向來有二篇實一篇的爭論，因而引發王玉二字宜互換，以確定王夢或玉夢的懸案，做出判斷。

何則？蓋自明張鳳翼的《文選纂注》乙書出，引宋人沈存中的《夢溪補談》謂宋玉〈神女賦〉當作玉夢之說。清代諸家自何義門從其說以後，無有不信之者。此一問題實可從二路探之。其一版本上今據奎章閣以下各宋本文選皆不改，仍作（楚襄王）夢，非玉夢。這一版本之證足可反駁張氏之謬。其二從前揭蕭選情賦類實質上有三義之見而判，〈高唐〉側重在情之「志」，而〈神女賦〉側重於情之「色」，兩者之別甚明。且高唐之夢前者為楚懷王之夢而玉賦之，然略「神女」之色，只淡寫二句。後者為楚襄王之夢，而玉再賦之，然已多繁於情之「色」。如此一志一色，差別之處，接讀可得，理至易明。故仍從宋本《文選》做王夢為是，這即是結合版本與《文選》評點並蕭選設「情賦」一

類的用心，綜合之而判斷者。[9] 情賦類批語有助賦學理解的價值，
此又一例。

九、小　結

　　根據以上的分析，可得有關賦學的幾點結論如下：

　　其一賦體以「體物言志」之定義為主流。此一志之含義實包
含「主刺言理」的理。所以，「志」之賦，即有儒、釋、道、玄
諸多義理，未可一概而論，單用「志」字。如〈遊天山賦〉之玄
志分析。

　　其二《文心雕龍‧詮賦》揭出的「情志」並重之賦學，代表
六朝時代不同於兩漢之賦論。此一新創之說，以實際批評而論，
落實在《文選》的十五賦類之分體學及選賦之「評點」。故《文
選》及其評點所見之賦學，當為今後賦學取材之重要資料。可
惜，今人徐志嘯所編《歷代賦論輯要》，堪稱精詳，卻漏列之。
識者宜加強選學與賦學的「包舉會通」之交叉研究法。

　　其三縱然《文選》可做為文心詮賦理論的實踐，但是《文
選》有「志賦」類，有「情賦」類，這兩類的志情含義不盡與文
心合。本文以「情賦」批語及文字本身分析，知《文選》的情賦
之情字，除「情志」一義，尚多「情色」之旨。

　　其四文心理論的情志論，就「言志」之志觀《文選》所收
賦，不限於「志賦」一類。在「遊覽」乙類中，亦見作者之
「志」。可見文心之「言志」論，主要承繼《詩經》之「詩言
志」傳統。而《文選》的「志」之含意，富於「玄學化」傾向。
所以，才看到不在「志」類的其它賦類中，每每隱含「玄志」之

語。

其五若然，則《文選》何以專設「志賦」之一類，必有其特殊觀點。本論文側重在「情志」系統之「情賦」類分析，至於言志系統之「志賦」類，請另以它文再述。

其六玄學化傾向，既分見於非「志賦」之其它類，何以《文選》不專設「玄言賦」一類？又既然唐宋賦以「主刺言理」為主，其「理」字已經本論文證知即「志」字大略所指。然而，何以《文選》亦不專設「理賦」一類。而將「玄」「理」兩類之賦，一律概之「志」下，此又不可不探之一秘，只好仍以它文專述之。

附註：

1　大人首見於《易‧乾卦》九五：見龍在天，利見大人。經文此句中的大人，為象徵意，並無定解，《易‧繫詞傳》有解，《莊子》一書亦有解。總括之，大人一詞，有經文之義，有傳文之義。《周易》之外，有諸子家之大人義。大人又有神仙義，大人亦即聖人，余蕭客輯向秀注大人，引《史記索隱》卷二十六：聖人在位謂之大人。（《古經解鉤沉》，卷二頁四）。而司馬相如〈大人賦〉之大人指帝王。於是，大人至少有五義：易經大人、道家大人、神仙、帝王、聖人等。

2　黃老之黃指黃帝，此為通識。黃老並稱，盛於西漢。而老莊或言莊老，因晉人好莊勝於好老，見王叔岷〈黃老考〉乙文。（《先秦道法思想講稿》，頁368）但到了晉代，稱黃老實即指莊老，乃因襲西漢人之習慣。永嘉時貴黃老之黃老解即作如此義。見王叔岷《鍾嶸詩品箋證稿》，頁63。

3　桓庾並舉，陳延傑《詩品注》指桓玄庾闡，古直《詩品箋》則謂桓溫庾亮。王叔岷則四人兼列，而云「未知仲偉本意」（《鍾嶸詩品箋證稿》，頁六五）曹旭另舉桓偉庾友庾蘊為說。（《詩品集注》，頁 26）今從舊解謂桓溫庾亮。

4　此據王夢鷗之說解，見《古典文學的奧秘文心雕龍》，頁 235。其它類似的講法有姜書閣云「賦直老莊之義疏」（《文心雕龍繹旨》，頁 175），王更生云「作賦更無異是為莊周學說作注解」（《文心雕龍讀本》下冊，頁 295），李曰剛云「作賦無異替莊周之學說作注解」（《文心雕龍斠詮》，頁 2129）。

5　賈誼今存賦篇，據《全漢賦》收有四篇，分別是：〈鵩鳥賦〉、〈弔屈原賦〉、〈旱雲賦〉、〈簴賦〉。其中〈弔屈原賦〉，《文選》編入「弔文」，不編入「賦」類。因之，〈弔屈原賦〉乙文的文體歸類何屬？頗待細究。案：賈誼此文之前序云：屈原，楚賢臣也，被讒放，遂作離騷賦。此語之「離騷賦」乙詞，可知是辭賦一體觀。又云：誼追傷之，因自喻，其辭曰。用一「辭」字，可見賈誼自比屈原之遭遇，並仿作離騷之「辭賦」。若此，〈引屈原文〉不當因涉題目有「弔」字而編入弔文，當改移賦類，或「辭類」。

6　桓譚今存賦作，見於《全漢賦》者，只有〈仙賦〉，嚴可均輯全漢文亦收〈仙賦〉之首序。此賦為今首見以「仙」字為賦之作。然則，桓君山是否揄揚仙道？本傳與後人評論各有不同。嚴可均輯文跋云：則其書漢時早有定論，惜久佚失，所得見者僅此，然其尊王賤霸，非圖讖，無仙道，綜覆古今，價傮失得，以及儀象典章………。細考「無仙道」一語，謂桓譚反對仙道。若然，何以又有〈仙賦〉之作？今據本傳云：臣不讀讖，帝問其故，譚復極言讖之非經，帝大怒曰桓譚非聖無法。（《後漢書集解》，頁 353）據

此，桓譚非讖，但未必無仙道。圖讖究非仙道，當有別。

7　這一段何評，轉引自于光華《評註昭明文選》頁 364，經查只見於此。四庫全書本的《義門讀書記》無此條，廣陵刻書社的仿刻本亦缺，今大陸中華書局有崔高維的點校排印本，仍未收何評此條。故于氏何本，今已不可考，今姑從于氏引。縱使此條批語不出何評，至少亦表示清人評點〈高唐賦〉已有不同看法，不用情賦視之，而用「玄宗」之志讀之。

8　〈同聲歌〉是否仙詩？范文瀾注引李詳駁語，在《文心雕龍注》卷二頁十五，今查李詳《文心雕龍補注》考證此條，只及「張衡怨篇，清典可味」句，未考「仙詩緩歌」句。（李文收入《李審言文集》上冊，頁 223）范注失據。案：辨〈同聲歌〉非仙詩，當紀評語，不可雜入李審之補注語。

9　有關〈神女賦〉王玉互倒的考證，清人如顧施禎《文選六臣彙注疏解》、于光華《文選集評》、汪師韓《文選理學權輿》、張雲璈《選學膠言》、朱蘭坡《文選集釋》、胡紹煐《文選箋證》、梁章鉅《文選旁證》等均從張鳳翼說。以上諸家說之細辨，可詳李景燦〈宋玉神女賦王玉辨〉乙文。又案：清人之說，於版本無據。近世有日本古抄文選無注三十卷本，其卷九之〈神女賦〉獨作王玉互倒，如沈存中所言，是唯一版本證據，然此本之時代，楊守敬、高步瀛、黃季剛等均信為唐鈔。劉文典於其《三餘札記》（頁 145）亦從黃校。黃季剛校語一見於《文選黃氏學》（頁 103），二見於跋徐行可所藏卷子本。此跋經屈守元引述於《文選導讀》（頁 126），乃大加張揚此本之價值。今案日人清水凱夫最新之序錄，詳記於〈有關日本文選古文獻諸種及其它〉乙文，謂此卷末有墨書元德二年鈔本，約在元代至順元年（1330）。（此文收入《清水凱

夫詩品文選論文集》，頁 300）可知此無注三十卷本為元鈔，比宋刊各本《文選》晚。今見宋刊皆不誤，則此無注之日本古鈔獨見，即可能是誤抄，故寧從宋本，王玉不互倒為是。

選賦所見賦學之思想與體類

一、序　論

　　這篇小論，要談賦體的思想問題。而所謂思想，是按著「諸子百家」之分類而說。簡言之，賦一開始，要求「諷諭」功能，以助當位者「補察時政」，這時，可稱之儒家思想。但像〈鵬鳥賦〉、〈大人賦〉、〈仙賦〉等賦作，滿紙異想，頗作飛天之思，一派出世蹈空的景象，就不能說是儒家，而得以改稱道家或道教。

　　所謂賦體的思想指的就是這些。而現在的問題，便是追究賦體有那些思想？更重要的，則是那些思想的判讀與解釋，以及伴隨這樣的解釋所必須具備的研究方法如何之問題？茲先從兩條資料談起：

　　第一條是見於最近有大陸學者畢庶春出版的《辭賦新探》乙書，其中有文〈論「遠遊」〉，即用「思想史」之方法與角度談論《楚辭・遠遊》今本冠以屈原作，若自〈遠遊〉篇中文句考證，在「關鍵字」與「關鍵概念」二者多有不符。[1]若「得一」「真人」「諸仙之名」等，均只出現於〈遠遊〉，不見於《楚辭》其它各篇，畢庶春因據以判定〈遠遊〉非屈原作，認為只有

西漢文景之際的文人始有可能。畢氏云：

> 綜上所述，則遠遊前半部份大引道家之言，因而，異于屈
> 宋之作。後半部份因襲離騷神遊描寫，因而，同于屈作。
> 遠遊一同一異，一因一革，別于屈宋而暗合于西漢之作，
> 原因何在？（《辭賦新探》，頁93）

讀此，好一句「原因何在」？此正是賦體思想研究的一大空白，
亟待學界深入探討。順此一問，吾人可再續追者，〈遠遊〉真的
是道家思想嗎？抑是道教？又或二者俱不是？當為西漢盛行的黃
老之想？

畢文在驗證〈遠遊〉合於西漢思想時，所舉的西漢典籍如
《韓詩外傳》、《史記》、《淮南子》等，認為這些典籍中，用
「諸仙之名」及「真人」一詞，「屢見不鮮，俯拾即是」。（同
前引書，頁88）信然。畢文舉例的唯一賦作是〈鵩鳥賦〉，賈誼
作，收入《昭明文選》「鳥獸」類賦作。

今自〈鵩鳥賦〉的一句「養空而浮」，所出現的版本異文，
即是第二條資料的問題。何則？

賈誼這篇〈鵩鳥賦〉今本胡刻本有「不以生故自寶兮，養空
而浮」二句。胡刻本是李善注，更早的尤刻本與汲古閣本李善注
同有此二句。可知有此二句，是《文選》善注本當有。[2]

若問賈誼原作真當有此二句乎？是又不然。五臣注陳八郎本
是南宋刻本，即無此二句。稍晚的本子，尚有明代朝鮮刻
（1434）五臣注本亦無此句。可知五臣注本《文選》與善注本
《文選》有不同異文。

此一現象，在合刻六臣注本的《文選》均一一反映出來。如
奎章閣本據北宋秀州學刊的《文選》於此句下即出校語云「五臣

無此二句」。案即上述「不以……」十一字。其它像贛州本、明州本、叢刊本、廣都本等宋刊六臣合注《文選》均同奎章閣本，稍晚的茶陵本與袁本亦然。可知有無此二句，至遲到宋代時，已為版本事實，可無疑議。

茲者，要從「理路」去斟酌，到底有或無為妥？此問已非版本之正誤，而是「文義適切」的思考。

吾人之重點在「養空而浮」的「空」字，及其在思想史上作為關鍵字詞的意義問題。這一句的李善注云：

> 鄧展曰：「自寶自貴也。」鄭氏曰：「道家養空虛，若浮舟也。」
> 莊子曰：「汎若不繫之舟，虛而遨遊。」

這條注，引鄧展曰與今本《漢書》同，但引鄭氏曰九字，今本《漢書》作「服虔曰」。王先謙對此有說，另外，並有增注，王氏云：

> 保，《史記》《文選》作寶。浮，《史記》作游。集解引《漢書音義》曰：如舟之空也。索隱鄧展曰：自寶，自貴也。言體道之人，但養空性而心若浮舟也。《文選》注服虔引作鄭氏。（《漢書補注》，新編頁1067）

比較善注與王先謙補注，如後出為詳。但也因為這個「詳」，而導引出一些問題。何以故？

試想「空」字的概念，若從善注作「空虛」解，則可說，蓋《莊子》書已早有言之。可是《老子》五千言只說無，並未有一字說「空」。至於「空虛」之義，恐亦不見於老子原典。

既然「空虛」見於莊，不見於老。賈誼寫「養空而浮」句，只可視為莊生思想。今若於空虛之義，再引伸王先謙補注之「空

性」概念,則「空性」能否等同於「空虛」之義?易言之,空性概念為釋家常言,道家未必及之。則「養空而浮」句若必有,顯然,賈誼已兼用空性之釋家與空虛之莊學兩派思想於一文。道家賦與釋家賦,當早於儒想的漢大賦,是嗎?賦學思想在「史變」發展軌跡上於此可證成否?

這正是由第二條版本異文資料所引發的賦學思想問題,配合第一條資料由畢庶春考證〈遠遊〉之道家思想當為後出之說,吾人當辨明賦學在思想源流上的一個關鍵,即道家賦道教賦不當早於西漢以前出現。此論允當否?請續下說。

二、道家賦與道教賦

起始也,先就辭賦未嚴分前的觀點看。《楚辭》有〈遠遊〉乙篇,論者大都以最早遊仙賦視之。但這篇〈遠遊〉其實是道家與道教合言的。此篇有句云:

> 道可受兮而不可傳,其小無內兮,其大無垠。毋滑而魂兮,彼將自然,壹氣神兮,于中夜存,虛以待之兮,无無之先,庶類成兮,此德之門。

此段話,言道可受不可傳,與《莊子‧大宗師》描述的「道」之形狀頗類似。至於說魂與神之自然,不說魂與神之長久永生,顯然也與「道教」的求神仙長生術有別。可是注莊者,後世每分為兩派,朱熹注以為:「廣成子之告黃帝,不過如此,實神仙之要訣也。」把此段話說成是求神仙的要訣。若然,〈遠遊〉是真的有神仙之語,而〈遠遊〉可讀解作宗教性質的道家矣!另外一派,試引清人錢澄之注為例,錢注云:

> 莊老言道之奧旨，盡此數語。庶類以成，成己即以成物
> 也。藐姑射之神人，其神凝，使物不疵癘而年穀以熟，即
> 此道也。（《屈賦精華》，頁264）

這一段話，悉回歸於老莊之「道」義，以解〈遠遊〉，並特別標
出《莊子》書屢言之「神人」，以作實證。據此，〈遠遊〉所遊
者，當為莊老之「神境」，而非道教之「仙鄉」。於是，〈遠
遊〉當作道家理解。

此一問題，牽引出一個看法，即要問老莊是道家抑或道教？
老莊有沒有宗教之道教性質？

且以近世為觀，聞一多論〈道教的精神〉乙文提出「古道
教」說，認為此教在老莊之前即已存在，老莊不過提昇之而已。
至於後出之道教，則是古道教分流支裔。為此論之成立，聞一多
特揭出《莊子》書涉及「宗教」性質之神秘思想者，〈逍遙遊〉
之神人，有〈大宗師〉之鬼神，有〈齊物論〉之至人。

聞一多不以寓言視此諸人，遂謂莊子相信其中的可能性及真
實性。認為：「他所謂神人真人，實即人格化了的靈魂。所謂道
或天實即靈魂的代替字。」（《神話與詩》，頁146）既以「靈
魂」說莊子，靈魂又不生不滅的，結果，莊子的思想便由此被定
位在「求靈魂永生」之學。莊子至此可歸入道教矣！

聞一多之說似太過，因為老莊之「道」，莊之「神人」「真
人」僅可自形上，自玄學義加以理解，看作是一派哲學的「最高
境界」，或者抽象思考。所謂長生，《老子》已明言：「天地之
所以能長且久者，以其不自生，故能長生。」可見長生是自然現
象的觀察描述，以之做為應物處世之模擬，教人不自厚養，不縱
私慾，以效天地長生。長生非目的，更不是相信它做為終極目

標。所以，莊子講自然，講消遙，做到應時處順。然則老莊之長
生不能誤作永生。

因之，與聞一多持相反之論者，即力辨老莊不是道教，道家
之哲學與道教之宗教意宜有分際。王明〈論莊周〉乙文論之甚
詳。王明以為《莊子》內七篇是沒有神仙道教思想的，至於外篇
雜篇才滲透了神仙思想。真人起先不是道教講的登仙的真人，到
了〈天地篇〉才說出了「千歲厭世，去而上仙，乘彼白雲，至于
帝鄉」的仙人。（《道家和道教思想研究》，頁 52-53）

王明在此雖明言莊子不是道教，但也已經不得不滲透有神仙
之想，蓋就《莊子》今本實有內外雜三篇之結構，遂有原始莊說
與末學莊子之分野。這就引生第三類解莊者，以「調和論」立
說。特別是魏晉以降注莊之書，多有援引道教以注莊者。

羅宗強即從莊子「注釋學」的歷史，詳細討論漢魏以後何以
道教觀點混入莊學的過程。羅宗強認為：「但是到了南朝，莊子
的坐忘心齋等有關論述，便漸漸地被用來作為煉神服氣以養生的
理論加以解釋了。」（《道家道教古文論談片》，頁 9）這一論
點甚是。的確，從《莊子》書出現的關鍵字詞及其概念，如
「空」「性」「神人」「至人」「鬼神」「帝鄉」「無極」
「福」「樂」等字詞，也許莊子原意未必如道教，但一經後世人
之解釋，所謂「增義解經」「郢書燕說」，為著張皇莊學的目
的，極容易地會被解釋者引用「道教」加以比附、演義，終而引
生有「道家義」之莊學與「道教義」之演莊這二路之分流。於
是，所謂「道家」與「道教」有其同，亦存在著相反之論，遂為
可說矣！[3]

三、《文選》不收道家（教）賦

順此道家道教二路之分，來看《文選》之選賦。不惟在十五賦類中，並無專設一類「道賦」。所選入之賦篇亦無一篇以道名。這一現象頗值探究。

茲以道家常言之人格理境「大人」為例。大人是道家道教共用而常見的「關鍵詞」。故而賦大人者，自司馬相如〈大人賦〉出，阮籍有〈大人先生傳〉〈大人先生歌〉，但《文選》均不收，此何故？

再次，屈原騷賦，錄〈離騷經〉〈九歌〉〈九章〉〈卜居〉〈漁父〉諸篇，而漏選〈遠遊〉，此又何故？〈遠遊〉一作多雜神仙之思，玄一之想。其濃厚之道學色彩，頗與屈原其它作品的忠君愛國，慷慨之氣不同。論者因據「思想觀念」的不協調問題，多有質疑〈遠遊〉非屈原作。此說幾近成立。[4]

〈遠遊〉不收入《文選》，已反映了《文選》不收道教賦之傾向。則《文選》不收〈大人賦〉，亦可作如是觀。據《漢書・揚雄傳》云：

> 往時武帝好神仙，相如上大人賦欲以諷，帝反縹縹有凌雲之志。由是言之，賦勸而不止。明矣。又頗似俳優淳于髡，優孟之徒，非法度所存，賢人君子詩賦之正也，于是報不復為。

此段話，道出了〈大人賦〉一文的兩重性。先是從作者的「意圖」看，原作者司馬相如用意在諷武帝不可信大人神仙，但適得其反。從讀者的「感動」而言，武帝反而縹縹有凌雲之

「志」。志即大人之志,即仙人之志。在此,大人是「神仙」。

　　不論〈大人賦〉是否真在諷神仙,至少〈大人賦〉本文述及神仙,殆無可疑。《文選》或因此而不選,應可視作反「道家賦」之傾向。

　　然而是又不然。因為神仙或大人做為一種「志」,一種純粹表現賦家個人思想傾向的「志類」賦,《文選》的十五賦類即專設一類。

　　這一類「志」賦所收諸作,有班固〈幽通賦〉、張衡〈思玄賦〉、〈歸田賦〉、潘岳〈閒居賦〉等。四篇均明顯有強烈的「道學」意圖。從題目之有「玄」字,有「幽」字,已可略見端倪,更別說本文字詞典故了。[5]

　　如此對看,《文選》似又不反對道賦。然則,究竟《文選》於賦史上道學賦之源流及其評選如何?知有待深考。

四、《文選》志類賦探討

　　然而,道學賦之為名,乃就賦本文中所述思想而言。道學一詞,可以是諸子百家之道。當然,也可限嚴在老莊之玄理。但不論為何?道學之賦首先得加以歸類,並給予文類學意義,當始於《文選》於十五賦類中特立「志」賦類。這一作法,對賦學源流的理解,與賦學體類的辨認,堪稱創見。

　　推溯其源,《文選》設志類賦,當與《楚辭》有關。何則?向來「詩言志」之說,已為儒家詩學大綱。自《今文尚書‧堯典》的那句話:「詩言志,歌永言。聲依永,律和聲。」首揭「詩言志」之詩學體系。再經《左傳》襄公二十七年的「詩以言

志」之賦詩言志活動的張揚。「詩言志」早已建構為儒家詩學的「典律」。既然，詩在言「志」，反過來說，言「志」詩之成為一文體，成為一詩類，乃是極其自然不過之事。

　　言志詩可立。那麼，言志賦可說乎？有沒有言志賦？以及言志賦若有？其源出何始？此又不得不回溯到劉向編定《楚辭》後，王逸所作章句，一再提到的《楚辭》各篇之「志」。

　　先看〈離騷經〉的王逸章句，認為〈離騷〉「依詩取興，引類譬喻」，所謂依詩，即仿造《詩經》的比興方法。其作法是善鳥香草比忠貞，惡禽臭物比讒佞。這點與詩無不同。但重點在末二句，說：「凡百君子，莫不慕其清高，嘉其文采。哀其不遇而閔其志焉。」這一句中的「志」，即標志著屈原作〈離騷〉之「志」，「騷言志」，至此遂與「詩言志」並列為兩大文體功能。

　　所不同者，詩，大多「人無定詩，詩無定指」，除少數幾首，詩大抵沒有作者。古代文學，第一位有定名定詩之作者，當始於屈原之〈離騷〉。這一具有明確身分的作者之志，持以較之詩的「言志」之志。雖同為「志」而性質不同。蓋《詩經》之志是「公共言志」，〈離騷〉之志則是「私人言志」。

　　今以作品與作者的「體性」合一，「人格」合一之觀點看，私人之志的〈離騷〉，做為「言志」表現，更能體現言志作品的獨特性。因之，騷言志相較於詩言志，其於「賦言志」之影響較大。

　　〈離騷〉之餘，《楚辭》它篇，與「賦言志」之理解，最有連繫者，當屬〈遠遊〉王逸章句再次提到的「君子珍重其志而瑋其辭焉」乙句中的「志」字。王逸云：

遠遊者屈原之所作也。屈原履方直之行，不容於世，上爲
讒佞所毀，下爲俗人所困極，章皇山澤，無所告訴，乃深
惟元一，修執恬漠，思欲濟世，則意中憤然，文采秀發，
遂敍妙思，託配仙人，與俱遊戲，周歷天地，無所不到，
然猶懷念楚國，思慕舊故，忠信之篤，仁義之厚也，是以
君子珍重其志而瑋其辭焉。（《王逸注楚辭》，頁 99）

玩索此段話中的「志」，謂屈原深惟「玄一」之道，託配「仙
人」。則屈原之志為「道學」之志可知之矣！

此一「騷言志」之志，首揭道學之志，降至漢代漢體，「賦
言志」之志為何？當為賦學體類的重要問題。這一「志」之分析
與理解，關係到作家個別觀念，更牽涉到一時代之思想風潮。

今從《文選》專設「志」類賦，又所收皆有道學之志為例觀
之。「賦言志」與「詩言志」確為不同。易言之，從「賦言志」
出發之「言志賦」，它是以道學之賦為大宗。言志賦即可視作專
為反映《文選》以前賦學思想的文類學實踐。關於此點，可自
《文選》注文，以見一斑。班固〈幽通賦〉李善注引舊注曹大家
云：

漢書曰：班固作幽通賦以致命遂志，賦云：覿幽人之髣
髴，然幽通謂與神遇也。（《文選》，卷一四，頁 11）

這注云班固寫〈幽通〉之志為致命遂志。幽通即神遇，謂與神人
相遇。神人何人？亦惟自道家可解。再看張衡〈思玄賦〉李善注
引舊注云思玄的玄字，即指玄遠之道。舊注云：

平子名衡，南陽西鄂人也，漢和帝時，爲侍中，順和二帝
之時，國政稍微，專恣內豎，平子欲言政事，又爲奄豎所
讒蔽，意不得志，欲游六合之外，勢既不能，義又不可，

但思其玄遠之道而賦之，以申其志耳，系曰回志邅來從玄
謀獲我所求夫何，思玄而已。老子曰：玄之又玄，眾妙之
門。（《文選》，卷一五，頁1）

此注直引老子之文以釋，則思玄之玄為道學可無疑。然則張衡意
不得志，欲遊六合之外，而「賦之」以申其志。以「言志賦」表
現作家自己的思想與人生見解。志類賦為賦學體類之一殆可成
立。志類賦之志依慣例多「道學」之志，亦由此可視作賦學體類
之一「成規」，一文類規範。

　　簡言之，詩言志，做為一詩學體系總綱，不必一定要設「言
志詩」之一類。而騷言志或楚辭言志，則是做為個別作家之
「志」的表現，因之，「言志」之騷體與公共言志的詩體宜有不
同。至於，賦言志之志，應是言志一系的發展。賦不一定言志，
所謂「體物言志」之重點在體物，而此句中的言志，是「諷諫之
志」，亦即「勸百諷一」的志。它與言志賦；做為一體類之理
解，是繼承「騷言志」的不同傳統。言志賦所發展的「志類賦」
至此應視作一獨立專屬之賦學體類。今自《文選》特設「志賦」
之一類，可證成此說之可立。[6]

五、志類賦之內容

　　《文選》立志類賦，理由何在？已不可究之。因為若據何沛
雄云歷代分賦體類所據三標準有：一以風格分，一以作家分，一
以題材分。而以《文選》所分屬之第三，即《文選》乃以賦之題
材而分為十五類。（《漢魏六朝賦論集》，頁145-147）話雖有
理，但按之今見《文選》志賦類所收四篇，實又未必盡然。

　　蓋今見《文選》志賦有四篇，分別是班固〈幽通〉、張衡〈思玄〉〈歸田〉、潘岳〈閒居賦〉等。這四篇都在「申言敘志」，但所敘之「志」同中有異。特別是在儒家「達則兼善天下，不達者獨善其身」的「退居」思想之外，帶上濃厚的「玄道」色彩。就「體物言志」的「志」而言，此四篇少有體物，但都在暢言敘志。且此「志」之內容已然儒玄道合流矣！

　　因而這四篇，到了唐代的《文苑英華》四十六類賦，只有再重新分類。把〈思玄賦〉分到「道類」。而〈閒居賦〉仍歸「志賦」。[7]

　　再看清康熙年間敕編的《歷代賦彙》分賦體三十八類，其「言志」類只居〈幽通〉〈思玄〉兩賦。其它〈歸田〉〈閒居〉二賦未錄。可見清代學者於「志賦」之內容認定已有不同。

　　然則昭明分文體在「題材」之別外，瑣細作法，尚有以「題目」而分者。明顯之作即孫綽〈遊天臺山賦〉乙篇可為證。此文因涉一「遊」字，故而昭明入之十五賦類的「遊覽」賦。今實際讀之，此文重點實不在遊，而在言「志」，應當入之「志」類賦。

　　蓋自「解讀」賦之本文考之。清儒劉熙載已明言〈遊天臺山賦〉有理趣理障，乃以「老、莊、釋氏之旨入賦」（《藝概》卷3，頁130）既曰老莊釋氏之旨，可知孫綽此賦用意在言志敘志。因為老莊為諸子之書，而諸子者，劉勰《文心雕龍·諸子》下定義云：「諸子者，入道見志之書也。」諸子是見志之作，而〈遊天臺山賦〉乃述老莊諸子之旨，其為言志賦可明知矣！如之何而竟編入「遊覽」類，不入之「志賦類」？

　　惟今之重點，不在檢討昭明分賦類之當不當，而在就今見已

分之志賦類，藉由實際讀解，討論其中所含有之「志」究為何志？

　　《文選》志類賦，善注六十卷本編十四、十五、十六三卷，首篇班固〈幽通賦〉，次張衡〈歸田〉〈思玄〉，末則殿以潘岳〈閒居賦〉。班、張二賦，歷來評點，均以為前後相承，有模仿之跡。且均祖法屈原〈離騷〉。如孫月峰云：「此蓋本〈幽通賦〉來，法屈〈騷〉而加之精刻。」可謂首發先聲。

　　既如此，〈幽通〉賦又何說？此賦仿〈離騷〉之章法，先述孟堅自己身世，所謂「系高頊之元胄兮，氏中葉之炳靈」即是。次寫夢，因而有「精誠」之語，遂能「覿幽人之彷彿。」以下即就道術與命理，鋪敘暢言，反復析論，最後歸結於「精通靈而感物兮，神動氣而入微」。其所標示之人生祈嚮，是性命之理，是渾元之境，是神明之域。凡此皆「道家」所講之學，特別是《周易‧繫辭傳》所開示「精妙入神」之神。故而何義門的評語，直謂：「通篇歸重道字，耽躬道真，可以通神，此幽通大旨。」[8]所見甚是。總之，幽通是通於幽人之域，而幽人即神人，即道所顯現而附體之最高境界。此境界或為「玄境」，玄之又玄。故而張衡本幽通之旨，遂有〈思玄〉之賦，直揭「玄」字，已可概見矣！

　　至於〈歸田〉一賦，乃衡遊京師四十不仕，又閹宦用事，欲歸田里。所謂「諒天道之微昧，追漁父以同嬉」之句，即有邀隱之志。而又標舉屈子漁父母題，雅有仿《楚辭》之深意。賦末寫歸田之感，有「感老氏之遺誡」語，終乃能「縱心於物外，安知榮辱之所如」。既言「寵辱若驚」之理，其退守道家之修為，志可明矣！

　　而潘岳〈閒居賦〉，與〈歸田〉有同理之功，皆進不得志，退而守廬歸田，取不知世事，閒居靜坐之意。稍可議者，只是潘岳之用心或不純，周平園評云：「同其受用，不同其胸懷。此張平子得免，潘安仁不得免。」云云。（《重訂昭明文選》，頁309）蓋謂潘岳不能真守道志，持一而終，毀道復出，遂遭身戮。此潘、張志於道之層次境界不同，然不能謂〈閒居賦〉非有道學之志。讀賦末有句「仰眾妙而絕思，終優遊以養拙」可知之。

　　總上四篇志類賦而觀，無論賦之事類、典語，不出道家，即用易道易理。賦之旨趣歸向，率以入神妙境為說。賦之言志，皆言道家之志。這正是志類所以獨立一類，凸顯於「體物」之流，專尚賦之思想表現的分體立類之用意。《文選》於賦學之見，可謂新創。

六、小　結

　　由《文選》十五賦類，專設「志賦」一類，明顯看出《文選》編者用心反映先秦以後「新思想」的起來。因為《文選》蓋以「沈思翰藻」為文選錄標準。故而凡「經史」之作不選，而以「立意」為宗之諸子文亦當不選。

　　但自己設下門檻，於實際運作時，殆有困難。此一則因為「諸子」與「經書」異流，自魏晉以下尤烈。許多「入道見志」之文，紛紛出現，其表面上為「繁文縟采」之作，但其文內本旨，則以「敘志言理」為主。故而一種新興文類，新興文學趨向乃於暗潮中湧動。此即賦體中「言志賦」蔚起而與玄道之學合流之緣故。

　　「言志賦」遂與「諷諫賦」成為賦體的兩大主流。稍早於《文選》之《文心雕龍‧詮賦篇》界定賦之要義即曰「體物寫志」，可知劉勰亦有見及此。當其歸納漢大賦之品類時已說：「京殿、苑獵、述行敘志。並體國經野，義尚光大。」把「述行敘志」之一類賦別標之。黃叔琳注「敘志」一類，即謂〈幽通〉〈思玄〉之類是也。以〈幽通〉〈思玄〉二賦為「敘志」，不正是今見《文選》志類賦之所選乎？

　　惟同在「志」之一字，「詩言志」與「賦言志」雖似而實又不同。此蓋所「志」之不同趨向，所敘之「理」亦已不同矣！魏晉以降新興之「道玄」之學，普遍影響於詩場文苑。是以黃老道玄之理充斥，漆園注下之典故遍出。此自〈遠遊〉篇已見端倪。下至賈誼〈鵩鳥賦〉，更見玄思。劉勰有云：「賈誼〈鵩鳥〉，致辨於情理。」

　　用「情理」乙詞，可謂首揭賦學之「理」字。又說：「景純綺巧，縟理有餘。」也是用「理」字。可知「說理」「言理」之賦已蔚為賦學「分歧異派」之一大支流。

　　然而文心用「志」與「理」字說玄道，此蓋文心一貫之見。因為文心視經書與諸子異流，經書於文學有六義，即六種文學趣味（見〈宗經〉）而於諸子，則定義：入道見志之書。又說：博明萬事為子，適辨一理為論。括一「理」字「道」字以說明諸子之書。可知在劉勰之見，以為凡是表現思想之作品，乃以明理說理為務，以入道為志。以今語釋之，本文援用作者、作品、讀者、世界為四大範疇之例，可說凡表現思想之作，在作者言，即「志」也。在作品所見，讀者所分析者，即「理」也，「道」也。如此，則所謂「道」「理」「志」「意」的詞例，因不同主

詞而可以「互換詞義」之規則，乃有可說矣！易言之，到魏晉以後，一種言志之賦，乃以「說道言理」為其志，頗與漢大賦之「諷諫之志」與《楚辭》之「諫君」之志不同，這一系新「志」表現的賦體，又主要以道玄為志，如〈遠遊〉〈鵬鳥〉所見。降至劉勰《文心雕龍・詮賦》始加以重視，給予定位。而《文選》顧此「近代文學」新興文體之必要摘選，然又礙於自設「立意為宗」而不選之諸子文，斟酌權衡，遂仿「詩言志」之「言志」，而別闢「賦言志」之一途，分設「志賦」類，而以四篇具有濃厚道玄思想之賦例之。由此確立了「志賦」類在賦學史上之一大宗。而此賦學之「志」與詩學之「志」遂有別矣！何則？蓋有魏晉至《文選》《文心雕龍》所建之言志賦，此志之志，乃專指道志也。道者何道？即易、老、莊、佛之道、之志、之理。[9]

此一賦學體類之「基型」一旦確立，歷唐宋而至有清，一仍不變。若《文苑英華》之有「志類」賦，《歷代賦彙》之設「仙釋」與「言志」二類賦，是為明證。本論證如上既畢，今且再引清儒劉熙載《賦概》中的幾段話權充本文小結：

其一劉熙載云：

> 古人賦詩與後世作賦，事異而意同。意之所取，大抵有二：一以諷諫，《周語》「瞍賦，矇誦」是也；一以言志，《左傳》趙孟曰「請皆賦以卒君貺，武亦以觀七子之志。」韓宣子曰「二三子請皆賦，起亦以知鄭志」是也。言志、諷諫，非雅麗何以善之？

其二劉熙載云：

> 古人一生之志，往往於賦寓之。《史記》、《漢書》之例，賦可載入列傳，所以使讀其賦者即知其人也。

其三劉熙載云：

〈屈原傳〉曰：「其志潔，故其稱物芳。」《文心雕龍·
詮賦》曰：「體物寫志。」余謂志因物見，故〈文賦〉但
言「賦體物」也。

其四劉熙載云：

或問：古人賦之言志者，漢如崔篆之〈慰志〉、馮衍之
〈顯志〉，魏如劉楨之〈遂志〉、丁儀之〈勵志〉，晉如
束皙之〈表志〉、曹攄之〈述志〉。然則，賦以徑言其志
為尚乎？余謂：賦無往而非言志也。必題是「志」而後其
賦為言志，則志或幾乎息矣。（轉引自《劉熙載集》，頁
124-126）

附註：

1　思想史乙詞，歷來每與哲學思想混用。自七十年代以來，徐復觀、
余英時乃有意從西方理論引進而作論述。余英時《歷史與思想》乙
書風行七十年代臺灣學界，主要以柯靈烏的「歷史哲學」為據，全
書屢言儒道法思想，清代思想史，紅樓夢思想。但找不到為「思想
史」下定義的一段文字。徐復觀《中國思想史論集》也以「思想
史」為重心，有論思想史的方法與態度，曾對思想下定義，引戴東
原說：「義理者，文章考覈之源也。熟乎義理，而後能考覈，能文
章。」徐氏據以謂義理者，可以泛解作「思想」（頁3）。案：以
中文詞彙而言可說得通。但徐說把「觀念」與「思想」混用。有謂
「每一思想家所用的觀念名詞，主要是由他自己的思想系統來加以
規定的」云云。（頁4）可見「觀念史」與「思想史」微有小異。
對此二者提出辨別者，七十年代學者林毓生《思想與人物》乙書首

次提出。在一篇〈不以考據為中心目的之人文研究〉之論述中，謂「什麼是分析式思想史？什麼是敘述式思想史？什麼是思想史？什麼是觀念史？」（頁 274）即可知思想史與觀念史的小同異。案此一學術概念及方法應追溯到勞伯傑依（Arthur O. Lovejoy 1873-1962）在三十年代的名作《存在之鏈：觀念史研究》乙書之本義。勞氏以「觀念」不同於哲學之「統一」（unit-idea）而存在於個別文學家之辨證，由哲學之主要概念如「自然」，會在每一時代每一作家個別的思考中，有其「模糊性」，與「語義」的複雜。對此，甚至與原先的「自然」系統之「統一性」產生矛盾。這一「觀念史」的簡要討論，我主要根據《霍普金斯文學批評理論》乙書「觀念史」這一詞目的解說。（頁 388-392）借用在畢庶春對〈遠遊〉乙文的考證，頗有可通。畢文據西漢流行黃老思想，而屈原在西漢之前，且全書《楚辭》它篇未見黃老思想，不正凸顯了〈遠遊〉乙文之觀念與「楚辭思想統一性」的矛盾之處嗎？

2　以下所據各本《文選》均見載錄。此二句有無之考，胡克家《考異》闕。清人諸家考證亦闕。如此二句向為選家所略，其關係〈鵬鳥賦〉乙文之思想，不可謂不大。今人費振剛編《全漢賦》收賈誼賦四種，於此二句下首出校語云五臣本無此十一字。（《全漢賦》，頁 7）惜未進一步考其由。

3　有關道家與道教有別，運用關鍵字詞研究法，我在另一篇論文〈試用物色理論分析文選行旅詩〉中所寫的一條注，可引之並參，茲錄之如下：道家與道教二者之區別不易分，這是目前可見論述道教的專著一致的看法，本論文也不例外。然而道教到六朝所分出的新創之觀念，像上清脈，靈寶派與樓觀派諸派講「清」「真」「靈」這些觀念。特別凸顯出來，應該是道教內在理路的專題，與傳統道家

講的側重點不同。（參詹石窗 1992，頁 10 與頁 71-74，又孫述圻 1992，頁 227-234，李養正 1990，頁 344-350，以及任繼愈 1990，第四、第五兩章）本人以為第一在時間上，道家典籍或有講此三字，但未將之仙化，如五經無真字，到老莊雖有真字，但老子以為道之描述，莊子以為反其真亦為哲學形上之終極境界，不雜成仙。而以神人代替仙人。到了《說文》才直接說：真，僊人變形登天也。真在仙人之更一層，但真人即仙人。有關真字之觀念史釐清，顧炎武早辨之矣。（參顧炎武 1979，頁 532）至於「靈」字，《詩經・靈臺》傳云神之精明者，疏說神之別名。又《周易・頤》也有舍爾靈龜，觀我朵頤句，鄭玄云俯者靈，是說靈龜即天龜。（《莊子・天地》）也說大愚者終身不靈，司馬昭注靈，昭也。大略先秦典籍雖有靈字，但不若靈寶派供奉靈寶天尊。強調靈字那般重要，且為仙化之靈。「清」字素為老子講究，五十七章：我好靜而民自正。又云：清靜為天下正。其在政治無為與個人修養之關係上說得多。至於將之發展成《黃庭經》與《上清大洞真經》的清靜為主，進而做為煉養金丹的原則，如《太上老君說常清靜妙經》的以清靜為法，則絕非傳統老莊的思想。所以，道家與道教之區別的第二點是對如「清」「真」「靈」等關鍵字之孳乳發揮與側重有所不同。本文主要從以上兩點之差別為出發點，以判定道仙。另外，做為宗教層次之道教，講的靈字真字也有特殊涵意，據《雲笈七籤》收錄東晉道士楊羲是「幼而通靈」，劉宋時廬山道士陸修靜是「通交於仙真之間」，這話中的靈與真是宗教意涵的。而《雲笈七籤》道教所起乙節也分辨了道祖元始天尊在老莊之上。（參張君房，頁 10）（以上見《昭明文選學術論考》，頁 344-345）。

4　持此論調者，可以程千帆、畢庶春、趙逵夫三家為代表。程說於

〈郭景純曹堯賓「遊仙詩」辨異〉乙文云：「自靈均唱騷，後人擬之以為〈遠遊篇〉〈大人賦〉。」云云，即謂〈遠遊〉非屈原作，乃後人所擬。（此文收入《程千帆詩論選集》，頁 62-74）又畢庶春〈論遠遊〉乙文（收入《辭賦新探》，頁 87-96）則云：「遠遊似當出於西漢文景之際文人手筆。」此考於年代更晚矣。趙說見〈唐勒論義御與楚辭向漢賦的轉變——兼論遠遊的作者問題〉（載《西北師大學報》，總 7 期）謂〈遠遊〉作者為唐勒，非屈原。

5　因《文選》有按「題目」選文之傾向，「志類」賦以「志」為分，所收四篇沒有「仙」字「大人」字，故收之。而凡有仙字大人字者例不收。它例尚見如陸機選〈豪士賦〉，因題目不涉仙字大人字。陸機別有〈幽人賦〉〈列仙賦〉不收。孫綽有〈至人高士傳贊〉〈列仙傳贊〉涉有至人仙字，不收。反而錄取了〈遊天臺山賦〉，因題目無仙字或其類似字。但其實〈遊天臺山賦〉乙文含有濃厚之道學色彩。由是知，《文選》於道學賦看法，不可單憑文章「題目」考之。

6　詩言志的問題，自朱自清寫專論〈詩言志辨〉乙文起，當代有陳良運廣申之，猶詳於朱說。朱論考志字原就是詩字。所以，詩言志乃是詩的「本源論」。又朱論以賦詩言志說志，仍從「諷諫」義說之。次云「教詩明志」「作詩言志」皆從「教化」之志說。未注意到「公共之志」與「個別之志」。（以上參考〈詩言志辨〉說，據《朱自清古典文學論文集》本所收）陳良運注意到此中有別。謂詩言志之實際運作自荀況、屈原開始。又謂詩言志觀念形成於秦漢之際。（《中國詩學體系論》，頁 41、48）案：後說可信，所以《文選》立志賦即為此反映。過去，由言志與緣情兩大體系衍生的古代文論，凡言志，均括舉情字而言，故曰情志情志。至《文選》，蕭

統始將情志分開，各設兩類。情又與哀傷分開，各為一類。此可謂首創。饒宗頤有短論〈答李直方論文選賦類區分情志書〉已略及此，云：「漢賦以來，言志之作，……並求志道志之作。」（此文收入《固庵文錄》，頁344-345）又云：「昭明所錄，賦之言志者，皆窮居求志之文也。」（同前）一語道破，所論甚是。若再推求志類所道之志，則又不可不明率皆玄道之志。

7　《文苑英華》分賦四十六類或有誤。據何沛雄說此四十六類有「志道」「志」兩類。未審何據？（見《漢魏六朝賦論集》，頁 147）今案中華書局影刊《文苑英華》卷九七至九九為「志」類，並無另外「志道」之分。

8　此句何義門評語，不見廣陵書局刊《義門讀書記》，四庫本亦闕。崔高維點校本《義門讀書記》下冊，頁 877，亦闕。葉星衛刊海錄軒本《文選評點》，序言盡錄何評，然亦不見此語。今惟于光華《重訂昭明文選》收此評。姑從之。

9　案賈生〈鵩鳥賦〉，劉勰除於〈詮賦〉以「理」說之，另於〈比興〉云「以物比理者也」，於〈事類〉云「始用鶡冠之說」，凡此皆可證此賦以「道」以「理」為其「志」。即本論文所論證自賈生以下至六朝之「志」賦，大率「道志」之說。紀昀有評云：「〈鵩賦〉為談理之始。」信然。同此調者，劉永濟亦云此賦「以道家齊物之理，自慰遠謫之情」（《文心雕龍校釋》，頁26）又劉師培云此賦「旨貫天人，入神致用，……擷道家之菁英，約儒家之正義，其原出于易經」（《論文雜記，頁8》）。

選賦所見之賦學章句學

　　章句之學，昉自先秦，源流間出。經學之有章句，如易章句，總集則有淮南王劉安楚辭章句。論文之有章句，如《文心雕龍‧章句篇》。而賦學之用章句，援引章句之法以解讀賦作，當始自顧施禎之彙解選賦。

　　章句之法，其例不一。用之於賦作，即所謂篇題意，大段意，小段意，與乎篇終之意，並作結之由。賦作文意之疏解通釋，殆即學賦章句之本旨。文意既疏通，首尾貫串，隱旨乃揭，而顯晦皆可得其宜。如此結果，亦有助乎賦學之考證。茲引顧施禎疏解《文選》所收宋玉〈高唐〉、〈神女〉二賦，可證此說。

　　〈高唐〉、〈神女〉二賦，歷來選學家辯證不乏其例。論者謂〈高唐賦〉乃楚懷王夢神女，無疑。若〈神女賦〉則楚襄王夢，或宋玉夢，何者為是？爭訟紛紜，各持己見。

　　在各家爭相考證之談論中，用章法之學，以辯解文意，因而得出確解，渙然冰釋者，首推顧施禎。〈神女賦〉前一段小序，自“其夜玉寢”以下，玉字舊誤王，因而演成是楚襄王夢神女，此說首倡自明代中葉張鳳翼《文選纂注》。張鳳翼認為“其夜玉寢”以下之玉王二字，舊本（包括李善本）都誤倒。當改。凡王字皆當作玉，反之亦然。此說一提出，清代選學家競演其論，大肆王玉之謬改。今可見之顯例，至少九家之說。其中以顧施禎為

首之於光華、汪師韓、張雲璈、朱蘭坡、胡紹瑛、梁章鉅等七家，皆主玉王當改。另有孫志祖、許巽行二家主二說並行。即玉夢與王夢皆可。

　　姑不論王玉當改與否？自章句之法求賦作文意，顧施禎一一括舉，而提出四疑，頗具說服力。顧氏云：

　　①篇中其夜玉寢以下舊本作："王寢而夢。寤而告玉"。然按全賦所言，形容親切，皆玉自道所見之詞絕非代王摹擬之言，其可疑一也。

　　②"於是撫心定氣。復見所夢。"既云"玉曰狀如何矣"復云"玉曰茂矣美矣"：則是玉問玉答，文不通順，若依李善本作"王曰"，又與下"王曰若此盛矣"重複不倫，可疑二也。

　　③下之告語於上曰白，而今曰王異之。明日以白玉。對曰者。卑當尊之辭而今云王對曰。倒置無章可疑三也。

　　④賦中所云"望余帷寒余幬"又云："卒與我乎相難。"明是玉自謂。若作王則似不屬。可疑四也。[1]

細讀此四疑，除第三疑考證曰與對曰有尊卑之別，屬修辭考證之外，餘三疑皆自賦作文意上下求之以申明作玉夢是。蓋章句明而文意顯，〈神女賦〉固是玉夢而賦所見之狀以告楚襄王，前後一貫，首尾分明。此顧施禎用章句之學以讀賦，先於題下釋題意，次就〈神女賦〉之序與本文，分大段小段之文意，詳瞻細密以解之。更加證就所提四疑之說。由於原疏解之文甚長，甚節引二例以示之。顧施禎云：

　　序言楚襄王既與宋玉遊於雲夢之浦，命玉賦高唐之事，其夜，玉寢夢與神女遇，其容貌甚麗，玉異之。明日以其事

告王，王曰：其夢若何？玉對曰：昨者晡夕之後，而不自
解其何故，於時日免所汙，髣髴不明，忽然若有所識認於
前者。遂見一婦人狀貌甚奇，而不同於俗，由是寐而夢見
此女，初寤之頃，亦不自記其所夢矣。而但覺罔兮不樂，
悵爾失志，有不能釋然於懷者。於是撫心定氣，以記憶所
夢，而此婦人者，乃宛然如復見之，玉之所夢如此。[2]

讀此一段疏解，猶如將〈神女賦〉之前序做一白話語譯，前後串
講，文意明之又明。〈神女賦〉確屬玉夢而為楚襄王賦其狀。論
者或以為作楚襄王夢，乃不倫之辭，故而改玉夢。其實自顧施禎
之疏解已足可證賦作原意本不是王夢，顧施禎又云：

且其德性和適，侍於左右，甚覺相宜，能順其序之卑下，
以媚於人，而使人之心志觸腑，無不調和也。婦人之狀如
此，不誠哉，諸好備而難以測究乎，王曰若此盛矣，試為
寡人賦之。可乎？玉於是唯唯而為之賦。[3]

讀疏解至此，玉為王賦神女之狀已可確證矣！何庸費辭於王玉二
字版本之考證，喋喋不休，不如以文意求之。賦學之章句有助乎
考證，即如此例。

又案賦之文體，源出詩騷。篇制長短，各有其流。荀賦五
篇，短章體式。騷經九歌，已啟長篇連章之式。漢初諸家，各承
其流。漢武之世，大賦尤盛。下迄魏晉，左思賦三都已累萬言。
陸機〈文賦〉亦屬長篇。乃知長篇之賦，能手多擅之。

長篇之賦既流行矣！讀長篇賦之法，則要遲至明清之季，始
有示例之作。雖自明人孫月峰之評點，張鳳翼之纂注，已略見初
構。然尤未臻詳密。至清初顧施禎匯注〈文選賦〉始備其說。顧
氏藉選賦之點評，詳案全篇文意，略分大段小段，段有段意，各

自分立,而又相屬。按段以求文,意自透出,而首尾圓融,全篇之首,朗然見意。此即章法之學最便於讀長賦之例。清以〈文賦〉為例,以觀其大概。

　　〈文賦〉乙文收入《文選》六十卷本之十七卷,原昭明三十卷本之卷九。李善注與五臣注均不注段落與章法。且善與五臣所繫注之句,亦大抵相同。[4] 惜乎六臣注〈文賦〉,不論是善注詳於典故,或五臣注詳於文意,皆不分章別段,亦不標示大段小段。以致於欲求〈文賦〉全篇論述之由,分段之旨,並全文精義要害,皆不可得。唯須賴讀者深刻吟咏,自會意義,始能略識概要。

　　於是而有清儒顧施禛之章法學以讀〈文賦〉,首揭〈文賦〉分段旨意,首尾之由。其後於光華、方廷珪諸家增益之。〈文賦〉之分段旨意始有眉目。今人讀〈文賦〉即步此法,而詳述全篇論證過程與各段要旨。今舉徐復觀疏注與顧施禛匯注所分段及述各段之旨意為對照,比較二家之說解,以明賦學章法之例。[5]

　　按照〈文賦〉全篇之結構,顧注分十一大段。其中第七大節又分五小段,此即大段小段之分。徐注則分全篇為十六段。無大小之分。二注分段之別,在第七段。徐注分第七段為五段。顧注則以第七段為大段,次分五小段。因為顧注早於徐注數百年。而徐注後出,故只有一可能,即徐注之分段若非參考顧注,則必徐注暗合顧注。[6] 雖然分段節數,二家大抵相同如此。但對各段主旨,以及段與段之關係,各段與全篇結構之安排,則顯然不同。而顧施禛之判讀,多有勝義。今試比較如下:

　　先看第一段自“余每觀才士之所作”至“蓋所能言者具於此云爾”。一般之見,視此段乃陸機作賦之由。顧氏云:“蓋非知交之難,能作文之難也。故作文賦以述古先才士美盛之文藻,因

論作文得失之所自。"[7]據此知〈文賦〉重點在"作文",非"知文"。所謂"作文",即文章藝術方法。陸機〈文賦〉所談者乃作家創作方法與過程,而不是瞭解文章品評文章的"知文"。此〈文賦〉之序意,清人何義門云:"賦中專論作法,意匠所存,工拙之由也。"[8]與顧注同意。然則陸機此段序意已明,僅述作文之由。徐注雖亦視此段為序,但作之之緣由,則另增加"品鑑"之由。徐氏云:"順著(因)評鑑所得,論述作文之所以成功(利)和所以失敗(害)的原因,想由此以闡明作文的一般法則。"[9]徐注以為陸機藉由對過去作家作品評鑑,論其得失成敗,以闡明作文之法。此說與〈文賦〉全篇不符,因〈文賦〉自始至終並未品鑑前代作家,如何論其得失呢?即使其中幾段提及各體文章作法,也是就文體通論,不以個別作家作品為例證,從而可知〈文賦〉重點在論"作文"而非"知交"。二注比較,顧注之說近是。

　　第二段自"佇中區以玄覽"至"聊宣之乎斯文"。顧注首云此段"言作文之由"。此大段意也。其後又疏解此段之意義云:"賦言人何以欲作文乎?"可知此大段賦之意涵在說明何以要寫文章之理由?這段主旨,各家所解大抵無異。於光華云:點題。又云:首述作賦之由。徐復觀亦謂:"此小段言先士寫作的根本修養及寫作動機。"案所謂寫作動機即作文之由。諸說無異,而首揭段落大意者,自顧注始發明。

　　第三段自"其始也皆收視反聽"至"撫四海於一瞬"。顧注首揭此段以下"言抽思也"。何謂抽思?疏解進一步說云:"言欲作文必先抽其祕思也。"可知抽思乃指作文之前先構思冥想。甚至想像八方,越超時空,不理會耳目。按今人之語,此段即講

文學創作之"想像"問題，亦頗類似《文心雕龍》之神思。故而於光華評云此段所述即"運思次第"。楊牧順著徐復觀"思考想像"與陳世驤"沉思"之講法，謂此段乃"專論創作前的沉思醖釀"。[10]諸家說解大體無異。但顧注以"祕思"描述作文之前心理活動，更近於事實。且"祕思"一詞可與《文心雕龍》之"神思"相發明，深刻地描寫想像沉思之境界。

第四段自"選義按部"至"或含毫而邈然"。顧注云："以下言撰辭。"乃謂此段賦意在說明寫作之際，如何修辭，並與思想精神主題相互配合，故謂之"選義按部"。諸家理解大抵無異。

第五段自"伊茲事之可樂"至"鬱雲起乎翰林"。顧注云："以下言成篇之妙也。"所謂成篇，即文章完成寫作之後，所產生之效果。諸家疏解大抵相同。但在分段節點之處，於光華未斷於此，而與"體有萬殊"以下一段（即第六段）聯接[11]，明顯有誤。難怪於光華有批語云："下推論立言之體。"[12]更非實情。蓋此段不言文之立體，只言文之成篇後所引生之效用與趣味。於光華誤將第六段"體有萬殊"以下之文句，併入此段，故而有此誤解。

第六段自"體有萬殊"以下至"故無取乎冗長"。顧注云："以下言體格也。"甚是。此段〈文賦〉纔開始正式將歷代文學分體為十類，即〈文賦〉在體類學之創見。要到這一段纔看到〈文賦〉所謂"立言之體"。而所謂"體有萬殊"之體字，顧施禎疏解云：

> 賦言篇善矣，而文之（體格）有不同者，蓋文之體有萬殊，而物之形亦無一量，既紛紜其雜進，而吾揮霍以裁

之，萬物殊形，亦難爲擬狀矣，然必奉意爲謀篇之宰也。[13]
此段疏解要點在定義 "體" 字爲 "體格"。此體格定義大抵爲清
季學者所宗。直至今人徐復觀謂即 "體裁題材" 之現代義而更明
顯矣！

　　〈文賦〉一文自第七段起，即諸家說解歧異處最多者。自
"其爲物也多姿" 至 "吾亦既夫所偉" 即顧施禎分段爲第七段，
而於光華不分段，與顧注第八段，自 "若夫豐約之裁" 以下一段
相接。徐復觀則析此全段爲五小段，分別各予段落大意，與顧注
之不分，迥然有別。

　　顧注第七段全段章句大意云："以下詳言利害之所由也。"
初觀之，易致誤解，以爲顧注第七段之意，謂〈文賦〉只是闡明
作文有利有弊而已。實則不然。第七段申言作文利害之內容材料
頗多，今再細讀此段之顧注，大段之下更分有小段，以數句爲一
組，各標示段落要旨。合而考之，此類小段共有七小段，比較徐
復觀之五小段又多出二段。顧注更細更分明，於〈文賦〉說解更
得其詳。顧注善用章句段落要旨之分析法，在此段之示例中，最
能表現其賦學之章句法特色。茲列其小段處如下：

	段　　落	要　　旨
1.	其爲物也多姿至其遣言也貴研	此四句以變化言利害
2.	暨音聲之迭代至崎錡而難便	此四句以音聲言利害
3.	苟達變而識次至溷涊而不鮮	此六句以次第言利害
4.	或仰逼於先條至固應繩其必當	此十句以應繩言利害
5.	或文繁理富至取足而不易	此十句以居要言利害
6.	或藻思綺合至亦雖愛而必損	此十句言當避同以分利害
7.	或苕發穎豎至濟夫所偉	此十四句言無立異以分利害

觀此列表可知第七段詳言作文利害有七種。分別是：立異、避同、居要、應繩、次第、音聲、變化等。今持此七害與徐復觀之分段大旨比較之，詳略繁簡，立觀可得。徐氏分段大旨如下：

	段　　落	要　　旨
1.	其為物也多姿至故淟涊而不鮮	此段言遣辭就班的利害
2.	或仰逼於先條至因應繩其必當	此段言文章有無剪裁之利害
3.	或文繁理富至取足而不易	此段言文章中有無提掇主旨主題之片言的利害
4.	或藻思綺合至雖愛必損	此段言發揮題材內容之要求
5.	或苕發穎豎至吾亦濟夫所偉	此段言特出之句在全篇中所能發生之效用

觀此表，可知徐復觀所分五小段，割裂〈文賦〉第七段之原文，以己意領會，用現代人熟知之文章法則用語以解五小段旨意。表面看似清楚，其實未必然。尤其是原文句法以 " 或 " 字起頭之各句，原來就是陸機寫作此文在主觀上已刻意細分之段落。因而顧注每將或字起頭句視為一小組，給予小段大意之標示。頗符合原作者之結構。徐復觀注卻更是要合並之，但憑自己之歸納，任意拆解原文字句，組合成五小段。名為創新獨見，但平實讀之，是又不然。反而是顧注在原文 " 或 " 字頭之基礎上，運用大段之下細分小段之章法學，分第七段為七小段，標示〈文賦〉所講的文章利害理由，次第分明，要旨顯露，令人讀之，爽朗可謂。

　　〈文賦〉自第七段以下，第八段言文章之五病，以至文末，總十二段之大段要旨，各家大抵皆同，無待深論。蓋自第七段至十一段，暢言文章利害與弊病如何避之？如何救之？至文末話題一轉，歸結到文章有何功用？全在 " 被金石而德廣，流管絃而日

新"，即文章要流傳久遠，乃經國之大業，亦不朽之盛事。至此
〈文賦〉全篇立論終結，劃上句點。顧施禛疏解云：

> 賦言文之利害詳矣。請終言其功用，維茲文之爲用，以文
> 明理。固眾理所因以著者，萬里之遙，恢之而無閾限，億
> 載之久，通之而爲津梁。俯則貽垂法則於來葉，仰則觀效
> 體象於古人，故能濟先王之道於將墜，宣先王之教於不
> 泯，即舟車所不通之塗，無遠而不彌滿以達之，毫髮所難
> 窮之理，無微而弗綸合以顯之。其廣大微妙如是，則澤之
> 遐布，配霑潤之物於雲雨，神之運行，象變化之奇於鬼
> 神。國家之盛德，亦賴有文，以被之金石而益廣，流之管
> 絃而日新，則文之功用何如哉。[14]

讀此疏解，不但可知段落大意，全賦宗旨。更欣賞到原文之語
譯，簡約明快，章法既得，賦意亦曉。所謂賦學理論之章法學，
在顧施禛彙注文選選賦所示之方法，表現得淋漓盡致。從而可知
賦學理論之章法研究，急待學界關注，以開拓更寬廣之賦學研
究，並加深賦學理論之內涵與研究方法。因申論專文如上。

附註：

1　引自顧施禛《文選六臣彙注疏解》卷十九，頁 11，臺北：華正書
　　局，1974。

2　引自顧施禛《文選六臣彙注疏解》卷十九，頁 13，臺北：華正書
　　局，1974。

3　引自顧施禛《文選六臣彙注疏解》卷十九，頁 14，臺北：華正書
　　局，1974。

4　此處所據兩注本《文選》，主要以奎章閣本《文選》爲底本，因此

本之善注與五臣注並存，不避重復，例不刪削。其次以尤本《文選》與陳八郎本《文選》做為參校本，比勘兩注之詳略。

5 晚近對《文賦》之研究，注重段落章法疏釋之專著者，有張少康《文賦集釋》，臺北：漢京文化事業有限公司，1987。徐復觀《陸機文賦疏釋》，臺北：臺灣學生書局，1984。楊牧《陸機文賦校釋》，臺北：洪範書店，1985。

6 今據徐注全文未引顧施禎說，可知徐注未參考顧注。則二注前後暗合之情形較有可能。

7 引自顧施禎《文選匯注疏解》卷十七，頁 2，臺北：華正書局，1974。

8 引自于光華《評注昭明文選》，頁 328，臺北：學海出版社，1977。

9 引自徐復觀《中國文學論集》續編，頁 95，臺北：學生書局，1984。

10 引自楊牧《陸機文賦校釋》，頁 25，臺北：洪範書局，1985。

11 引自于光華《評注昭明文選》，頁 330，臺北：學海出版社，1977。

12 同前注。

13 引自顧施禎《文選匯注疏解》卷十七，頁 1470，臺北：華正書局，1974。

14 同前注，頁 1494。

文選作品詮釋示例

一、序　論

　　文選學雖起自隋代曹憲之注，唐宋繼作，歷元明，至清儒各家集小學訓詁，考證校勘之大成。不可謂不淵源流長。然而，歷代選學著作，以今人之學術分類看，略可稱之「舊文選學」，其建立之成就，大都在典章制度，語詞出典，與乎字句考辨上。誠如黃念容整理其先翁黃季剛先生之文選評點，編成《文選黃氏學》一書之自序所言，謂此類舊文選學之作，不免：「摭拾瑣屑，支蔓牽綴之辭，以於文之工拙無與，只可謂之選注，不可謂之選學。」（《文選黃氏學》序）此話用「選注」與「選學」分判舊文選學，真是切中弊端，深具反省檢討之意。

　　今觀《文選黃氏學》乙書，在文字訓詁，名物考證方面，詳於前賢，多有補清儒未洽言者。惟一部份實在只可謂「舊文選學」之向前推進，發揮所長，究竟與清儒用小學之功，研治眾學無異。茲者，文選學不當局限於此，當基於前賢之礎石，立高樓大棟，妝點美飾外衣，期使文選學不只是注來注去，校東校西之學而已。

　　就這一點而言，《文選黃氏學》的另一部份批語，即充分反

映出來，開示一種「新文選學」的途徑之一。何則？可暫名之曰文學法研究文選。即是用實際閱讀感受，以「熟諳文例，洞然有得於作者之旨趣」的讀法，將《文選》當作文學作品讀。以回歸當初選文以「沉思翰藻」為標準的美意。

　　不要只把《文選》拿來印證小學校勘，當作亡書輯佚，看作語詞出典的書而已。要把文選當「文學」讀，當「文學」做研究。只有這種角度看待《文選》，才能研究出心得與趣味，才能真正將研究成果用之於當代人生，將閱讀心得應用於閱讀者的學識人格之陶冶。所以，新文選學要研究出一套「文學法」的文選學，最重要者，即「閱讀」文選的嘗試。

　　黃季剛《文選黃氏學》的批語，即不只是小學功夫，更有情性，有「古為今鑑」，有一己身世的讀後心得，也有將文選作品的事義，拿來與時代背景相發明印證者。如讀〈永明十一年策秀才文〉有句「冕笏不澄，則坐談彌積」，舊解只訓字義，引出典，黃季剛則批云：「官人之方既廢，則士之進者無過坐談，退者又當橫議，自古所悉，今庸不然。」（《文選黃氏學》，頁177），這批語簡短的一句「今庸不然」，顯已做過「古為今用」「今古參證」的比較，把士人何以不得志的現象，跟黃先生所處的民國初年時代背景一齊地看，聯想一些問題。

　　再如讀李密〈陳情表〉，想到個人出處之際宜慎，（同前，頁179）讀〈蕭太傅固辭奪禮啟〉有句「饑寒無甘旨之資，限役廢晨昏之半，膝下之觀，已同過隙，几筵之慕，幾何可憑」，乃批云：「孤兒讀此，不禁擗摽長號矣。」魏文帝〈與吳質書〉有句「惜其體弱，不足起其文」，遂講了一大段文章「繁簡隱顯」的分辨，就算熟諳文律者，也難免犯一個「弱」字之病，從而想

到為文要「強氣」，但氣之如何強，究與「學之精粗」無必然關係。（同前，頁198）這個意見提到「文律」，其實就是文章法律，也就是文學讀法。總上可知，到了黃季剛所治的文選學，其面貌已不同於「舊」方法。而自有其新奇大膽之處，此一特點，一言以蔽之，也就是結合文字訓詁與文章解讀的研究，加重文學性，用富於情性的文學方法讀《文選》，所以，不只是「選注」，更是「選學」，一種突破前人瑣碎考據的「新」文選閱讀法，及其研究。

其後，駱鴻凱有《文選學》之作，亦示人以讀文選方法。略本黃季剛先生之意，益以舊說，提出讀《文選》之十法，分別是：一曰訓詁、二曰聲韻、三曰名物、四曰句讀、五曰文律、六曰史實、七曰地理、八曰文體、九曰文字、十曰玄學與內典。（《文選學》，頁292-298）這十法中的「文律」，即黃季剛講的前揭「文律」之意，謂修辭之律令。又十法中的「文體」，是辭尚體要之體，亦「位體」之體，今語可稱之文類學，黃季剛批文選之法亦經常施用之。它如「文史」，是指七代文學史變，最後一項「玄學與內典」，是義理的闡釋，思想觀念的詮解。這樣讀文選，小學、文學、思想三者兼顧，可謂善矣！理想的閱讀法大率不出乎此。倘再更細的講，納入文體中的「技巧分析」，特別是六朝駢體美文的聲律辭章之特色分析，運用普遍通則與對觀比較方法，閱讀《文選》篇章，就更具有「文學性」之讀法了。

《文選學》乙書之末，附有「分體研究法」與「專家研究法」兩種之舉例，前者已涉及比較作法分析，後者更有校釋字句與命意講解。大抵符合前揭十法的要求。只是沒有像黃季剛批語中有的主體閱讀感受之言。徵實較多，課虛較少。

　　其實，所謂文章讀法文學性閱讀，明清的評點已經使用了。可惜，被譏為俗儒八股之作，遂不重視，甚至持否定者。大陸學者屈守元即作如是觀，屈氏有《文選導讀》之作，亦開示讀《文選》之法。謂「對文選評價要正確」「讀文選要口到」，即默誦之功夫，然後竟主張「不宜用庸俗批點法讀文選」（《文選導讀》，頁 146-151）其實，口誦的功夫黃季剛的《文選》批語首次提到這主張，而整個黃先生的「文選學」，並無專書述作，也只是用評點表現出來，用批語流傳下來。不惟如此，明清兩代的文選評點之作，若孫月峰、張鳳翼、何義門、于光華等諸家所批，時見創說，屢出勝義，對詮釋《文選》篇章「文學性」意義，多有發揮，宜加參考。如何而可以說此類著作是庸俗，甚至作如下判斷云：「只要把《文選李善注》弄透徹了，六朝人的詩賦散文的奧祕，自然會知道。」（同前引書，頁 149）果其然乎？李善注則注矣！但「釋事忘義」之評，書出後不久，同時代唐人已有評。而讀《文選》不能只在訓詁注解打轉，更要把《文選》的文學性讀出來，用有趣味、有感受、有反思，以及有引伸聯想的文學閱讀法讀之，才能得出作品的多義性，領會作品的美感。

　　以下即本著「文學閱讀」的方法解讀八篇《文選》選文，用廣申前人雅意，並兼取諸說之長，試為閱讀文選方法示例如下。

二、《宣德皇后令》之閱讀法

　　本篇文體屬於「令」，即《文心雕龍》詔策篇所云天子命書之一種。《古文辭類纂》分有詔令類，本篇即此類文字。但《古文辭類纂》只收古文，不收駢文。徐師曾《文體明辨》卷二十一

立有「令」體，云：

> 按劉良云令即命也。七國之時並稱曰令。秦法皇后太子稱
> 令，至漢王有赦天下令，淮南王有謝群公令，則諸侯王皆
> 得稱令矣！意其文與制詔無大異。特避天子而別其名耳。
> 然考文選有梁任昉宣德皇后令一首，而其詞華靡不可法
> 式，其餘諸集亦不多見。（《文體明辨》，頁 697）

　　此段據五臣注劉良曰皇后太子稱令，令命也。可見文體曰
令，是為了與天子詔命有別。而其實皆源出詔策一體。次而說到
本篇華靡不可法式。清人何義門、方伯海、亦同有此論。都用人
品法統的觀點看此文，而非從文學角度評價。

　　其實，本篇是極工巧的四六文體式。任昉素善文筆之作，有
「沈詩任筆」之稱。代宣德皇后下令進封梁武帝蕭衍，一則要考
慮齊的統治地位，二則要不違蕭衍權傾之心。於措辭上，不可不
考究，於用典上，不可不斟酌。於比擬上，更要注意不露骨。

　　先說比擬，一句「爰在弱冠，首應弓旌。客遊梁朝，則聲華
籍甚」，把梁武帝蕭衍的出身，進身王府，比做漢廷之司馬相如
與枚叔，客遊於梁孝王之門下，終至顯名公卿。可謂比擬貼切。
其中又雙關一「梁」字，一即蕭衍之國號，二指嘗居梁王。一字
雙意，可見任昉文章用字之考究。

　　措辭上，一句「隆昌季年，勤王始著，建武惟新，締構斯
在」，把蕭衍在齊世兩王，即鬱林王與齊明帝治下的功績，一併
說到。隆昌是鬱林王年號，建武是齊明帝年號。當公元四九四
年，其時齊西昌侯蕭鸞殺齊帝，貶鬱林王。十月，自為齊帝，改
元建武。其后齊世王朝子孫相互攻殺傾迍，未嘗休止，至東昏侯
永元三年，蕭衍遂為大司馬，中書監，實際握有朝廷大權。

　　自此以後，如何描寫蕭衍，一句「及擁司部，代馬不敢南牧。推轂樊鄧，胡塵罕嘗夕起」，說得極委婉。用代馬胡塵兩詞，文飾蕭衍起兵意圖，不從起兵自擁而論，改用代天伐民，嚴分胡漢不共立之說。可謂善於揣摩文章口氣詞意。

　　雖然梁王蕭衍自司州襄陽起兵不久，即已自立，但任昉代宣德后下令禪讓之時，政權仍在齊和帝蕭寶融治下，故而文章口氣，又不能太過，必須符於權位事實。於是，再審蕭衍功績，無論多高，總以「帝有惡焉，輶軒萃止」一句作結。出一「帝」字，上下之分判別，為文口氣，乃不失身分。似此文章，伊違於兩邊，如何措辭得當，本即難下。觀任昉寫法，可多欣賞之。

　　再說用典，「博通群籍，而讓齒乎一卷之師」，出自揚雄《法言》云：「一巷之市，不勝異價。一卷之書，不勝異意。一巷之市，必立之平。一卷之書，必立之師。」截取其半，用「一卷之師」變改原句，以代「小儒之見」。可以學用典截句之法。

　　又如「一馬之田，介山之志愈屬。六百之秩，大樹之號斯存」，用典也成對比，前者曰受祿之小，後者曰受祿之大，但無論大小，梁王屢辭不受。用四句極力形容梁王的謙讓之辭，德比先賢。可曰誇筆用典。

　　總之，純就技巧欣賞，本篇實可稱上選。若從易代君臣之忠心角度看，例如清代人的見解，即據此文批評梁王蕭衍的篡位之逆。則又另當別論。然由本篇之入選，亦可輔證昭明選文標準，「欲誇乃考功烈」之說，似可並參。

　　案：以上的閱讀法，先從文體分辨開始，可說是「文體閱讀法」的一種。但是這裡的文體，特指古代文體。因為「令」，在民主時代的今天，已不流行，不實用矣。所以，「令」的閱讀要

回歸古人的定義再引伸今人的想法。問題在「令」是不是文章？是不是文學？讀者當有自己的性質判斷？

按照今人所謂的「文體閱讀法」，文體是指文章體裁樣式，它是文章構成的一種規格和模式，反映文章從形式到內容的整體特點。而文體的閱讀就是探尋讀者和讀物的對應關係。（《文體閱讀法》，頁 1）若問此種關係宜注意何種層面？那就是讀者要掌握一般文體與特定文體的不同讀法。還有，文章和文學的不同讀法。（同前引書，頁 11）

〈宣德皇后令〉乙文之「令」是特定文體，以上的閱讀則是「文學」的讀法，因為其中分析了對偶與用典的文學技巧。

三、〈爲宋公修張良廟教〉之閱讀法

本篇屬「教」之文體。作者傅亮，字季友。沈約《宋書》卷四十三有傳。說到：「亮從征關洛、還至彭城。」是篇即從高祖征至彭城（今徐州），過張良廟而修之，紀其事之作。其修廟之意圖，用在表彰留侯張良的武功謀略。是時正好也是高祖劉裕急欲禪位之時，藉修張良廟，顯有為高祖張本之嫌。果然，不久，傅亮即輔高祖登基。高祖登基之後，凡受命表詔文誥，皆出亮辭。

案教之文體，《文心雕龍》列入〈詔策〉篇，云：「教者，效也。契敷五教，故王侯稱教。昔鄭弘之宋南陽，教條為後所述。乃事緒明也。孔融之守北海，文教麗而罕於理，乃治體乖也。若諸葛孔明之詳約，庾稚恭之明斷，並理得而辭中，教之善也。」，這一段話，定義教之文體，是王侯專用。依此而論，宋

公劉裕，當時未稱帝，修張良廟用教體為名，王侯之身，可謂切合。五臣注翰曰：「秦法諸公主稱教，教者，教示於人也。」，宋公殆欲藉留侯張良之事蹟以教示於人。

徐師曾《文體明辨》卷二十一收有「教」體，徐云：「秦法王侯稱教，而漢時大臣亦得用之。若京兆尹王尊出教告屬縣是也。故陳繹曾以為大臣告眾之辭。」，這個定義解釋更寬。

本篇在作法上，何義門有一條重要評語，說是傅季友乃四六之祖。意謂傅亮文章，首構四六句式。考之本篇即「過大梁者，或佇想於夷門，遊九原者，亦流連於隨會」四句，為標準的四六四六句型。四句之中，也包含虛字，如者字，或字，亦字，以造成六字句。在元嘉之前，有此句法，已相當難能矣，到唐世四六駢文，虛字少實字多，又更嚴格了。

再者，句型雖為四六，過大梁與遊九原，同義，佇想夷門，與流連隨會，也是同義。假使就對偶看，此四句只能算同義詞的寬對。或者是同義的事對。尚未達「反對為優，正對為劣」的對偶審美標準。

案：以上的閱讀法，大致與〈宣德皇后令〉的閱讀近似。不過，加上了宋公何以修張良廟的動機用意。這是所謂的「作者意圖」之揣測。一方面揣測作者的意思，一方面探索作品的含意，最後，綜合兩者與讀者自己的判斷。這樣讀法，可稱之「創造性閱讀」。所謂創造性閱讀，要讀者有高度的閱讀主動性，並進行創造性思維。能分析讀物內容，鑑別觀點的複雜思維，這是閱讀學的一種嘗試。（《閱讀學》，頁 132-134）

四、〈求賢良詔〉之閱讀法

　　此篇詔策，實分兩篇，宜作兩文看。昭明文選原題前篇作〈漢武帝詔〉一首，後篇原題〈賢良詔〉一首。所以，照明原意是此一篇為同一體類，都屬詔問類。後代選本，有的改前篇為〈求茂才異等詔〉，例如《古文觀止》《古文釋義》二書，或者題為《下州郡求賢良詔》。如《古文析義》一書。

　　合二篇而看，結構上，一詔一問，本自不可分。所以，五臣注向曰：詔，照也。天子出言如日之照於天下也。此詔下州郡求賢良焉，是說前篇先由天子下詔至州郡，求茂才異等者，獻至朝廷。及朝，天子親為策問，再出問策，即後篇的〈求賢良詔〉。所以，五臣注銑曰：前詔郡國求賢良，而賢良畢至，此詔問之策也。據此，可知後篇是天子詔問賢良的考題，與前篇雖不同，但一前一後，關係至深，宜作一結構體看，故合此二篇為一篇。

　　詔策之問，是上對下，即天子策問。另有策文，是下對上陳述治理國家之策，這一類叫對策，又有試秀才之文，叫策文，文選三十六卷收的三篇即是此類。

　　《文心雕龍》設有〈詔策〉篇。認為詔策之體，由來已久。說：「昔軒轅唐虞，同稱為命。命之為義，制性之本也。其在三代，事兼誥誓，誓以訓戒，誥以敷政，命喻自天。」，可知古代文體，詔與命同。又說：「降及七國，並稱曰令。」那麼，詔即天子之令，詔策是天子之令書。到了漢初，天子命書，又分為四體，《文心雕龍・詔策》云：一曰策書，二曰制書，三曰詔書，四曰戒敕。以上可謂詔策一體之細分。《文選》立有「冊」、

「令」、「文」，三類，大抵近於詔策性質。

明代徐師曾《文體明辨》也分有「詔」體與「策問」體。於「詔」體有說明，徐師曾云：

> 古之詔詞，皆用散文，故能深厚爾雅，感雅乎人，六朝而下，文尚偶儷，而詔亦用之。然非獨用於詔也。後代漸復古文，而專以四六施諸詔誥、制敕、表箋、簡啓等類。則失之矣。然亦有用散文者。不可謂古法盡廢也。（《文體明辨》，頁572）

此就文體說明詔策有古今之別，謂漢代詔策用散文，六朝用四六駢文。今讀此二篇詔策，仍以四六句式為多，亦屬駢文之體，但間雜散文，特別是長句。如「其命州縣察吏民有茂才異等可為將相及使絕國者」，即是長句。黃季剛批點時，就說「其」字至「者」字一句。又「海外肅慎北發渠搜氐羌來服」也是長句。這樣的句型，間雜入四六文中，使到整齊之文有長緩舒透之氣，正是文章「氣勢」的表現，很可以代表漢代散文的特色。

關於第二篇策文，徐師曾解釋這一文體說：

> 按古者選士詢事，考言而已。未有問之以策者也。漢文中年始策賢良，其後有司亦以策試士。然對策存乎士子，而策問發於上人。尤必通達古今，善為疑難者而後能之。不然，其不反為士子所笑者幾希矣！故今取古人策問之工者數首，分為二類而列之，一曰制策，二曰試策。（《文體明辨》，頁1001）

這段話說明帶有考問性質的策文，始於漢文帝，即今見之〈問賢良文學策〉，又將策文，分為制策與試策。制策出於天子，或天子代筆，如任昉〈天監三年策秀才〉一文是。至於試

策，則近於考試題目。依此而論，武帝這一篇策求賢良，當屬制策。

　　漢代流行詔策，從《古文觀止》一書連選了四篇詔策文，可證明古人重視這一文體之實用性。今天，雖已不合時，天子的詔，已改用總統令，而制策，對策等試題，則改用申論題代之。文體不同，但意思相近，雖變而實有不變之處。此二文猶具摹古參今之價值。

　　詔策一體，至《文苑英華》分出「中書制誥」「翰林制誥」「策問」「策」等四類。而姚鼐《古文辭類纂》，列入「詔令」類。附記於此。

　　案：以上的閱讀，重視文體的分合，與文章作品經過不同編輯之後的面貌，反映了歷代「讀者」閱讀同樣作品產生的不同評價。「讀者地位」在此被凸顯，而讀者「接受」的重要性也被提出來。

　　在文學讀解的過程中，本來「讀者」就是作品的上帝。龍協濤在這個論點上，呼應西方文論中的接受美學，把作品的訴說對象分成「接受模型」與「隱含讀者」[1]，就是說任何作品之創作，作者照例會在心目中有個對象，考慮各種能讓它接受的作法。（《文學讀解與美的再創造》，頁46-50）這樣的讀者倘再細分，又有所謂的實際讀者，就是當下在讀作品的那一位讀者。這樣二種類型的讀者加起來，當然對某個時代，某個文學流派，會產生評價之潮漲潮落。（同前引書，頁54）

　　照這個講法，以上的閱讀，分析「詔」乙文之在各代的應用，與編輯上的分合，以及評點家的批語，都是「實際讀者」的作為。有關《文選》乙書各篇作品之閱讀今後宜多加重「讀者」

地位的分析。[2]

五、〈豪士賦序〉之閱讀法

　　本篇於文體屬序跋類。古文駢文都各有序跋一體，而本篇用駢行，又是對偶文字的先聲。因為，真正的六朝駢偶。講四六句式，當是劉宋以後才大大流行。而本文作者陸機身處三國吳氏及西晉司馬氏，早於劉宋百年，已創為清新之調，用反對正對之意，用駢偶之句。可謂開對偶文字先導。

　　本文題曰豪士，君子與士，固可欽仰，又加一豪字，則又士中之上駟。就儒家觀點，士之定義，或曰「士不可不弘毅，任重而道遠」，或曰「士志於道」，或曰「行己有恥，使於四方，不辱君命，可謂士矣」，或曰「士，見危致命，見得思義」、凡此云云，士皆為積極意義之士。

　　因之，顧炎武《日知錄・士何事》云：士農工商，謂之士，其說始於管子。三代之時，民之秀者，乃收鄉序，升之司徒，而謂之士。………春秋以後，遊士日多，齊語言桓公為游士八十人，奉以車馬衣裘，多其資幣，使周遊四方，以號召天下之賢士。而戰國之君，遂以士為輕重，文者為儒，武者為俠。嗚呼！遊士興而先王之法壞矣。這個定義，不論是遊士、遊俠，都帶有濃厚儒家本義。

　　然而，到了本文，士之定義一大轉，陸機對士已不從儒解，乃另賦以「玄義」，於是，本文所謂豪士非彼遊士。這又是本文能開創新義，以為兩晉「玄風」大盛之前的先導。試析其玄士之義如下：

　　首先，豪士不一定功成業立，而要看「時勢」，本文提出「時啟於天，理盡於民」的成功條件，用時勢做基礎。不可強求功位，而要善守「功在身外」。

　　次言為人臣者，必行君令，倘以豪士自命，所謂「代大匠斲者必傷其手」，凡功高震主，不審退居之理者，必有後患。至此遂將文意一轉，轉入道家之說。提出「饕大名以冒道家之忌」之說。則所謂豪士，至此已為道家豪士，或曰「道士」矣！

　　底下即用老莊意，說豪士守老莊道。例如「禍積起於寵盛而不知辭寵以招福」與《老子》言「寵辱若驚，寵為下。得之者驚，失之者亦驚」可相發明。又云「使伊人頗覽天道，知盈不可益，盈難久持」，可與「謙」「損益」之理相通。至於豪士保功位之長久，唯在「節彌效而德彌廣，身逾逸而名逾劭」，也有「功遂身退，其名不去」的意思。當然，也有「將欲取之，必固與之」的道理。

　　總之，本文在義理上，所闡述之豪士，絕非執干戈，運帷幄，建功立業，赴湯蹈火，身殞而沒之儒家豪士，而是善盈虛之道，知退守之功，謹遵「時」「運」「命」，隨大勢消長的道家豪士。就這一點看，本文可謂不止開對偶先聲，也啟動議論玄化思想之先河。

　　最後，補說文體。本文雖屬「序」，但非書序集序，而是「議論」。所以，在文體上，也是一變格。按《文心雕龍》不單獨列「序」為一體，而各次於〈詮賦〉篇與〈論說〉篇。云「詮文，則與敘引共紀。……評者平理，序者次事」（〈論說〉）又云「序以建言，首引情本，亂以理篇，迭致文契」（〈詮賦〉）前言把序當做議論之一種看。後者專指漢大賦前的一篇序，如

〈三都賦序〉。

及至明代，徐師曾已專列序體。徐氏云：按爾雅云序緒也，字亦作敘，言善敘事理，次第有序，若絲之緒也。又謂之大序，則對小序而言也。其為體有二，一曰議論，二曰敘事。（《文體明辨》，頁 1245）本文當屬前者。

案：以上的閱讀法，注重在義理思想的分析。把原先做為儒家積極意義的「士」字概念，如何轉變為玄學意義上的「士」，而又與「命」「運」等民間思想混合的現象，就文章中的關鍵字詞，加以說明。

這是一種「思想層次」的閱讀欣賞。在文學欣賞的理論中，有把作品分作幾種層次，進行欣賞。屬於內容的層次，可分表層與內層，表層就是各種文體的形式技巧，內層則又可從「心理體驗層」「思想觀念層」「人生哲理層」三方面看。（《文藝欣賞學》，頁 238-242）照這個講法，對〈豪士賦序〉的玄學分析，可算作思想與哲理的欣賞。

六、〈養生論〉之閱讀法

本篇於文體屬論說文。論述養生之道，在於可學而致，可養而能。世人所以不得者，非不能，蓋不得其法。

文末提示養生之法，大要如下，其一要清虛靜泰，少私寡欲，其二要去名位之欲，其三要不貪厚味不為物累，其四守神氣，其五養一、和、順之理。

以上五法皆道家之道，老子《道德經》五千言隨處可見類似之意。不必定指養生。而可視為一種人生思想之學。

　　然而以下二法，確非純粹道家之言，而實雜有道教的養生之術，是宗教意味的養生，非思想哲學的養生。此二法，即：一、蒸以靈芝，潤以醴泉。晞以朝陽，綏以五絃。二、體紗心元，忘歡遺生。

　　此二法即所謂靠服食以養生，靜坐以得法，皆屬形而下之器，是練功的一種手段，「術」的層面居多，「思想」的蘊味大減。尤其，文末，將養生之目的，歸於長壽，欲與羨門王喬比壽爭年。扣一「壽」字，以為養生論主旨，實已涉宗教之境，不盡是素樸的道家思想了。

　　可知，本文之思想意義，乃是揉合道家與道教，即宗教與哲學思想合而為一爐。足以見魏晉思想史的一面。何謂思想史？乃指一些片段的思想觀念，在歷史的各個時期之流行，不必盡然地劃歸入某家某思想。而應視為個人對許多家思想的接受。或者個人於接受後加以轉化，融合。因之，思想史之重點在個人，而非在某家有系統的流派思想。

　　準此，若道家是一哲學思想流派，則嵇康將之吸收接受，並引伸神仙長壽之說，與養生之術的一套個人觀念，雖非道家本意，然可視為嵇康對道家思想的一個轉化、融合，以成就自己個人的生命觀念。此觀念不必定有系統，但卻有個人化傾向，特別有一種融合的想法。

　　關於養生，老子僅言：天長地久，天地之所以能長且久者，以其不自生，故能長生。老子意在天地自然而無主動之求的長生之道。如此而已。但是到了道教河上公的解釋，即轉義而為：說天地長生久壽以喻教人。把「壽」字提出來與人之養生結合。所以是思想的轉化。

說到「命」，老子僅言：至虛極，守靜篤，萬物並作，吾以觀復，夫物芸芸，各復歸其根。歸根曰靜，是謂復命。可知，這裏老子所言的命，是《周易・復卦》七日來復，萬物莫不有復的道理之延伸。因之，凡歸於靜篤，即曰歸於根，根即萬物必歸復之命。如此而已。但是到了道教，河上公的解釋，乃非要說到不死，永久之命不可。河上公云：言安靜者是為復還性命，使不死也。又云：復命使不死，乃道之所常行也。如此一解，遂將本是自然現象的觀察之理轉化至長生永壽的通俗意想。變為宗教層面矣！

既然長生永壽為可求，則養生之法遂並出。於是，本無養生術的道，遂加入「服食」「靜坐」等等技巧。老子之說已漸離析矣！

關於服食，《備急千金要方》卷八十二〈養性・服食法〉云：「服餌大體皆有次第，不知其術者，非止交有所損瘁，亦不得其力。故服餌大法，必先去三蟲，三蟲既去，次服草藥，好得藥力。次服本藥，好得力訖。次服石藥，依此次第，乃得遂其藥性。庶事安穩，可以延齡矣！」

讀此精細之服食法，目的在延年益壽，服法豈止一種。於是，服食之外，別有「服炁」「服霧」「服月」「服氣」「服日」「服元氣」元云，不一而足。悉在達到養生目的。凡此養生皆出於自外求，與老子「不自生故長生」的不外求意思，恐亦南轅北轍矣！

由此可知，稽康養生論可視作道家與道教合流後，在魏晉思想界流行的一個「思想史」例子。

案：以上的閱讀，與前篇〈豪士賦序〉一樣，也是「層次」

閱讀法。即把作品內容加以層次劃分，作法是採用作品中的核心句子和詞語，用自己概括簡明的話寫出段落大意。（《國外閱讀研究》，頁 141）如本文把〈養生論〉某些句子與關鍵詞彙，用道家與道教的不同進行層次分析。即是細部的層次閱讀法。

　　因為在整個閱讀過程中，讀者的活動，包括有(1)吸收詞義，(2)理解及把握含義聯系，(3)理解及解釋文章的內容含義和聯系，(4)批判性地分析文章，瞭解作者的寫作意圖，(5)進行創造性綜合歸納，(6)創造性地模仿作者的作品。（同前引書，頁 131）照這樣的閱讀活動進行，可知細部的思想內容之差異，必要透過理解而綜合。《文選》作品，大都六朝之作，六朝之思想潮流，反映在作品中的情形如何，在閱讀《文選》時，有必要進行分析比較。才是完美的《文選》閱讀法。

七、〈辨命論〉之閱讀法

　　本文屬論說體。《昭明文選》立有「史論」「史述贊」「論」等三類，都有論說性質。前二者又是史論，可見，《昭明文選》，並非「經史子」不選。至少收了史論，已與自己所立標準矛盾。

　　論者或謂昭明收史論文章，乃注重此類文章之駢文體類，與文學手法，故而收編之。若然，本文雖非史論，其中四六對偶句特多，宜在昭明選編之列。

　　辨命，談命，論命，為六朝文士關心主題。本文總述前人之論，可謂集大成之作。但推考本文特色，宜從二方面談之。

　　首先，劉孝標的生平，負材矜能，卻榮戚命。他與管輅，同

為平原人。（今山東鄒平東南）管輅年止四十八，不見女嫁男娶，遭遇與孝標同憐。故而劉孝標以同鄉先賢之厄，聯想自己巔困一生，遂有死生窮通之嘆。這一點，可謂本文動機。也可看作是管輅給孝標的影響，或者，孝標對管輅的接受。

次考孝標推論觀點是什麼？序中自云「余謂士之窮通，無非命也」。扣一士字，與陸機〈豪士賦〉一樣從「士」的角度出發。豪士賦談士之為豪，要看時、運、命、勢。可見，「命」是六朝的士人談論課題。本文對「命」之論辨，主要從「自然」立論。這也是本文創見所在。

因為，命自命，自然歸自然。此二論點，實不相涉。本文竟合之而言。說穿了，是用易經的時命變化，結合老子的自然觀，再應用莊子的部份思想，於是而形成易老莊混合的三玄之論。也就是談「命」的玄學化。與前此只談命的吉凶不同。

此一立論，是魏晉玄學思想的遺流。本文因此而設六蔽，反對純講「命」的說法。六蔽之中，一攻面相之命，二攻符錄之命，三攻天文曆算之命。即把易經象數派為主的相命理論，統統攻破，而歸結於「自然」之命。避開了迷信的算命色彩，卻也染上了「玄思」的人文運命之風。就此點而論，本文所用的易學不是《易林》為首的命運學，而是王弼掃象以後的易老玄學。在思想史上，本文充分反映了這一思想轉變的現象。

所以，論說六蔽之後，本文才在「命」之外，提出「才氣學習」的「習」字觀點。勉士人宜用乾卦文言「天行健，君子以自強不息」之理。相信善有善報，積善必有餘慶。遂由玄學化之命觀，轉到儒家之聽天由命說。最後，提出「居正體道，樂天知命」的立論本旨。顯然，已離易經的卜筮占命講法很遠很遠，而

回到人文世界矣！

　　就文末之收束而言，本文實已融合玄學與儒學於一爐，進行
「一貫」命理的論述，這應是另一種創見。

　　案：以上的閱讀法，也是就作品的內層分析，更細的講，把
玄學中的儒道合流傾向區別出來。又結合「作者意圖」，說明為
什麼作者劉孝標的坎坷身世，引發同鄉人管輅的巔困之聯想，因
而轉到「命運」的主題，以及破解「命運」的正當途徑。這樣的
欣賞閱讀，注重思想性，照顧背景身世，參考一時代思潮的共相
與殊相，互相比較。其目的，是把《文選》作品當文學性質讀，
而不只是看作文章文獻而已。

　　在各種閱讀法中，校勘法校對法只是其中之一種，不能當作
全部。《文選》是一部文學作品選集，其讀法自然不限一種。過
去太集中於非校即注的讀法，顧此失彼，不免有些偏失。照閱讀
的全面性而言，不夠完美。像「賞讀法」「解讀術」，屬於程序
閱讀之一，可試用之。所謂賞讀，是對作品內容和形式進行一種
整體觀照，一種情感體驗，一種審美活動。（《閱讀技法系
統》，頁45）這樣的要求，只做校勘或注釋訓詁，委實不足以奏
效。因為賞讀還要領悟哲理美、意境美、構思美、語言美。所
以，賞讀者不但要具備學術能力，有豐富知識。就賞讀技法而
言，更要能驅遣想象，訓練語感，並有思想修養和生活經驗。
（同前引書，頁 46）準此，《文選》的研究，放在當代學術環
境，特別要能適應當代賞讀者的趣味。才不至於令《文選》只是
一堆文獻材料。

八、〈鵩鳥賦〉之閱讀法

〈鵩鳥賦〉原編在善注本《文選》之第一三卷，歸屬於十六賦類中「鳥獸」之一類，列此類之首篇。昭明是否有特別深意，不得而知，但如據前述《文選》諸家評與《文心雕龍》之評價，似〈鵩鳥賦〉以「情理」見長，當不在詠物體之成功如何。因之，《文選》評點，首先就有孫月峰云：「此賦雖以鵩名，然卻只談理，宜入志類為得。」的歸類正誤提出反省。可謂不無先見。

蓋「志類」與「鳥獸類」相次，或依其「體物言志」之關涉而編次，亦不得而知，但從「文類學」看，〈鵩鳥賦〉確有歸類何屬之辨證。而此辨證實又關係對此賦評價為如何？

以「情理」視此賦，評價或高，改自「鳥獸」之體物賦成功與否視之，評價或低。然則，《文選》竟以「鳥獸類」劃歸，可知《文選》編者於此賦必有別說，惜未見文字耳，至於形之文字之評如下：

甲、孫明峰曰大約是齊禍之論，借鵩鳥來發端耳。宏闊雄肆，讀之快然，第微乏精奧之致。

乙、何義門曰此賦皆原本道家之言，多用老莊緒論，或以為出鶡冠子，柳柳州辨之甚詳，大抵因此賦以附會成書也。

丙、方伯海曰前半是見天道深遠難知。世間死生得喪皆有定分。但未值其時，難以逆睹，私憂過計，總屬無益。安見鵩鳥定為不祥，此一自廣法也。後半見有生

必有死，生不知其自來，死何妨聽其自往，而以達人
大人至人眞人德人博徵眾說，見皆能自外形骸，不累
死生，達觀曠懷，與道消息。即鵬鳥爲不祥，何足驚
怖。又一自廣法也。但誼所謂道即是清虛無爲之道，
所謂命，即是氣數之命。立言皆本莊老。至若聖人盡
性至命之命，君子盡道而死之道，恐非所及也。

丁、陳螺渚曰漢儒者不傍老莊門户，惟一董江都。此賦一
死生齊得喪，正是打不破死生得喪關頭，依託老莊爲
排遣耳。晉人以清虛達觀，轉相祖述，其源已肇於
此。厥後因長沙王墜馬，自傷夭歿，何能疊疊言之於
前，不能坦坦由之於後耶。賦則抑揚反覆，自是可
傳。

右列四家說，或者直揭〈鵬鳥賦〉的說理，與莊子〈齊物
論〉的齊死生福禍相發明，或者說〈鵬鳥賦〉皆原本道家之說，
又或者在此莊老道家所言的「道」與「命」，乃自有其道，自有
其命，非儒家之道，儒家之命。（如方伯海評）這一說法，與前
揭〈幽通賦〉張揚庵的評語說〈幽通賦〉儼然儒者典型。兩者相
較，這一儒道之辨證，甚有「理趣」。

然而，若謂〈鵬鳥〉〈幽通〉〈思玄〉三賦皆同在說
「理」，同以「情理」爲張本。自「思想史」先後而觀，則賈誼
生當漢世之初，已試擬「道家」之理爲賦家之風，可謂得「情
理」賦之先聲，做一「新文類」的開創者，宜其當受正面評價。
因之，陳螺渚的批語，在相同之見之餘特別又著眼於思想史的
「比較評價法」，認爲：「晉人以清靈達觀，轉相祖述。其源已
肇於此。」這一評價法，肯定〈鵬鳥賦〉做爲晉人玄道思潮的先

導，啟示玄風的開展。乃是從「思想義理」之義而言。結合「比較評價法」，此處諸家評〈鵩鳥賦〉居然「英雄所見略同」，率皆以「理」字為說。並將之儒道做二分比較，是比較評價法中的「義理比較」，或者說「思想比較」。

倘以此〈鵩鳥賦〉所見評價結果，皆側重「理貴」之特色，則《文選》評點亦相契於文心〈詮賦〉之賦論。《文心雕龍》的賦學理論之評價兩法（即功用與情理）可以適用於〈鵩鳥賦〉之實際解讀。

又〈鵩鳥賦〉保存了漢初古占辭，即「野鳥入室兮，主人將去」二句。此占辭不同於今本《周易》爻辭，而較近於今本《易林》的占辭。此一重要文獻，表示漢初占卜之道，不盡用易經。漢人用古占書，古占辭之例甚多。傳聞《易林》不可能漢人之作的說法，面臨質疑。

再者，本篇《鵩鳥賦》的宇宙觀是從易經而來。此賦說天地的形成，是「萬物迴薄，振盪相轉」，蓋引生自《易繫辭》：「八卦通氣」的氣化論。至於天地氣化的過程，則自「一陰一陽之謂道」而來，故有「造化為工，陰陽為炭兮」的說法。而天地自然運行，陰消陽長，則是漢人「十二消息卦」的本意。全篇賦將易與老莊結合起來，比魏晉人更早提出「三玄」的思想融合。

案右列文字的閱讀法，稱之文選「旁通」法。其一引用易經學知識解讀文選作品，其二應用《文心雕龍》賦學理論詮釋文選作品。此二法之參訂，殆為今後文選學必然涉及之範疇。《文選》與《文心雕龍》的關係，歷代學者論述已多，然大多撮其大要，約述二書相通之理而已。罕聞實際引示，直揭文選作品之分析。本篇解讀應用〈詮賦〉理論，主張賦之價值在「情理」，情

即體物言志之情，理即思想義理。〈詮賦〉認為一篇好的賦，不止要有情，更須備理。至於此理為何理？則繫於「文變世情，興廢時序」的變化影響，未可一概而論。〈鵩鳥賦〉表現的理趣，正是明清評點家注目焦點，也正符合《文心雕龍》的詮賦理論，可視作《文心雕龍》一書理論的實際批評。

九、小　結

　　以上本文根據閱讀學、接受美學、閱讀活動理論、古代文論等的新講法，以《文選》八篇作品為例，進行「文學性」的賞讀，目的是要把《文選》當作文學作品去研究，以便從明清以前專以注釋考據訓詁校勘為主潮的研究法跳出來，結果證明這七篇的新閱讀是可以跟當代文論與《文心雕龍》理論結合起來，讀出趣味，讀出方法。也證實了自黃季剛《文選黃氏學》開示的文學欣賞，與主體性意義領會之法可行，這樣結合「徵實」與「課虛」的文選學研究方法，值得繼續發展延伸，以建立完整性賞析的《文選》閱讀法，開展文選學研究新範疇。

附　註

1　隱含讀者的概念亦由康士坦學派的以色提出，意指　一種讀者對象，聯係著作品潛藏的意義與實際解讀的過程，它務必在過程中，不同於歷代現成的講法，當然也不是靠術語知識。（《隱含讀者》，導言）這個定義強調過程之重要。由於龍協濤引述這個詞彙是根據以色另一本書《閱讀活動》的中譯。（參註2說明），此書原德文本晚出，（一九七八出版）《隱含讀者》早出，（一九七四

出版），故而以色首次提出隱含讀者，應以早出之書為據。其定義
與龍協濤引述略異，今據英譯本暫譯如上。

2　接受美學，是由德國康士坦大學的以色與姚斯發展出來的文學解讀
學派，而「讀者反應論」則是經由美國學者引用並充分發揮的文學
批評。二者都以「讀者」之主體地位為訴求。但略有差異。以色主
要以「閱讀」之過程為研究重點。他的英譯專書書名作《閱讀活
動》，其下附標題「美的接受理論」，是以「接受」為探討。用接
受美學稱之，中譯始見於朱立元的《接受美學》乙書。另有張廷琛
「接受理論」乙詞。以色的書中譯三種，分別是霍桂桓《審美過程
研究》、金惠敏《閱讀行為》、金元浦《閱讀活動》等。至於「接
受」之概念，應以姚斯為主。他的英譯專書名即作《接受美學》，
書中大量文字在講「接受」之分析，美學之理論。與以色強調「閱
讀」做為一種活動之過程，稍有不同。有關姚斯的理論之中譯，有
朱立元《審美經驗論》可參考。

結　論
開展文選綜合學研究的兩個新範疇

　　文選學研究自上世紀八十年代積極展開之後，名著刊行不少，名家亦輩出，研究範疇頗見多元，文選學盛況可謂空前。其間，有關文選學研究方法，亦出現過「舊文選學」、「新文選學」、「文選綜合學」等三個概念。而本書又提出「文選詮釋學」的新嘗試，有關文選學的研究範疇至此略可云周備。然而不然，文選學與其它學科的交叉研究，尚待學者深耕拓廣。文選學的研究範疇與研究材料也有待重新探索，本書於末章謹括舉二類，提供文選學界共思之：其一文選學與類書，其二文選學與筆記。

一、類書與文選學

　　《文選》編成於蕭梁，「文選學」則盛行於唐代。唐代文選學之盛況，自唐志總集可窺知一二，自宋人筆記類書，亦可略見梗概。近人做文選學史一類之研究，必臚列前人已載之典籍，大小必具，詳略畢收，可謂備矣善矣，其中，諸家研究獨漏列一書，即南宋理宗年間章如愚（俊卿）《山堂考索》。此書有五則

重要文字，關涉文選學甚多重要問題，惜乎向來未引述於文選專家。不論清人汪、于諸家，即近人屈守元《文選導讀》、汪習波《隋唐文選學研究》等二書，亦闕述。今請補述章如愚《山堂考索》此書言及文選學之要義如下，庶幾可為唐宋文選學史補一小章。[1]

1.梁昭明太子蕭統集子夏屈原宋玉李斯及漢迄梁，文人才士所著詩賦騷經詔冊令教表書啟牋記檄難問議論序頌序頌贊碑箴策碑志行狀等，為三十卷。唐李善注，析為六十卷，善，高宗時人，淹貫古今，不能屬辭，時號書麓，所注博引經史，釋事而忘其義，其子邕嘗補益之，與善注並行，其後呂延祚等有集注，仍三十卷。初李善不述述作之意，故延祚與周翰等復為集注。

2.總集者，編類古今眾作為一集也。唐志有虞摯文章流利，杜預善文，謝沈名文，孔逭文宛，蕭統文選，蕭圓圖一作文海，姚鉉文粹，徐堅文府之類是也。唐志又有文史者，附見于總集之後。如劉勰文心雕龍，劉知幾史通，炙轂子，詩格，鍾嶸詩評之類是也。夫史通、詩格、詩評，皆所以考論前人得失是非，所不可廢也。如文選所集，李德裕惡其不根藝實，家遂不置。今觀唐志惟文選之注釋最多，自蕭該、僧道淹、曹憲等為之音，而李善又為之注，又所謂五臣注，唐安國，許淹注者，孔利貞、卜吉福之所續、卜隱之所擬，宋朝蘇易簡之所纂，何其慕者之紛紛也。蓋其間多識乎鳥獸草木之名，風土宮室之制而已。德裕不以文選所見，未免有所偏矣。

3.絲竹管絃，四言兩意，蘭亭記所以不入文選也，土宿三目，辭多險怪，離騷經所以不入通鑑也。然則姚鉉錄唐文，而不錄滕王閣記。亦猶文選之於蘭亭記，通鑑之於離騷經乎。

4.稱文選而不敢辨文選之惑，愛唐史而不敢斜唐史之繆，善史通為該博不敢著析微以議子元，示顏注為標準，不得為指瑕以議師古。否則無樂取諸人之意，背請事斯語之訓。瓊杯玉斝，類多玷缺，豐肌膩理，猶乏風骨。墨守而有發焉，廢疾而有起焉。

5.自論語記於聖門之高第，而後國語新語皆以語命名。自文選集於蕭梁之東宮，而後文粹文海皆以文命名。然則後代史家典冊，多以春秋命名者，豈非因孔子春秋而作歟。春秋果何為而作焉，褒貶而作也。一字之褒，暖然如春。一字之貶，淒然似秋。因其名以究其義，蓋欲公褒貶於萬世，而示後以不容犯之直筆。奈何後世春秋之目何其紛紛耶[2]。

二、筆記與文選學

文選學舊無涉筆記類書目，然而文選學實有諸多文獻資料存於筆記類書目，不可不慎擇取。今考筆記一目，自漢志隋志以下，並諸史志例無設立名目。至清中葉乾隆帝敕編《四庫全書》，於是館臣始自子部雜家類編入筆記書目。筆記之書至此始得獨立歸屬，然亦非專門立此一項目。

案筆記一詞，首見於北宋宋祁撰《筆記》一書。此書分上中下三卷，或考訂名物，辨正音律，論文論史，並雜說子書，合為一編。但名書曰筆記，其實亦古人著述之體。故而《筆記》一書有筆記之名，實與古人讀書，隨時札記之作無別。此即顧炎武《日知錄》，讀書有得，隨時札記之謂也。據此，筆記書頗有雜學成份，故而四庫館臣攬筆記書，歸入雜家類，甚得其理。今見館臣撰元人陸友《研北雜志》二卷提要云：

「元陸友撰。友取段成式漢上題襟集序中語，自號曰研北生，因以名其筆記。所錄皆佚文瑣事，而友頗精賞鑒，亦工篆隸，故關於書畫古器者爲多。其考證詩文，頗見依據。」

此提要云「筆記」一詞，蓋首見於此。而陸友此書不止讀書筆記，亦兼書畫考證。故筆記之作，於雜學之餘，兼涉雜考。文選學例須考訂名物，辨章制度，文選注疏必涉考訂，自不待言。故而筆記類書目與文選學有涉，隨筆箚記，引《文選》爲例，旁參舊說，輔以己意，筆記之作，散存文選學見解，蓋亦自然不過之事也。今自《四庫全書》雜家類下細分五目，殆即筆記類書目歸屬。此五目即：雜學、雜考、雜說、雜品、雜編等。凡以上五類之書，但一一尋檢，錄其言及文選學，雖片言隻語，勤加反思，並參檢討，亦必有可觀者。文選學與筆記類之關係，當悉括於此，可據此別出一途曰文選學與筆記學。《四庫全書總目》卷一百二十四子部雜家類雜編案語云：

案古無以數人之書合爲一編，而別題以總名者。惟隋志載地理書一百四十九卷，錄一卷，註曰陸澄合山海經以來一百六十家以爲此書，澄本之外，其舊書並多零失，見存別部自行者，惟四十二家。又載地記二百五十二卷，註曰梁任昉增陸澄之書八十四家，以爲此記，其所增舊書，亦多零失，見存別部行，惟十二家，是爲叢書之祖，然猶一家言也。左圭百川學海出，始兼裒諸家雜記，至明而卷帙益繁，明史藝文志，無類可歸，附之類書，究非其宜，當入之雜家，於義爲允。今雖離析其書，各著於錄，而附存其目，以不沒蒐輯之功者，悉別爲一門，謂之雜編。其一人

之書，合為總帙，而不可名以一類者，既無所附麗，亦列
之此門。

提要此段話，意在點明別有一類筆記，雖離析各書，但皆出
於一人之手，此類書，亦歸之雜編，使不與叢書、類書相混淆。
信然，今見筆記書實有此類。何焯《義門讀書記》雜編四部評點
之書，合為一編，既名曰讀書箚記，殆即筆記之作也。今據以上
筆記書之定義，舉三種以闡明筆記與文選學之關涉。

其一徐文靖《管城瑣記》三十卷。徐文靖，字位山，安徽當
塗人。生清康熙六年（公元一六六七年），卒年不詳。《清史
稿》卷四百八十五，《文獻徵存錄》卷五皆有傳。《管城碩記》
三十卷，乃徐氏平生讀書筆記。凡經史子集無不涉，此書卷二十
五，卷二十六錄詩賦筆記，卷三十雜述，蓋讀《文選》筆記。所
據《文選》明張鳳翼《文選纂注》本，或糾纂注，或正善注，別
有指摘古注舊注，重訂名物之考證。計之共十四則，彙錄而重考
之，頗可正今本《文選》之誤。[3]

1.西京賦：自我高祖之始入也，五緯相汁，以旅于東井。纂
注云：五緯，五星也。漢元年十月，五星聚于東井，以曆考之，
從歲星也。此高祖受命之符。

按：前漢書高帝紀：「元年冬十月，五星聚于東井。沛公至
霸上，秦王子嬰降枳道旁。」魏書高允傳：「時崔浩集諸術士，
考校漢元以來日月薄蝕、五星行度，並識前史之失，別為魏曆，
以示允。允曰：漢元年冬十月五星聚于東井，今譏漢史而不覺此
謬，恐後人譏今猶今之譏古。浩曰：所謬云何？允曰：案星傳，
金水二星常附日而行。冬十月，日在尾箕，昏沒於申南，而東井
方出於寅北。二星何因背日而行？是史官欲神其事，不復推之於

理。後歲餘，浩謂允曰：先所論者，本不注心，及更考究，果如君語。以前三月聚于東井，非十月也。眾乃嘆服。」

2.蜀都賦：百藥灌叢，寒卉冬馥。異類眾夥，於何不育。其中則有青珠、黃環、碧砮、芒消。纂注曰：青珠、黃環，皆寶也。

按：本草：「狼跋子，出交廣，藤生，花紫色，子形扁扁耳。今京下呼黃環子。」陶弘景曰：「黃環子似防己，亦作車輻理解。蜀都賦所謂黃環，即此。」沈括補筆談曰：「黃環，即今之朱藤也。其花穗懸紫色，如葛花。實如皂莢。蜀都賦所謂黃環，即此藤之根也。」青珠無解者，按顧岕海槎餘錄曰：「桄榔木身直如杉，又如棕櫚、椰子、檳榔、波斯棗、古度諸樹而少異。有節，似大竹。樹杪挺出數枝，開花成穗，綠色。結子如青珠，每條不下百夥，一樹近百餘條，團團懸掛若傘樹，可愛。」賦所謂青珠，宜即此也。纂注以青珠黃環為寶，非矣。如以為寶，則與百藥寒卉何與乎？

3.左太冲三都賦序：相如賦上林而引盧橘夏熟，則生非其壤。

按：伊尹書曰：「果之美者，箕山之東，青馬之所有，盧橘夏熟。」相如賦「盧橘夏熟」，本此。裴淵廣州記：「羅浮山橘實大如李。」李尤七嘆：「梁土青麗，盧橘是生。白花綠葉，扶疏冬榮。」當相如時，武帝新開上林苑，群臣八方競獻名果珍樹，種之上林，安必所獻者無盧橘也？左太冲以生非其地而譏之，謬矣。唐許渾詩「盧橘花香拂釣磯」，郝氏注云：「上林賦盧橘夏熟，即枇杷也。」唐庚李氏山園記：「盧橘、枇杷一也。」今案其賦云：「盧橘夏熟」，又云「黃甘橙榛，枇杷燃柿」，有盧橘，又有枇杷，安得謂盧橘、枇杷一耶？常璩蜀志：

「江陽郡有荔枝、巴菽、蒟醬、給橙。」史記相如傳注：「郭璞曰：今蜀有給客橙，似橘而非，若柚而香，冬夏花實相繼，或如彈丸，或如拳，通歲食之，即盧橘也。」是給橙、盧橘一也。以裴云「實大如李」，郭云「如彈丸」，驗之，蓋即金橘耳。梅聖俞詩「越橘如金丸」，黃魯直詩「霜中搖落黃金彈」，皆謂此也。

4.甘泉賦：翠玉樹之青蔥。顏主曰：集眾寶為之。而左思不曉其義，以為非本土所出。

按：三輔黃圖曰：「甘泉宮北有槐樹，今謂玉樹。」楊震關輔古語云：「耆老相傳，咸謂此樹即揚雄甘泉賦所稱玉樹青蔥也。」又按西京雜記：「初脩上苑，群臣遠方各獻名果異樹，亦有製為美名以標奇異。白銀樹十株，黃銀樹十株，琉璃樹七株。」則槐樹之名玉樹，從可知矣。曹植詩「綠蘿緣玉樹」，江淹詩「玉樹信青蔥」，魏元忠詩「寒風生玉樹」，當即謂槐樹也。王戎曰：「如瑤林玉樹，自是風塵外物。」劉楨清慮賦「玉樹翠葉，上棲金鳥」，梁何遜詩「金蘂不可纖，玉樹何曾蕊」，直可云眾寶耳。

5.何晏景福殿賦：周制白盛，今也惟縹。纂注云：言周家以白牆為盛，今以淺碧為華。

按：考工記「夏后氏世室，五室九階，四旁夾兩窗，白盛」，注曰：「白盛，蜃灰也。以蜃灰堊牆，所以飾成宮室。」

6. 王融曲水詩序：夏后兩龍，載驅璿臺之上。纂注云：夏后，帝啟也。有馬號兩龍。

按：江淹赤虹賦曰：「乘傳說之一星，騎夏后之兩龍。」括地圖曰：「禹誅防風夏德盛，二龍降之。禹使范氏御之以行。」

博物志曰：「夏德之盛，二龍降久，禹使范承光御之以行。」兩龍本夏禹所御，啟既嗣位，亦得乘之。山海經：「大樂之野，夏后啟於此舞九代，乘兩龍。」九代，馬名，兩龍即此。注以有馬號兩龍，非也。

7.吳都賦：王鮪鯸鮐。吳志伊曰：山海經：敦薨之水，其中多赤鮭。即鯸鮐也。日華子謂之鯸魚，今謂之河豚。漢書貨殖傳鮐鮆千斤，桓寬鹽鐵論萊黃之鮐，皆此也。

按：貨殖傳「鮐鮆千斤」，顏師古曰：「鮐，海魚也。鮐音胎，又音落。而說者妄讀鮐為夷，非惟失於訓物，亦不知音矣。」又張協七命「萊黃之鮐」，注曰：「東萊有黃縣。鮐，海魚也。音台。」吳氏山海經廣注以為即鯸鮐，音夷，能不為小顏之所誚乎？

8.吳都賦：山雞歸飛而來棲。纂注云：山鶡如鶡而黑色，樹棲晨鳴，非鵔鸃也。合浦有之。

按：昭十七年傳：郯子曰「丹鳥氏，司閉者也」，注云：「丹鳥，鷩雉也。」爾雅：「翼鷩一謂之鵔鸃，又謂之鵕鸃。」史記：「漢惠帝時，侍中皆冠鵕鸃。」漢書音義曰：「鵕鸃鳥似鳳也。」司馬彪曰：「鵕鸃，山雞也。」博物志：「山雞有美毛，自愛其毛，終日映水。」南越志「增城縣多鵕鸃，山雞也。毛色鮮明，五色眩耀，利嘴長距。世以家雞鬥之，則可擒也。」陸機與弟書：「天淵池養山雞，甚可嬉。」溫庭筠詠山雞詩：「繡翎翻草去，紅嘴啄花歸。」李義山詠鸞鳳詩：「錦段落山雞。」安得謂山雞黑色非鵔鸃也？蓋山雞即書所謂華蟲，故又以鷩雉為鵔鸃耳。金史國語解：「山雞謂之阿蒲。」

9.子虛賦：秋田乎青丘。注云：青丘國在海東三百里。

按：呂覽：「禹至鳥谷、青丘之鄉。」服虔曰：「青丘國在海東三百里。」是也。山海經：「青丘之山，又東三百五十里曰箕尾之山。其尾跂於東海。」一統志：「青丘在青州府樂安縣境內。齊景公有馬千駟，畋於青丘。」即此。賦上言「觀乎成山，射乎之眾」，則所云「田乎青丘」，疑即此也。

10.班固幽通賦：栗取弔於逌吉兮，王膺慶于所戾。注云：逌，古由字也。

按：史趙世家「烈侯逌然」，正義曰：「逌音由，古字與攸同。」又按靈憲經：「正儀立度，而皇極有逌建也，樞運有逌稽也。」逌，蓋古攸字耳。

11.劉公幹贈五官中郎將詩：昔我從元后，整駕至南鄉。文選注：元后，謂曹操也。至南鄉，謂御劉表也。

按：史建安十三年秋七月，曹操南擊劉表。會表卒，子琮為嗣。操至新野，琮遂舉州降。又曹丕為五官中郎將在建安十六年，楨是時謂曹操為元后。操甘心於篡漢者，皆若輩有以逢其惡也。又王仲宣從軍詩：「籌策運帷幄，一由我聖君。恨我無時謀，譬諸具官臣。」聖君，謂操也。具官臣，粲自謂也。據魏志「建安二十年三月，公西征張魯」，魯及五子降。十二月，至自南鄭，侍中王粲作五言以美其事。夫操欲篡漢久已，此稱為聖君，彼稱為元后，真名教中罪人也。而昭明並錄之而不削，抑已過矣。

12.謝惠連西陵遇風詩：昨發浦陽汭，今宿浙江湄。注引晉灼漢書注：江水至會稽山陰為浙江。

按：山海經「浙江出三天子都」，與岷江江水無涉。此晉注之誤，引之非也。

13.張衡西京賦：集重陽之清澂。薛綜曰：言神明臺高，上止於天陽之宇，清澂之中。上為陽，清又為陽，故曰重陽。

按：天為陽，天有九重，故曰重陽。楚辭云：「集重陽而入帝宮，造句始而觀清都。」是重陽蓋圓則九重之謂也。

14.張景陽七命：殪封豨，債馮豕。選注曰：淮南子曰：吳為封豨脩蛇。小雅曰：封，大也。爾雅曰：債，僵也。債或為攢，非也。

按：字彙引晉書「攢馬豕」，則攢是批擊之義，未始為非。通雅引作「攢馬家」，誤矣。又左傳「后夔娶有仍氏女，生子伯封，實有豕心，故謂之封豕」。注家並以為大豕，恐非。

其二徐鼎《讀書雜釋》十四卷。徐鼎，字彝舟，江蘇六合人，生嘉慶十五年（公元一八一〇年），卒於同治元年（一八六二年）。今《清史稿·列傳》、《碑傳集》俱有傳。徐氏平生自幼好學，駢散文兼擅，後專攻經史。著錄見於張舜徽《清人文集別錄》。此書《讀書雜釋》乃平生讀書筆記，都十四卷，卷十四記《文選》五篇賦筆記。大抵精於名物考訂，與字義訓詁。其最可注意者，校勘所用之法或它校、或本校。而所據《文選》版本非僅汲古閣刻本與胡刻本，尚有明清俗本，與奎章閣本。記共五則，甚可參考。[4]

1.揚雄甘泉賦

《文選·甘泉賦》「正瀏濫以宏惝兮」注：「孟康曰：『瀏，清。』服文曰：『惝，大貌，音敞。』善曰：『瀏濫猶言

清淨而汎濫也。』」鼎按：服云「悃，大貌」，蓋以悃為敞之借字。李善承孟康「瀏，清也」之注，而謂「瀏濫猶言清淨而汎濫也」，望文生義，殊為不詞。上云：「仰撟首以高視兮，目冥眴而亡見」，下云：「徒徊徊以徨徨兮」，又云：「據軨軒而周流兮」，皆從眺望生義。此句下云「指東西之漫漫」，亦當從眺望生義。《淮南・原道訓》：「劉覽徧照」，高誘注云：「劉覽，回觀也。」又云：「劉讀留連之留。」此瀏濫，即劉覽之通假字，正謂高視而亡見，回觀而宏敞者又「東西之漫漫也。」舊說非。又「皋搖泰一」，如淳注：「皋，挈皋也。積柴於挈皋頭，置牲玉於其上，舉而燒之，欲近天也」。張晏曰：「招搖、泰一，皆神名。」鼎按：《選注》當云：「張晏作招搖」，纔分明。如淳《漢書》本自作皋搖，故有挈皋之訓。張晏《漢書》本自作招搖，故有神名之訓。《文選》從如淳本錄注家，又采張晏注，故謬亂耳。今《漢書》作「招繇泰壹」。繇與搖同，壹與一同。又，「登椽欒而狂天門兮，馳閶闔而入凌兢」注：「服虔曰：『椽欒，甘泉南山也。凌兢，恐懼貌。』」鼎按：登椽欒、狂天門、馳閶闔，皆指地言：則「入凌兢」，亦當指地言。若云：入恐懼貌，則不詞。《漢書》顏師古注曰：「入凌兢者，亦寒涼戰栗之處也。」得之矣。蓋由椽欒，而天門，而閶闔，而凌兢，皆等而益上之詞。

2.司馬相如上林賦

　　《上林賦》「載雲罕」句，《漢書注》引張揖云：「罕，畢也。」《文選注》曰：「車也。」鼎按：此畢，非《詩序》「齊襄公好畢弋」之畢，彼乃《爾雅》「澤，謂之畢」，所以掩兔

也，此則車名。按《晉書・禮志》：「含當臨軒遣使，而立五牛旗，旄頭畢罕並出。」《西京雜記》：「輿駕祠甘泉、汾陰，備畢罕、御馬。」亦曰旗台。蔡邕《獨斷》：「前驅月九旒雲罕，闟戟皮軒。」《梁武帝記》：「齊帝命帝乘金根車，駕六馬，置旄頭雲罕。」又，張平子《東京賦》：「鸞旗皮軒，通帛綪斾，雲罕九斿，闟戟轇輵。」注云：「雲罕，旌旗之別名也。」潘岳《藉田賦》：「五輅鳴鑾，九旗揚斾。瓊鈒入蘂，雲罕俺藹。」注云：「雲罕，幡也。俺藹，盛貌。」又，梁簡文帝《大法頌序》：「雲罕乘空，句陳翼駕」，《南郊頌序》：「雲罕徐迴，鳴鐃韻響」，皆車旂之名。

3.司馬相如子虛賦上林賦射干有二

　　按「射干」之說有三：《文選・子虛賦》：「其上則有鵷雛孔鸞，騰遠射干。」注引張揖云：「射干，似狐能緣木。」又，《一切經音義》十四引《子虛賦》司馬虎、郭璞等注亦云：「射干，似狐而小，能緣木。」又，《一切經音義》六引《廣志》云：「射干，巢於絕巖高木也。」此皆解為獸名。《楚詞・愍命》：「握荃蕙與射干兮。」注云：「射干，香草。」《上林賦》：「藁本射干。」《選注》郭璞注云：「射干，十一月生香草也。」引司馬虎亦云：「射干，香草。」又，《高唐賦》：「青荃射干。」注引郭璞《上林賦注》云：「射干，今江東呼為烏筸。」此皆解為草名。《神農本草》云：「射干，亦名烏扇，一名烏蒲。」《名醫別錄》云：「射干，一名烏翣，一名烏吹，一名草薑。」《廣雅・釋草》云：「鳶尾，烏筸。」皆不言其香。鼏謂：射干為香草，王逸、郭璞、司馬虎之注非漫言也。

《易通卦驗》云：「冬至，蘭、射干生。」《後漢書‧陳寵傳》云：「冬至之節，陽氣始萌，故十一月有蘭、射干、芸、荔之應。」蘭與芸、荔皆香草，知射干固其類也。又，《大戴禮‧勸學篇》：「西方有木，名曰射干，莖長四寸，生於高山之上，西臨百仞之淵，莖非能長也，所立者然也。」《荀子‧勸學篇》語與《大戴禮》同。楊倞注云：「《本草》藥名有射干，在草部中。又，生南陽川谷。此云『西方有木』，未詳。」鼎按：《本草圖經》云：「高二三尺」，而《戴記》、《荀子》俱云：「莖長四寸」，抑同名而異物歟？

4.司馬相如封禪文丕字

鼎嘗言丕字，一在不字之中閒，字本作丕。偶讀司馬相如《封禪文》：「王者之丕業」句，《文選五臣注》作平，今本作卒。按：此本作丕平，與平字、卒字形近故偽也。武進李兆洛《駢體文鈔》從丕。

5.嵇康養生論豚魚解

《養生論》「豚魚不養」句，注引《神農本草》曰：「豬肉，虛人不可久食。」又曰：「豘肉損人，與豬同。」又曰：「豚魚無血，食之皆不利人也。」鼎按：注皆誤，此豚魚謂河豚魚也；有毒，殺人，故曰不養。

其三林春溥《開卷偶得》十卷。林春溥，字立源，生於清乾隆四十年（公元一七七五年），卒於咸豐十一年（公元一八六一

年）。《清史列傳》卷六九有傳，平生著述兼四部，尤擅於易，所輯經史逸文甚夥。一生學術及著作，備載於《清儒學案》卷一三四。此書《開卷偶得》十卷蓋作於道光二十九年，乃林氏讀書札記，已刊入竹柏山房讀書箚記叢書。此書卷十集部涉《文選》筆記九則，或引前人考古詩引於《文選》而改編之說重訂之，或駁〈蘭亭詩序〉不入選理由，俱有可參。[5]

1.遯齋閑覽曰：東坡云李陵答蘇武書，其辭猥賤，乃齊梁間人擬作，蕭統不悟，而劉子元獨知之。據宋史江淹獄中上書云此少卿所以仰天搥心，泣盡而繼以血也。正引陵書中語，是又非齊梁間人作明矣。余考御覽四百八十九引李陵別傳，陵與蘇武書曰男兒生不成名云云，即文選所載，是此書出於別傳也。

2.遯齋又謂王羲之蘭亭序，世言昭明不入文選者，以其天朗氣清，或曰楚辭云秋之為氣，天高而氣清，似非清明之時。然管弦絲竹之句，語衍而複為逸少之累耶。按懶真子錄曰蘭亭序在南朝中少其倫比，或云絲即是弦，竹即是管，然此四字乃出張禹傳，云身居大第後堂，理絲竹管弦，始知右軍之有所本也。且文選中在蘭亭下者多矣，此蓋昭明之誤耳。

3.古詩行行重行行一首，語意頗覺夾雜，細讀之，自首句至十句似行者思家之辭，自十一句至末句似居者思行人之辭也。行行重行行相去日以遠，非行者之辭乎。遊子不顧反，棄捐勿復道，非居者之辭乎，讀者試共參之。

4.飲馬長城窟曰入門各自媚，誰肯相為言二句，最耐尋味。蓋以己之怨曠，視人之聚順，若妒若憾，其實於人何與焉，此意非親歷其境不知也。

5.楊升菴云古樂府尺素如殘雪，結成雙鯉魚，要知心裏事，

看取腹中書。據此古人尺素，結為魚形即緘也，非如今人用蠟。選詩客從遠方來，遺我雙鯉魚，即此事也。下云烹魚得書，亦譬況之言耳。五臣及劉履謂古人多於魚腹寄書，引陳涉罩魚倡禍為證，何異癡人說夢耶。

6.陶詩積善云有報，夷叔在西山。駱賓王遊紫霞觀詩，人疑列禦至，客似令威遐，割裂協句，古人往往有之，然亦有不盡由協句者，如三國蜀卻正釋譏曰，溷柳季之卑辱，褊夷叔之高懟。劉峻辨命論曰夷叔斃淑媛之言，子輿困臧倉之訴，使其易夷叔為夷齊，豈不更協，毌亦取其新故耶。

7.宋潛溪曰人皆云陶淵明不肯用劉宋年號故編年但書甲子，此誤也。陶詩凡題甲子，皆是晉末亡時，最後丙辰，安帝何存，瑯琊王未立，安得棄晉家年號乎，其自題甲子者，猶之今人編年纂詩，初無意見。

8.隨園詩話曰，詩文集之名，始東京。隋經籍志曰，集之名，東京始創，蓋指班史某人文幾篇，某人詩幾篇而言，後人集之，非自為集也。齊梁間始有自為集者，王筠以一官為一集，江淹自名前後集是也。有一人之集，止一題者，阮步兵集五言八十篇，四言十三篇，題皆曰詠懷。應璩詩八卷，總名曰百一詩是也。亦有一集止為一事者，梁元帝為燕歌行，群臣和之為燕歌行集。唐睿宗時李適送司馬承禎還山，廟士和者三百餘人，徐彥伯編而序之，號白雲記是也。有一集止一體者，崔道融唐詩二卷皆四言是也，有數人唱和而成集者，元白之因繼集，皮陸之松陵集，溫飛卿之漢上題襟集是也。

　　以上類書與筆記兩種學科散存的文選學資料,隨處可見,學者果能善加檢擇,勤精考辨,必有助於文選學新探討,請俟諸來哲,畧示範例如上。

附　註

1　屈守元《文選導讀》一書,「導言」有「唐開元天寶間文選的注釋、修續熱潮」乙節,歷數文獻可見之唐代文選學著作,所引資料甚備,亦缺《山堂考索》已有之三則。參見屈守元:《文選導讀》,(成都:巴蜀書社,一九九三年),頁75至80。汪習波《隋唐文選學》專述隋唐選學史,亦闕引章如愚書。參見汪習波:《隋唐文選學研究》,(上海:上海古籍出版社,二〇〇五年),頁295。

2　以下《山堂考索》引文,均出自章如愚輯:《群書考索》,揚州:廣陵書社,二〇〇八年。頁130、164、980、982、983、1293。

3　徐文靖《管城碩記》,四庫全書,鄭堂讀書記均有著錄。今有范祥雍點校本。參見徐文靖:《管城瑣記》,(北京:中華書局,二〇〇六年)。

4　徐鼎《讀書雜釋》,今有點校本。參見徐鼎著,閻振益、鍾夏點校,《讀書雜釋》,(北京:中華書局,二〇〇六年)。

5　林春溥《開卷偶得》十卷,未有點校本,近人楊家駱刊入讀書箚記叢刊第二集。參見楊家駱主編:《竹柏山房箚記三種》,(台北:世界書局,一九八八年)。

參考書目

王夢鷗，2009，《中國文學理論與實踐》。臺北：里仁書局。

穆克宏，2008，《文選學研究》。廈門：鷺江出版社。

曾守正，2008，《權力、知識與批評史圖像》。臺北：學生書局。

黃肇基，2008，《鑒奧與圖照》。臺北：允晨文化實業有限公司。

蔣寅，2007，《清時話考》。北京，中華書局。

王基倫，2005，《焦循手批柳文的評點學意義探究》。臺北：國立臺灣大學出版中心。

吳宏一主編，2002，《清代詩話知見錄》。臺北：中央研究院中國文哲研究所。

孫琴安，1999，《中國評點文學史》。上海：上海社會科學院出版社。

游志誠，1996，《昭明文選學術論考》。臺北：學生書局。

國立中央大學中國文學系所（編著），1996，《第二屆近代中國學術研討會論文集》。臺北：萬卷樓圖書有限公司。

錢澄之，1995，《屈賦精義》。合肥：黃山書社。

畢庶春，1995，《辭賦新探》。瀋陽：東北大學出版社。

李景燦，1995，〈宋玉神女賦王玉辨〉，在 1995 年 8 月「第三屆文選學國際會議」演講稿。鄭州：鄭州大學。

清水凱夫（原著），周文海（中譯），1995，《清水凱夫詩品文選論文集》。北京：首都師範大學出版社。

清水凱夫，1995，《清水凱夫詩品文選論文集》。北京：首都師範大學
　　出版社。

楊明照，1995，《文心雕龍學綜覽》。上海：上海書店出版社。

楊明照（主編），1995，《文心雕龍學綜覽》，上海：上海書店出版
　　社。

趙逵夫：〈唐勒《論義御》與《楚辭》向漢賦的轉變──兼論「遠遊的
　　作者問題〉，載《西北師大學報》（蘭州：西北師大學報編輯部，
　　1994），總 117 期，頁 32-39。

羅宗強，1994，《道家道教古文論談片》。臺北：文津出版社。

果洛頓（Groden），米契爾（Michael）與克萊斯華斯（Kreiswirth），
　　馬丁（Martin）：《霍普金斯文學批評理論》（The Johns Hopkins
　　guide to literary theory and criticism）（巴爾的摩：霍普金斯大學出
　　版社，1994）。

曹旭，1994，《詩品集注》。上海：上海古籍出版社。

穆克宏，1994，《滴石軒文存》。福州：海峽文藝出版社。

張啟成（等），1994，《文選全譯》。貴陽：貴州人民出版社。

陳宏天（等），1994，《昭明文選譯注》。長春：吉林文史出版社。

熊向東等（選編），1994，《首屆中國近代文學國際學術研討會論文
　　集》。南昌：百花洲文藝出版社。

孫淑芳，1994，《選詩之山水體類研究》（中央大學中文所碩士論
　　文），作者自印本。

郭紹虞，1994，《中國文學批評史》，臺北：五南圖書出版公司。

伏俊連，1994，《敦煌賦校注》。蘭州：甘肅人民出版社。

顧農，1994，〈文選學新研二題〉，刊於《南開學報》1994 年二期，頁
　　64-69。天津：南開大學。

熊向東等（選編），1994，《首屆中國近代文學國際學術研討會論文集》，南昌：百花洲文藝出版社。

屈守元，1993，《文選導讀》。成都：巴蜀書社。

龍協濤，1993，《文學讀解與美的再創造》。臺北：時報文化出版企業有限公司。

胡山林（等），1993，《文藝欣賞學》。鄭州市：河南人民出版社。

簡宗梧，1993，《漢賦史論》。臺北：東大圖書股份有限公司。

劉熙載著，劉立人、陳文和點校本：1993，《劉熙載集》。上海：華東師範大學出版社。

費振剛等（輯校），1993，《全漢賦》。北京：北京大學出版社。

成大中文系（編），1993，《魏晉南北朝文學與思想學術研討會論文集》二輯。臺北：文津出版社。

米樂（Miller），希里斯（Hillis），1993，《文學批評運作的形勢》（Performative Topographies in Literature and Criticism）。臺北：中央研究院歐美所。

葉桂剛，王貴元（編），1993，《中國古代樂府詩精品賞析》。北京：北京廣播學院出版社。

楊淑華，1993，《文選選詩研究》（師大國研所碩士論文），作者自印本。

陳仕華，1993，《王伯厚及其玉海藝文部研究》，臺北：臺灣商務印書館。

屈守元，1993，《文選導讀》。成都：巴蜀書社。

游志誠，1993，〈論文選之難體〉，收入成大中文系（主編），《魏晉南北朝文學與思想學術研討會論文集》第二輯，頁 259，文津出版社。

費振剛等（輯校），1993，《全漢賦》，北京：北京大學出版社。

姚斯，漢斯──羅伯特，朱立元（中譯），1992，《審美經驗論》。北京：作家出版社。

曾祥芹（主編），1992，《國外閱讀研究》。鄭州：河南教育出版社。

曾祥芹（主編），1992，《閱讀技法竹糸統》。鄭州：河南教育出版社。

曾祥芹，張復琮，1992，《文體閱讀法》。鄭州：河南教育出版社。

洪材章等（主編），1992，《閱讀學》。廣州：廣東教育出版社。

孫述圻，1992，《六朝思想史》。南京：南京出版社。

詹石窗，1992，《道教文學史》。上海：上海文藝出版社。

陳良運，1992，《中國詩學體系論》。北京：中國社會科學出版社。

王叔岷，1992，《先秦道法思想講稿》。臺北：中央研究院中國文哲研究所。

王叔岷，1992，《鍾嶸詩品箋證稿》。臺北：中央研究院中國文哲研究所。

布魯姆，哈羅德（原著），朱立元、陳克明（中譯），1992年，《比較文學影響論》。臺北：駱駝出版社。

王叔岷，1992，《鍾嶸詩品箋證稿》。臺北：中央研究院中國文哲研究所。

穆克宏，1992，《玉臺新詠箋注》。北京：中華書局。

古添洪，1992，《胡適白話詩運動》，收入陳鵬翔、張靜二（合編）《從影響研究到中國文學》，頁 21-38。臺北：書林書店。

趙福海（編），1992，《文選學論集》。長春：時代文藝出版社。

黃華山，1992，《意義──詮釋學的啟迪》。香港：商務印書館有限公司。

穆克宏，1992，《玉臺新詠箋注》。北京：中華書局。

宋効永（校點），1992，《三曹集》。長沙：岳麓書社。

趙福海（主編），1992，《文選學論集》。長春：時代文藝出版社。

何焯，1992，《義門讀書記》，上海：上海古籍出版社。

宋效永（校點），1992，《三曹集》。長沙：岳麓書社。

趙福海，1992，《文選學論集》。長春：時代文藝出版社。

嚴紹璗，1992，《漢籍在日本的流布研究》。南京：江蘇古籍出版社。

劉學鍇・余恕誠，1992，《李商隱詩歌集解》，北京：中華書局。

王寧・李國英，1992，〈李善的昭明文選注與徵引的訓詁體式〉，收入
　　趙福海（主編），《文選學論集》，頁 56-67，長春：時代文藝出
　　版社。

申小龍，1992，《語文的闡釋》，瀋陽：遼寧教育出版社。

以色，渥夫岡，金惠敏等（中譯），1991，《閱讀行為》。長沙：湖南
　　文藝出版社。

以色，渥夫岡，金元浦等（中譯），1991，《閱讀活動》。北京：中國
　　社會科學出版社。

馬積高，方光治，1991，《賦學研究論文集》。成都：巴蜀書社。

徐志嘯，1991，《歷代賦論輯要》。上海：復旦大學出版社。

王更生，1991，《文心雕龍讀本》。臺北：文史哲出版社。

劉持生，1991，《先秦兩漢文學史稿》。西安市：西安大學出版社。

劉衍文，劉永翔，1991，《古典文學鑑賞論》。上海：上海教育出版
　　社。

陳新璋，1991，《詩詞鑒賞概論》。廣州：廣東人民出版社。

張炳隅，1991，《文學鑒賞學》。上海：上海教育出版社。

汪耀楠，1991，《注釋學綱要》。北京：語文出版社。

霍蘭德・諾曼（著），潘國慶（譯），1991，《文學反應動力學》。上海：上海人民出版社。

伊瑟・渥夫崗，單德興（譯），1991，〈讀者反應批評的回顧〉，刊於《中外文學》月刊十九卷二十期，頁 85-100。臺北：中外文學月刊社。

何文匯，1991，《雜體詩釋例》。香港：中文大學出版社。

王素（編），1991，《唐寫本論語鄭氏注及其研究》。北京：文物出版社。

嚴可均，1991，《全上古三代秦漢三國六朝文》。北京：中華書局。

施蟄存，1991，《中國近代文學大系》。上海：上海書店。

顏智英，1991，《昭明文選與玉臺新詠之比較》（師大國研所碩士論文），作者自印本。

王更生，1991，《文心雕龍新論》，臺北：文史哲出版社。

管錫華，1991，《校勘學》。合肥：安徽教育出版社。

施蟄存，1991，《中國近代文學大系》，上海：上海書店

汪耀楠，1991，《注釋學綱要》，北京：語文出版社

曹融南，1991，《謝宣城集校注》，上海：上海古籍出版社

任繼愈，1990，《中國道教史》，上海：上海人民出版社。

李養正，1990，《道教概說》，北京：中華書局。

何沛雄，1990，《漢魏六朝賦論集》，臺北：聯經出版事業公司。

李昉等（編），1990，《文苑英華》，北京：中華書局。

程千帆，1990，《程千帆詩論選集》，太原：山西人民出版社。

王明，1990，《道家和道教思想研究》，北京：中國社會科學出版社。

劉文典，1990，《三餘札記》。合肥：黃山書社。

黃節，1990，《漢魏樂府風箋》。臺北：學海出版社。

王薀父，1990，《古詩源箋注》。臺北：華正書局有限公司。

李春祥（主編），1990，《樂府詩鑑賞辭典》。鄭州市：中州古籍出版
　　社。

布魯姆，哈羅德（原著），徐文博（譯），1990，《影響的焦慮》。臺
　　北：久大文化股份有限公司。

呂晴飛等，1990，《漢魏六朝詩歌鑑賞辭典》。北京：中國和平出版
　　社。

魏耕原等（編），1990，《先秦漢魏六朝詩鑑賞辭典》。西安：三秦出
　　版社。

托鐸洛夫‧祖梅坦，陳健宏（譯），1990，〈閱讀作為建構〉，刊於
　　《中外文學》18 卷 8 期，頁 99-113。臺北：中外文學月刊社。

劉文典，1990，《三餘札記》（管錫華點校本）。合肥：黃山書社。

汪毅夫，1990，《臺灣近代文學叢稿》。福州：海峽文藝出版社。

李瀅，1990，《昭明文選新解》。臺南：暨南出版社。

游志誠，1990，《文選學新探索》。臺北：駱駝出版社。

屈守元，1990，《昭明文選雜述選講》。臺北：貫雅文化事業有限公
　　司。

王應麟，1990，《玉海》。南京：江蘇古籍出版社。

劉文典，1990，《三餘札記》，合肥：黃山書社

朱立元，1989，《接受美學》。上海：上海人民出版社。

張廷琛（編），1989，《接受理論》。成都：四川文藝出版社。

饒宗頤，1989，《固菴文錄》。臺北：新文豐出版社。

李審言，1989，《李審言文集》。南京：江蘇古籍出版社。

詹鍈，1989，《文心雕龍義證》。上海：上海古籍出版社。

王運熙，顧易生，1989，《魏晉南北朝文學批評史》。上海：上海古籍

出版社。

孫琴安，1989，《唐七律詩精評》。上海：上海社會科學院出版社。

周國良，1989，〈讀者心目中的文本〉，刊於《鵝湖月刊》15卷2期，
　　頁47-51。臺北：鵝湖月刊社。

王運熙、楊明，1989，《魏晉南北朝文學批評史》。上海：上海古籍出
　　版社。

王運熙、顧易生，1989，《魏晉南北朝文學批評史》。上海：上海古籍
　　出版社。

清水凱夫，韓基國（中譯），1989，《六朝文學論文集》。重慶：重慶
　　出版社。

李詳，1989，《李審言文集》，南京：江蘇古籍出版社。

牛貴琥，董國炎，1989，〈文選六臣注議〉，收入靳極蒼（編），《古
　　籍注釋改革研究文集》，頁156-162。太原：山西人民出版社。

徐師曾，1988，《文體明辨》。京都：中文出版社。

以色，渥夫岡，霍桂桓等（中譯），1988，《審美過程研究》。北京：
　　中國人民大學出版社。

張君房（輯），1988，《雲笈七籤》，北京：齊魯書社。

徐復觀，1988，《中國思想史論集》，臺北：學生書局。

逯欽立，1988，《先秦漢魏晉南北朝》。臺北：木鐸出版社。

徐師曾，1988，《和刻本文體明辨》。京都：中文出版社。

何沛雄，1988，〈古詩十九首的名稱和篇數〉，收入趙福海（等）編
　　《昭明文選研究論文集》，頁212-216。長春：吉林文史出版社。

張清鍾，1988，《古詩十九首彙說賞析與研究》。臺北：臺灣商務印書
　　館股份有限公司。

石文英（主編），1988，《漢詩賞析集》。成都：巴蜀書社。

朱守亮，1988，《詩經評釋》。臺北：臺灣學生書局。

馬茂元，1988，《古詩十九首探首》。高雄：復文圖書出版社。

趙福海（等），1988，《昭明文選研究論文集》。長春：吉林文史出版社。

李定生、徐慧君，1988，《文字要詮》。上海：復旦大學出版社。

王寧，1988，〈李善的昭明文選注與選學的新課題〉，收入趙福海（等）《昭明文選研究論文集》，頁 191-198，長春：吉林文史出版社。

吳福助，1988，《漢書採錄西漢文章探討》，臺北：文津出版社。

趙福海（等），1988，《昭明文選研究論文集》。長春：吉林文史出版社。

黃章明，1988，〈文心雕龍與昭明文選之比較〉，刊於《黃埔學報》。鳳山：黃埔軍官學校。

趙福海，1988，《昭明文選研究論文集》。長春：吉林文史出版社。

潘師重規（主編），1988，《龍龕手鑑新編》。北京：中華書局。

穆克宏，1988，〈蕭統文選三題〉，收入趙福海（編）《昭明文選研究論文集》頁 142-148。長春：吉林文史出版社。

劉樹清，1988，〈事出於沈思，義歸乎翰藻〉，收入同前書，頁 115-122。

周紀彬，1988，〈文選五題〉，收入同前書，頁 123-141。

高亨，1988，《周易大傳今注》。濟南：齊魯書社。

黃伯思，1988，《東觀餘論》。北京：中華書局。

何焯，1987，《義門讀書記》（崔高維點校本），北京：中華書局。

陳元龍（編），1987，《歷代賦彙》。上海：上海書局。

林毓生，1987，《思想與人物》。臺北：聯經出版事業公司。

王夢鷗，1987：《古典文學的奧秘－文心雕龍》。臺北：時報文化出版企業有限公司。

簡宗梧，1987，《文選》。臺北：時報文化出版企業有限公司。

葉維廉，1987，〈美感意識意義成變的理路〉，刊於《中外文學》15卷10期，頁4-45。臺北：中外文學月刊社。

何焯，1987，《義門讀書記》。北京：中華書局。

徐復觀，1987，《無慚尺布裹頭歸》。臺北：允晨文化事業公司。

趙福海，陳復興（等），1987，《昭明文選譯注》。長春：吉林文史出版社。

簡宗梧，1987，《文選——文學的御花園》。臺北：時報文化出版企業有限公司。

何焯，1987，《義門讀書記》。北京：中華書局。

楊家駱：（主編），1986，《新校本梁書附索引》。臺北：鼎文書局。

林聰明，1986，《昭明文選研究》。臺北：文史哲出版社。

羅孟幀，1986，《中國古代目錄學簡編》。臺北：木鐸出版社。

張英，1986，《淵鑑類含》。臺北：新興書局有限公司。

佚名，1986，《叢書子目類編》。臺北：文史哲出版社。

黃永武，1986，《敦煌古籍敘錄新編》。臺北：新文豐出版股份有限公司。

龔鵬程：1985，《文學散步》。臺北：漢光文化事業股份有限公司。

奧格登‧瑞查茲，1985，《意義中的意義》，ARK版。倫敦：路特格公司。

陳香，1985，《異體詩舉隅》。臺北：臺灣商務印書館。

黃焯，1985，《文選平點》。上海：上海古籍出版社。

黃侃，1985，《文選平點》。上海：上海古籍出版社。

蔣復璁，〈文選版本的講述〉〔收在《古籍鑑定與維護研習會專集》，
　　頁 5~10，1985 年〕。

周振甫，1985，《文章例話》。臺北：蒲公英出版社。

吳哲夫等，1985，《古籍鑑定與維護研習會專集》。臺北：中國圖書館
　　學會。

吳哲夫，1985，《書的歷史》。臺北：行政院文化建設委員會。

廖炳惠，1985，《解構批評論集》。臺北：東大圖書公司。

許國平，1985，《語言學概論》。臺北：三民書局股份有限公司。

張月雲，1985，〈宋刊文選李善單注本考〉，刊於《故宮學術季刊》二
　　卷四期。臺北：故宮博物院。

蔣復璁，1985，〈文選版本的講述〉，收入古籍鑑定與維護研習會
　　（編），《古籍鑑定與維護研習會專集》，頁 5-7。臺北：中國圖
　　書館學會。

黃侃（平點），黃焯（編次），1985，《文選平點》。上海：上海古籍
　　出版社。

張月雲，1985，〈宋刊文選李善單注本考〉，刊於《故宮學術季刊》二
　　卷四期。臺北：故宮博物院。

姜書閣，1984，《文心雕龍繹旨》。濟南：齊魯書社。

康有為，1984，《論語注》。北京：中華書局。

張月雲，1984，《宋刊文選李善單注本考》。刊於故宮學術季刊，二卷
　　四期。

林雲銘，1984，《古文析義合編》。臺北：廣文書局有限公司。

范寧，1984，《博物志校證》。臺北：明文書局。

徐芹庭，1984，《修辭學發微》。臺北：臺灣中華書局。

周振甫，1984，《詩詞例話》。臺北：南琪出版社。

屈萬里，1983，《尚書集釋》。臺北：聯經出版事業公司。

裴普賢，1983，《詩經評注讀本》。臺北：三民書局股份有限公司。

姚斯‧漢斯羅伯特，1983，《朝向美學的領受》。明尼波理斯：明尼蘇
　　達大學。

劉劭，1983，《人物志》。臺北：臺灣中華書局

揚雄，1983，《法言》。臺北：臺灣中華書局。

潘師重規，1983，《敦煌變文集新書》。臺北：敦煌學研究會。

李曰剛，1983，《中國目錄學》。臺北：明文書局。

蕭統，1983，《文選》（奎章閣本）。漢城：正文社。

屈萬里，1983，《讀易三種》。臺北：聯經出版事業公司。

駱鴻凱，1982，《文選學》。臺北：漢京文化事業有限公司。

姚斯，漢斯——羅伯特，1982，《審美的接受》（英譯本）。明尼波里
　　斯：明尼波里斯大學出版社。

朱自清，1982，《朱自清古典文學論文集》。臺北：源流文化事業有限
　　公司。

李曰剛，1982，《文心雕龍斠詮》。臺北：國立編譯館中華叢書編審委
　　員會。

姚斯‧漢斯羅伯特，1982，《美學經驗與文學詮釋》。明尼波理斯：明
　　尼蘇達大學。

胡仔，1982，《苕溪漁隱叢話》前集。臺北：木鐸出版社。

陸寶千，1982，《清代思想史》。臺北：廣文書局有限公司。

駱鴻凱，1982，《文選學》，臺北：漢京文化事業有限公司。

劉師培，1982，《漢魏六朝專家文研究》，臺北：臺灣中華書局。

劉師培，1982，《漢魏六朝專家文》。臺北：臺灣中華書局。

駱鴻凱，1982，《文選學》。臺北：漢京文化事業有限公司。

王利器，1982，《顏氏家訓集解》。臺北：明文書局。

王利器，1982，《風俗通義校注》。臺北：明文書局。

駱鴻凱，1982，《文選學》。臺北：漢京文化事業有限公司。

萬曼，1982，《唐集序錄》。臺北：明文書局。

徐師曾，〔和刻本〕，1982，《文體明辯》，京都：中文出版社。

劉師培，1982，《漢魏六朝專家文》。臺北：臺灣中華書局。

顧野王，1982，《玉篇》。臺北：臺灣中華書局。

翁元圻，1982，《翁注困學紀聞》。京都：中文出版社。

駱鴻凱，1982，《文選學》。臺北：漢京文化事業有限公司。

劉永濟，1981，《文心雕龍校釋》。臺北：華正書局有限公司。

楊家駱（編），1981，《唐人書學論著》，收入藝術叢編第一集。臺
　　北：世界書局。

劉若愚，1981，《中國文學理論》。臺北：聯經出版事業公司。

方玉潤，1981，《詩經原始》。臺北：藝文印書館。

顏崑陽，1981，《李商隱詩箋釋方法論》。臺北：學生書局。

馬總（編），1981，《意林》（四部備要本）。臺北：臺灣中華書局。

何晏（注），刑昺（疏），1981，《論語注疏》（十三經注疏本）。臺
　　北：藝文印書館。

斯波六郎，1981，《文選索引》。京都：中文出版社。

劉昫等，1981，《舊唐書》。臺北：鼎文書局。

歐陽修等，1981，《新唐書》。臺北：鼎文書局。

陳壽，1981，《三國志》。臺北：臺灣商務印書館。

洪邁，1981，《容齋隨筆》。臺北：大立出版社。

葉松發，1981，《中國書籍史話》。高雄：白莊出版社。

裴松之，1981，《三國志注》。臺北：臺灣商務印書館。

瀧川龜太郎，1981，《史記會注考證》。臺北：洪氏出版社。

馬總，1981，《意林》。臺北：洪氏出版社。

潘重規，1981，《敦煌變文論輯》。臺北：石門圖書公司。

王利器，1981，《抱朴子內篇校釋》。臺北：里仁書局。

蕭統（編），1981，《文選》（陳八郎本）。臺北：國立中央圖書館。

潘重規，1981，〈敦煌卷子俗寫文字與俗文學之研究〉，收入《敦煌變
　　文論輯》乙書，頁 279-322。臺北：石門圖書公司。

盧弼，1981，《三國志集解》。臺北：漢京文化事業有限公司。

潘師重規，1981，《敦煌變文論輯》。臺北：石門圖書公司。

歐陽修，宋祁，1981，《新唐書》。臺北：鼎文書局。

郭茂倩，1980，《樂府詩集》。臺北：里仁書局。

蕭統（編），李善，張銑，呂延濟，呂向，劉良，李周翰（注），
　　1980，《增補六臣注文選》，用古迂書院刊本。臺北：漢京文化事
　　業有限公司。

吳曾祺，1980，《涵芬樓文談》。臺北：臺灣商務印書館。

房玄齡，1980，《晉書》。臺北：洪氏出版社。

沈約，1980，《宋書》。臺北：洪氏出版社。

蕭子顯，1980，《南齊書》。臺北：洪氏出版社。

姚思廉，1980，《梁書》。臺北：洪氏出版社。

李百藥，1980，《北齊書》。臺北：洪氏出版社。

令狐德棻，1980，《周書》。臺北：洪氏出版社。

劉若於、杜國清〔譯〕，1980 年，《中國文學理論》。臺北：聯經出版
　　事業公司。

魏收，1980，《魏書》。臺北：洪氏出版社。

李延壽，1980，《南史》。臺北：洪氏出版社。

李淑華，1980，〈昭明文選體式研究〉，刊於《臺南師專學報》十三
　　期。臺南：臺南師範學院。

顧炎武，1979，《日知錄》。臺北：文史哲出版社。

姚際恆，1979，《詩經通論》。臺北：育民出版社。

馬國翰，1979，《玉函山房輯佚書》。京都：中文出版社。

陳祚龍，1979，《敦煌文物隨筆》。臺北：臺灣商務印書館。

沈英名，1979，《敦煌雲謠集新校訂》。臺北：正中書局。

顧炎武，1979，《原抄本顧亭林日知錄》。臺北：文史哲出版社。

程兆熊，1979，《中國文話文論與詩學》。臺北：臺灣學生書局。

徐培根，1979，《太公六韜今註今譯》。臺北：臺灣商務印書館。

張元濟，1979，《涉園序跋集錄》。臺北：臺灣商務印書館。

馮書耕、金仞千，1979，《古文通論》。臺北：國立編譯館中華叢書編
　　審委員會。

連橫，1979，《雅堂文集》。臺北：眾文圖書股份有限公司。

以色，渥夫岡，1978，《閱讀活動》（英譯本）。巴爾的摩：約翰霍浦
　　金斯大學出版社。

龔慕蘭，1978，《樂府詩選注》。臺北：廣文書局有限公司。

朱熹，1978，《詩集傳》。臺北：臺灣中華書局。

邱棨鐊，1978，《文選集注研究》。臺北：文選學研究會。

郭慶藩，1978，《莊子集釋》。高雄：復文書局。

王堯臣，1978，《崇文總目》。臺北：臺灣商務印書館。

晁公武，1978，《郡齋讀書志》。臺北：臺灣商務印書館。

陳振孫，1978，《直齋書錄解題》。臺北：臺灣商務印書館。

邱棨鐊，1978，《文選集注研究》。臺北：文選學研究會。

錢穆，1978，《國史大綱》。臺北：臺灣商務印書館。

屈萬里、昌彼得，1978，《圖書板本學要略》。臺北：華岡出版有限公
　　司。

邱棨鐈，1978，《文選集注研究》。臺北：臺灣學生書局。

王堯臣（等），1978，《崇文總目》。臺北：臺灣商務印書館股份有限
　　公司。

晁公武，1978，《郡齊讀書志》。臺北：臺灣商務印書館股份有限公
　　司。

屈萬里，昌彼得（合著），1978，《圖書版本學要略》。臺北：華岡出
　　版有限公司。

黃季剛，1977，《文選黃氏學》。臺北：文史哲出版社。

王先謙，1977，《漢書補注》。臺北：藝文印書館。

于光華，1977，《評注昭明文選》。臺北：學海出版社。

劉若愚，1977，《中國詩學》。臺北：幼獅文化公司期刊部。

姚名達，1977，《中國目錄學史》。臺北：臺灣商務印書館。

徐復觀，1977，《中國人性論史》。臺北：商務印書館。

葉程義，1977，《文選李善注引尚書考》。臺北：正中書局。

黃季剛，1977，《文選黃氏學》。臺北：文史哲出版社。

余英時，1976，《歷史與思想》。臺北：聯經出版事業公司。

王先謙，1976，《後漢書集解》。臺北：藝文印書館。

注中，1976，《詩品注》。臺北：正中書局。

孫希旦，1976，《禮記集解》。臺北：文史哲出版社。

黃啟方，1976，《中國文學批評中的評價問題》，收入中外文學編輯部
　　編「中國古典文學論叢」冊二，頁 135-150。臺北：中外文學月刊
　　社。

陳新雄‧于大成（編），1976，《昭明文選論文集》，臺北：木鐸出版

社。

郝立權，1976，《謝宣城詩注》，臺北：藝文印書館。

王念孫，1976，《讀書雜誌》，臺北：洪氏出版社。

謝克家，1976，《文選考異》。臺北：石門圖書公司〕。

陳新雄，1976，于大成，《昭明文選論文集》。臺北：木鐸出版社。

白居易，孔傳，1976，《白孔六帖》。臺北：新興書局有限公司。

徐堅，1976，《初學記》。臺北：鼎文書局。

黃慶萱，1976，《修辭學》。臺北：三民書局股份有限公司。

陳新雄、于大成〔編〕，1976，《昭明文選論文集》。臺北：木鐸出版
　　社。

黃錦鋐（譯）斯波六郎（著），1976，〈文選諸本之研究〉，刊於《文
　　史季刊》一卷一期。臺北：文史季刊社。

黃永武，1976，〈昭明文選李善注摘例〉，收入于大成、陳新維
　　（編），《昭明文選論文集》。臺北：木鐸出版社。

陳新雄，于大成（合編），1976，《昭明文選論文集》，臺北：木鐸出
　　版社。

邱棨鐊，1976，〈文選集注所引文選鈔研究〉，收入《銘傳學報》十三
　　期。臺北：銘傳女子工商專科學校。

林尹（校訂），1976，《新校正切宋本廣韻》。臺北：黎明文化事業股
　　份有限公司。

聞一多，1975，《神話與詩》。臺中：藍燈文化事業股份有限公司。

范文瀾，1975，《文心雕龍注》。臺北：臺灣開明書店。

陶澍，1975，《靖節先生集》（集注），臺北：河洛圖書出版社。

戴震，1975，《屈原賦注》，臺北：長安出版社。

王夫之，1975，《楚辭通釋》，臺北：長安出版社。

蔣驥，1975，《山帶閣注楚辭》，臺北：長安出版社。

呂不韋，1975，《呂氏春秋》。臺北：臺灣中華書局。

范文瀾，1975，《文心雕龍注》。臺北：臺灣開明書店。

錢存訓，1975，《中國古代書史》，香港：香港中文大學。

陳延傑，1975，《詩品注》。臺北：臺灣開明書店。

以色，渥夫岡，1974，《隱含讀者》（英譯本）。巴爾的摩：約翰霍浦
　　金斯大學出版社。

許顗，1974，《彥周詩話》，收入何文煥編《歷代詩話》頁 225-238。
　　臺北：藝文印書館。

王先謙，1974，《漢書補注》。臺北：藝文印書館。

洪興祖，1974，《楚辭補注》，臺北：藝文印書館。

虞世南，1974，《北堂書鈔》。臺北：宏業書局。

莊芳榮，1974，《叢書總目讀篇》。臺北：德浩書局。

于大成，1974，《淮南子校釋》。臺北：鼎文書局。

洪興祖，1974，《楚辭補注》。臺北：藝文印書館。

王先謙，1973，《荀子集解》。臺北：藝文印書館。

何錡章，1973，《點圈增註王逸注楚辭》，臺北：黎明文化事業股份有
　　限公司。

余蕭客，1972，《古經解鉤沉》。臺北：廣文書局有限公司。

趙順孫，1972，《四書纂疏》。臺北：新興書局。

楊勇，1971，《世說新語校箋》。臺北：宏業書局。

斯波六郎，黃錦鋐譯，1971，《文選諸本之研究》。刊於文史季刊一卷
　　一期。

謝康，1971，《昭明太子和他的文選》。臺北：臺灣學生書局。

蕭統，1971，《昭明太子集》。臺北：臺灣中華書局。

曾國藩，1971，《鳴原堂論文》。臺北：臺灣中華書局。

姚名達，1971，《中國目錄學年表》。臺北：臺灣商務印書館。

斯波六郎，1971，《文選索引》。臺北：正中書局。

劉師培，1970，《論文雜記》。臺北：廣文書局有限公司。

李善（等）六臣注，宋紹熙慶元間廣都裴氏刊《文選》，今藏臺北中山博物院。

陳懋仁，1970，《文章緣起注》。臺北：廣文書局有限公司。

黃侃，1970，《文心雕龍札記》。臺北：學人月刊雜誌社。

呂璜，1970，《古文緒論》。臺北：臺灣中華書局。

屈萬里，1970，《目錄學》。臺北：大陸雜誌社。

洪順隆，1969，《謝宣城集校注》，臺北：臺灣中華書局

王禮卿，1968，〈選注釋例〉，刊於《幼獅學誌》七卷二期，頁 1-54，臺北：幼獅學誌季刊社。

王禮卿，1968，〈選注釋例〉。刊於《幼獅學誌》，六卷四期。

高步瀛，1968，《文選李注義疏》。臺北：中華叢書編審委員會。

王禮卿，1968，〈選注釋例〉，刊於《幼獅學誌》七卷二期。臺北：幼獅學誌月刊社。

徐攀鳳，《叢書集成本》，《選學糾何》〔台北：藝文印書館〕。

徐晉，《叢書集成本》，《文選敏音》〔台北：藝文印書館〕。

孫志祖，《叢書集成本》，《文選考異》〔台北：藝文印書館〕。

孫志祖，《叢書集成本》，《文選李注補正》〔台北：藝文印書館〕。

汪師韓，《叢書集成本》，《文選理學權輿》〔台北：藝文印書館〕。

孫志祖，《叢書集成本》，《文選理學權與輔》〔台北：藝文印書館〕。

徐攀鳳，《叢書集成本》，《選注規李》〔台北：藝文印書館〕。

高似孫，《叢書集成本》，《選詩句讀》。臺北：藝文印書館。

王禮卿，1967，〈選賦考證〉。刊於《幼獅學誌》，六卷四期。

汪師韓，1966，《文選理學權輿》（讀畫齋叢書本）。臺北：藝文印書館。

王先謙，1966，《漢書補注》。臺北：藝文印書館。

汪師韓，1966，《文選理學權輿》。臺北：廣文書局。

胡紹煐，1966，《文選箋證》。臺北：廣文書局。

張雲璈，1966，《選學膠言》。臺北：廣文書局。

朱蘭坡，1966，《文選集釋》。臺北：廣文書局。

張雲璈，1966，《選學膠言》。臺北：廣文書局。

梁章鉅，1966，《文選旁證》。臺北：廣文書局。

許巽行，1966，《文選筆記》，臺北：廣文書局。

梁章鉅，1966，《文選旁證》，臺北：廣文書局。

李維棻，1956，〈文選李注纂例〉，刊於《大陸雜誌》十二卷七期，頁220-226，臺北：大陸雜誌月刊社。

洪業，1966，〈文選注引書引得〉。臺北：成文出版社。

張雲璈，1966，《選學膠言》。臺北：廣文書局。

朱蘭坡，1966，《文選集釋》。臺北：廣文書局。

梁章鉅，1966，《文選旁證》。臺北：廣文書局。

胡紹英，1966，《文選箋證》。臺北：廣文書局。

許巽行，1966，《文選筆記》。臺北：廣文書局。

梁章鉅，1966，《文選旁證》。臺北：廣文書局。

胡紹煐，1966，《文選箋證》。臺北：廣文書局。

許巽行，1966，《文選筆記》。臺北：廣文書局。

張雲璈，1966，《選學膠言》。臺北：廣文書局。

張澍，1965，《三輔故事》。臺北：臺灣商務印書館。

王葆心，1964，《古文辭通義》。臺北：臺灣中華書局。

馮承基，1964，〈論文選李善注五嶽〉，刊於《大陸雜誌》二十九卷二
　　期。臺北：大陸雜誌社。

劉文典，1963，《三餘札記》（楊家駱讀書札記叢刊本）。臺北：世界
　　書局。

李鍌，1963，〈昭明文選通假文字考〉。刊於《師大國文所集刊》七
　　期。

李鍌，1963，〈昭明文選通假文字考〉，刊於《臺灣省立師範大學國文
　　研究所集刊》七集。臺北：師範大學國文研究所。

萬蔚亭，1960，《困學紀聞集證》。臺北：中華叢書編審委員會。

邱燮友，1959，〈選學考〉，刊於《臺灣省立師範大學國文研究所集
　　刊》三期。臺北：臺灣師範大學。

錢穆，1958，〈讀文選〉，刊於《新亞學報》三卷二期。香港：香港中
　　文大學。

邱燮友，1959，〈選學考〉。刊於《師大國文所集刊》，三期。

李維棻，1956，〈文選李注纂例〉。刊於《大陸雜誌》，十二卷七期。

饒宗頤，1956，〈日本古鈔文選五臣注殘卷〉。刊於《東方文化》，三
　　卷二期。

饒宗頤，1956，〈日本古鈔文選五臣注殘卷〉，刊《東方文化》三卷二
　　期。香港：香港大學。

饒宗頤，1956，〈日本古鈔文選五臣注殘卷〉，刊於《東方文化》三卷
　　二期。香港：香港大學。

後記

　　時維已丑歲之杪（公元二〇〇九年），緣臺灣文史哲出版社發行人彭正雄先生之雅愛，慨允刊行雙文集二作。其一曰《文選綜合學》，其二約《文心雕龍與劉子系統研究》。彭公深懷學術，創文史哲之偉業；既表心於崇賢，復寄情於雲門。蘭台與金匱並茂，學界並梓工綰合，環顧瀛島，宜乎典引。

　　是集《文選綜合學》，首揭茲術廿載之興替，自舊至新，辨證迴護。蓋徵實與課虛一理，文選不出文化同參，欲令崇賢之學再復，捨「綜合」之途莫由徑矣！乃額其書首，竊自慕焉。

　　全書概分十五章，涉論版本、注疏，並及詮釋之道，終則歸之以類書筆記雜纂之說，庶幾選學諸方同德，仁人君子，商榷可否，幸有以教之。

　　憶自九二一巨變，天坼地裂，親遭其厄，俯仰一世，彷若萬劫重生。心隨境轉，倏忽十稔。東山聆音，偶讀或作，類不出文心周易文選。尚友古人，心契憂患。蒼山之悲漸瘉，日新之意還甦。始憶俞公紹初賜序之款語「十年間雲散雨絕……」云云，萬籟意緒，聞斯語而逡巡。河潰堤決，噎不能止。謹謝俞公之厚心，歷敘廿載交誼之薪頁。務期選學與道統合一，兩岸華文命脈並蒂，揄揚並世選學之盛運乎。